NE 능률

기본 연산
Check-Book

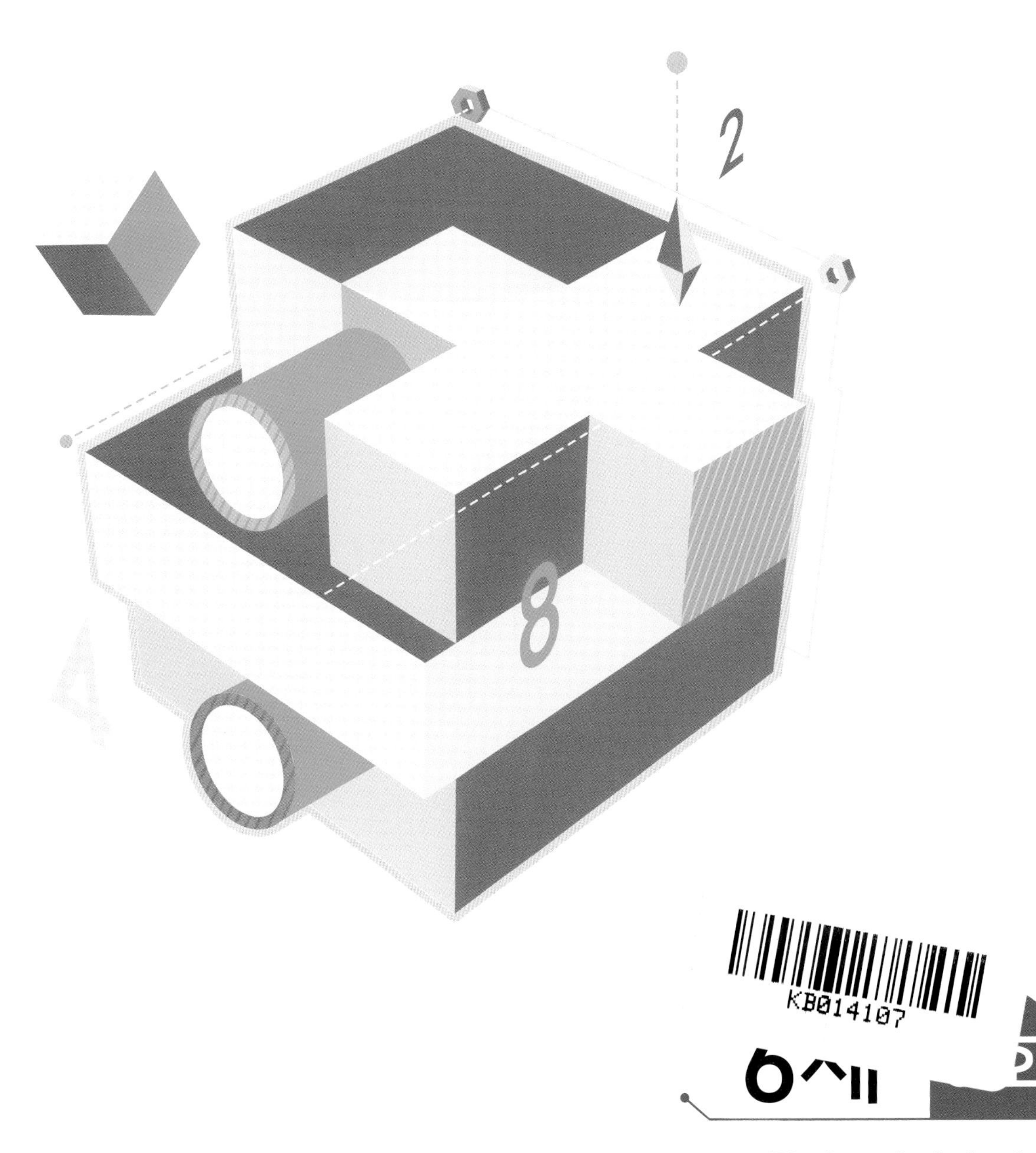

6세

합이 9까지인 덧셈

1주

모으기

❶ 2 | 4 → 6

❷ 3 | 1 → □

❸ 4 | 4 → □

❹ 1 | 2 → □

❺ 2 | 3 → □

❻ 1 | 4 → □

❼ 1 | 5 → □

❽ 3 | 4 → □

❾ 3 | 3 → □

❿ 2 | 6 → □

⓫ 3 | 2 → □

⓬ 2 | 5 → □

⓭ 4 | 2 → □

⓮ 4 | 5 → □

⓯ 2 | 2 → □

자르는 선

1주 모으기

⑯ 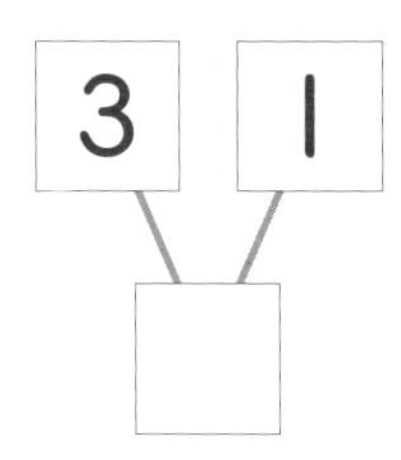

⑰ 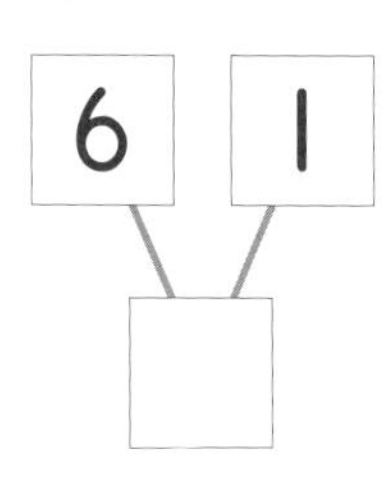

⑱ 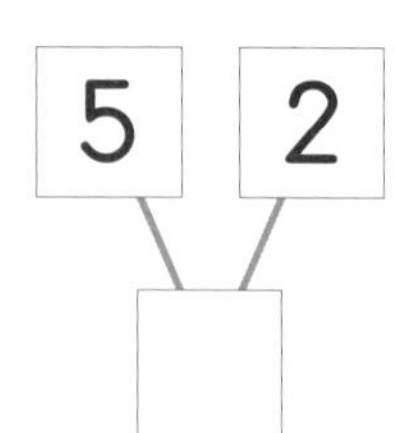

⑲ 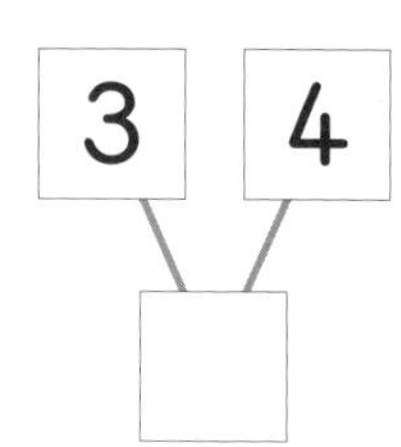

⑳ 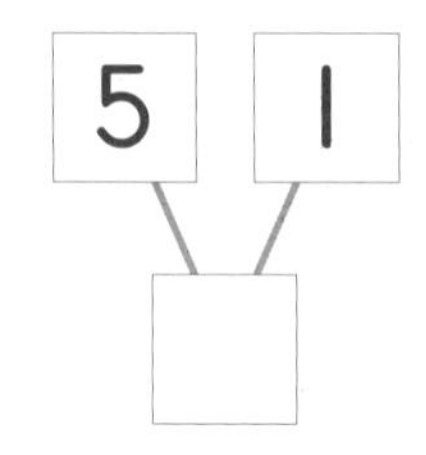

㉑ 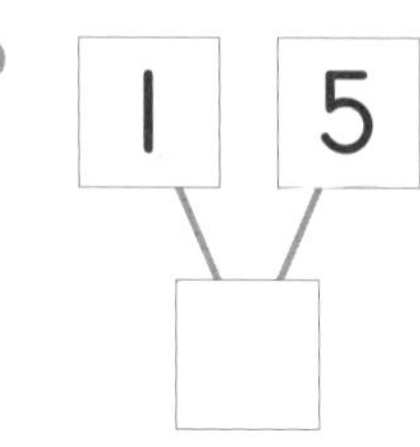

㉒ 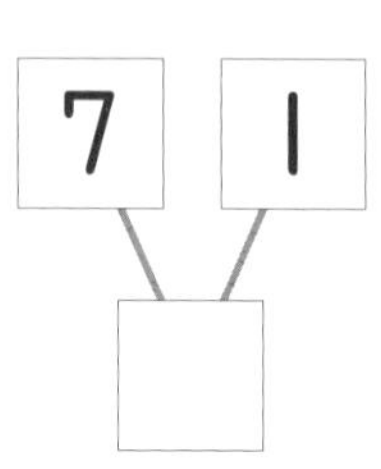

㉓ 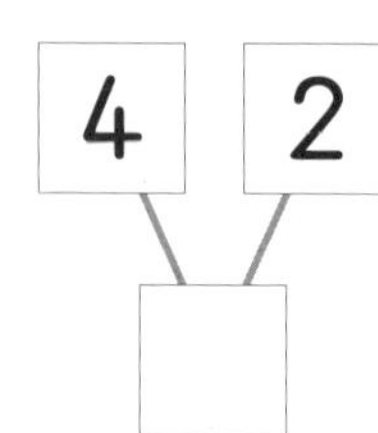

㉔ 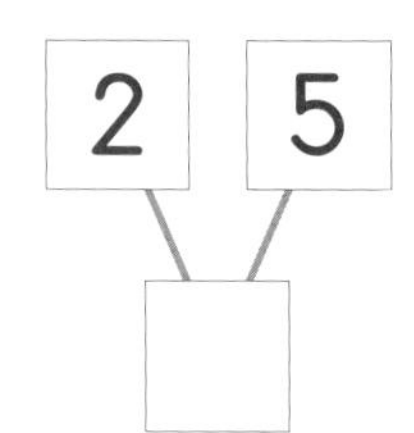

㉕ 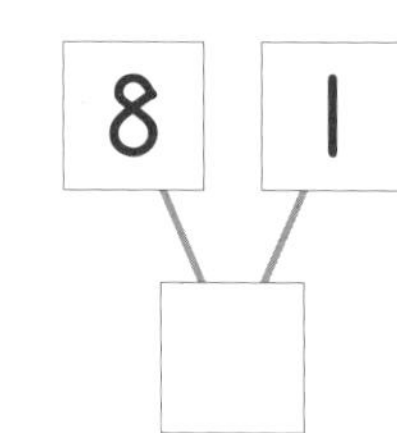

㉖ 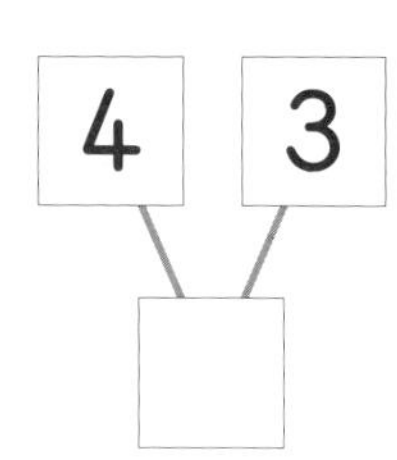

㉗ 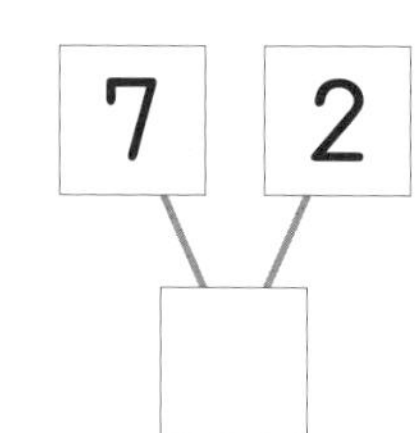

㉘ 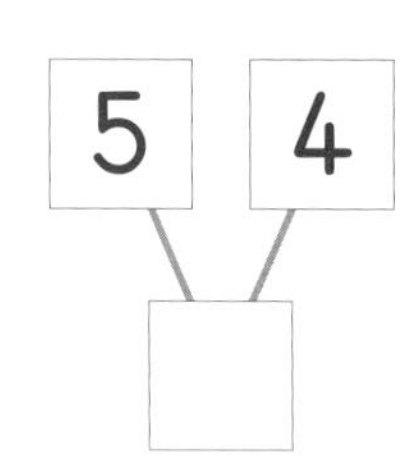

㉙ 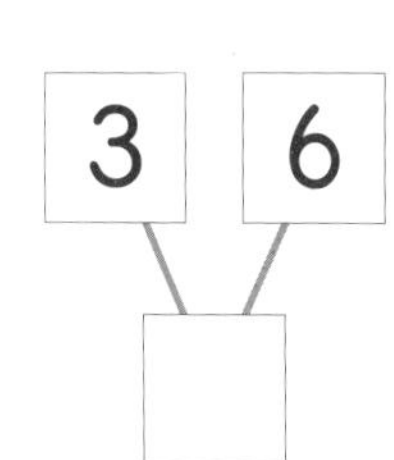

㉚ 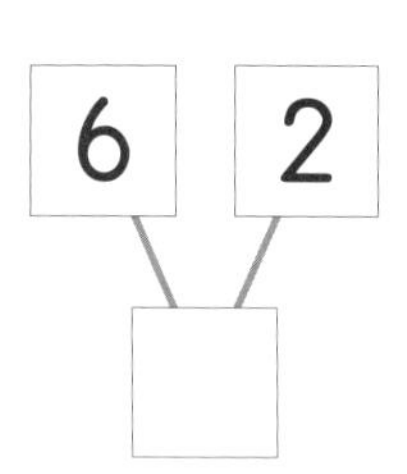

㉛ 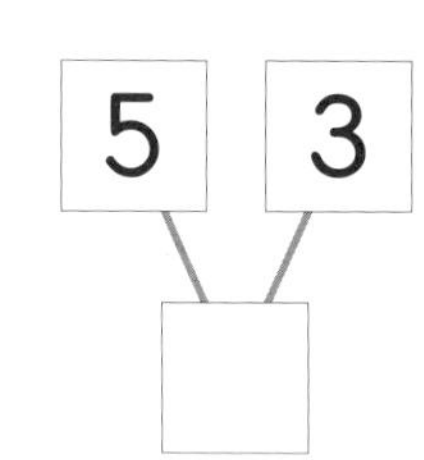

㉜ 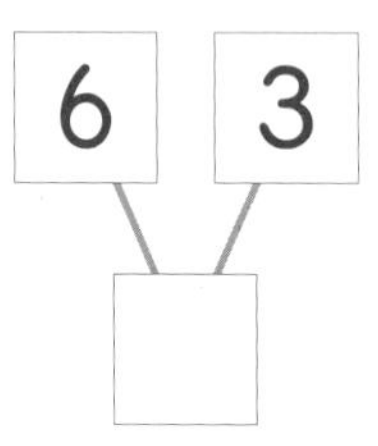

㉝ 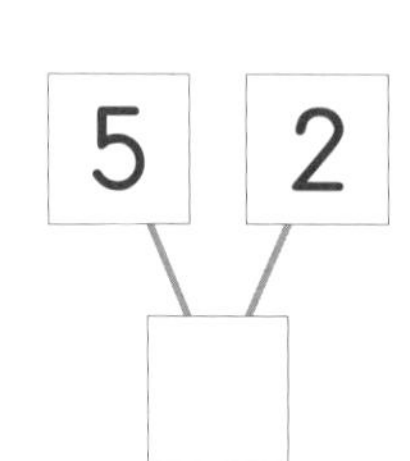

㉞ 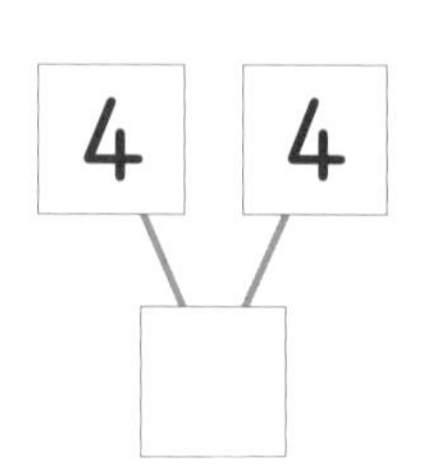

㉟ 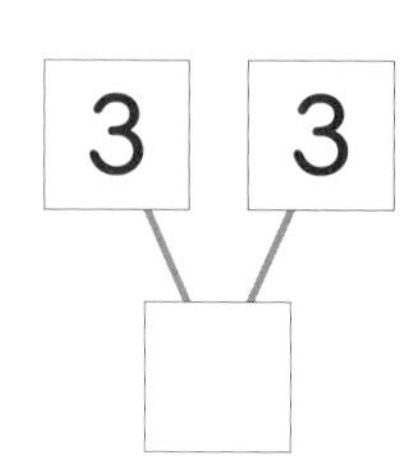

자르는 선

2주

가르기

❶
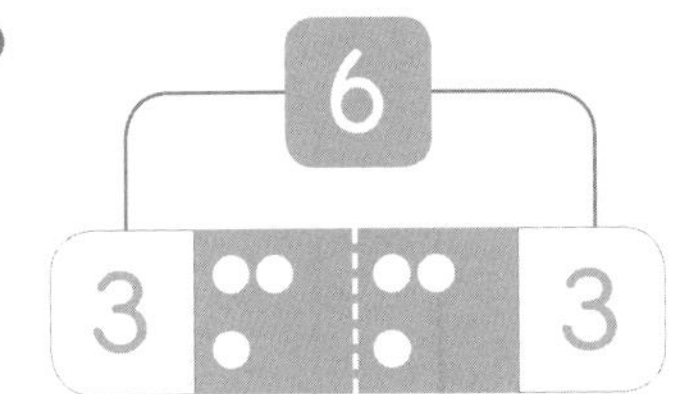

❷

❸
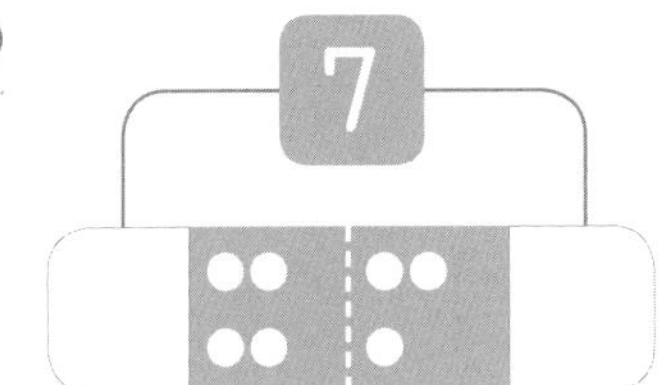

❹
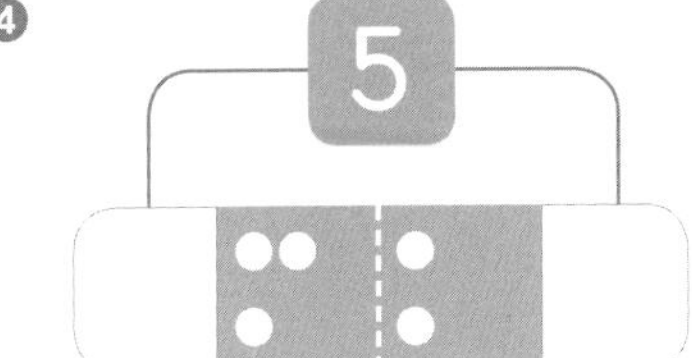

❺
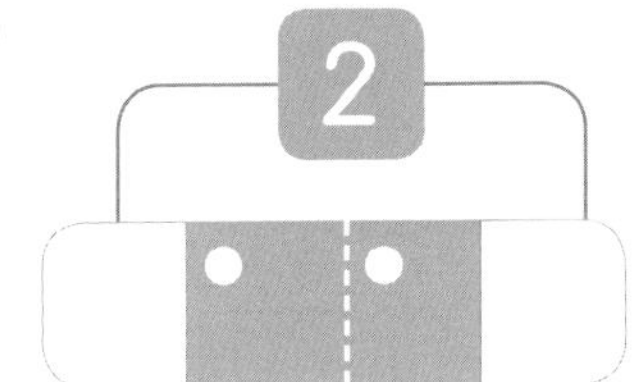

❻
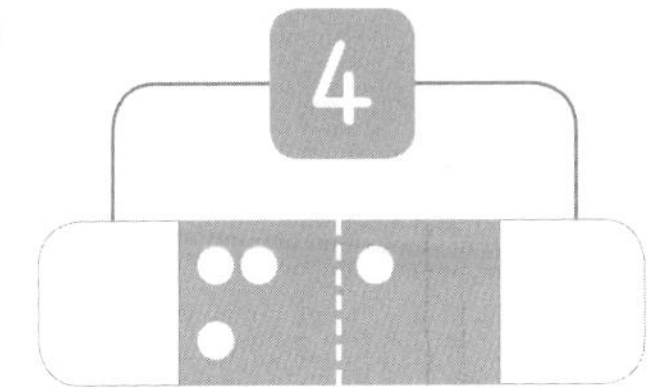

❼

❽
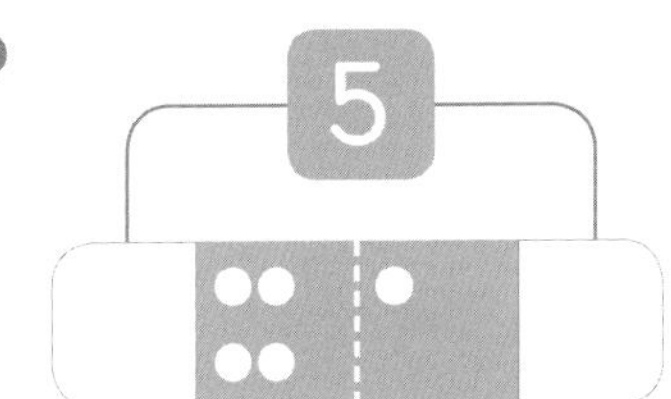

❾
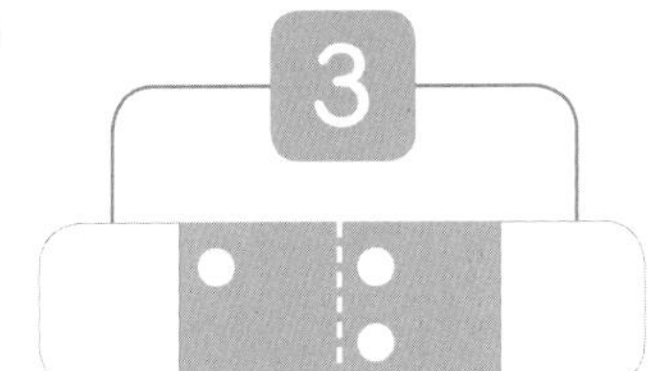

❿
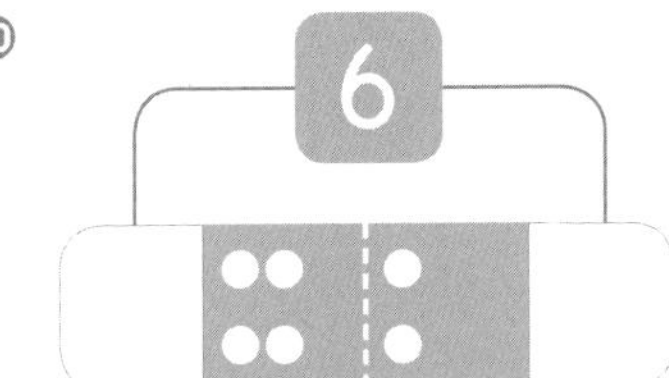

⓫
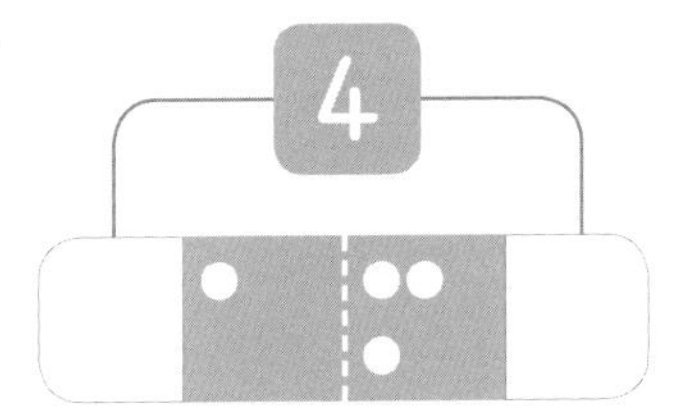

⓬
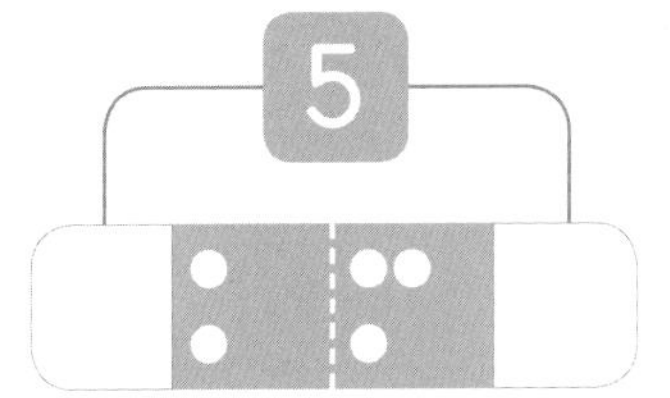

⓭
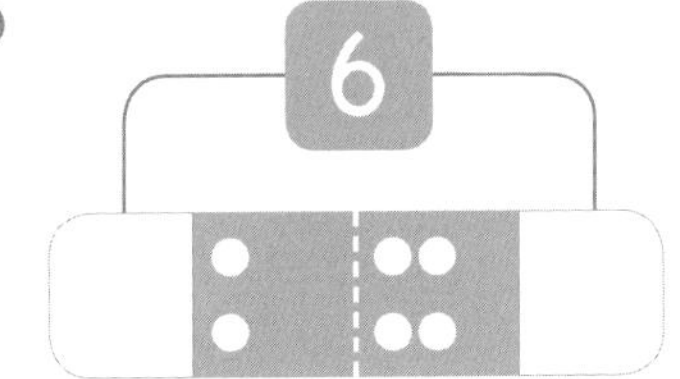

⓮
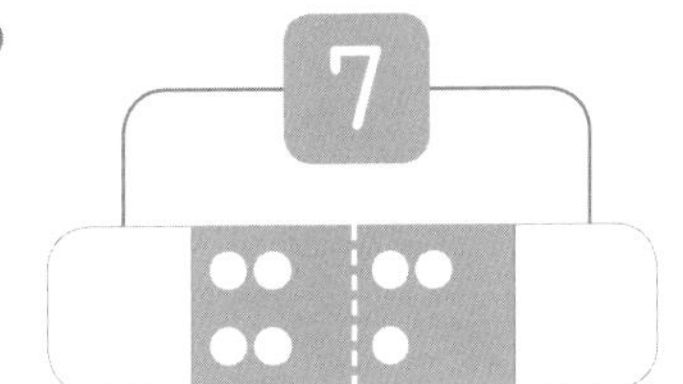

⓯
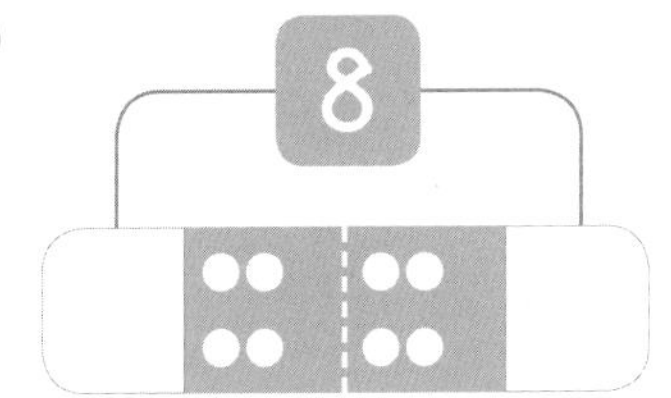

자르는 선

⑯
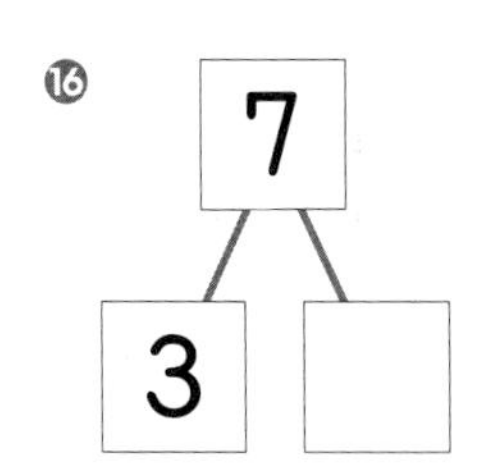

⑰
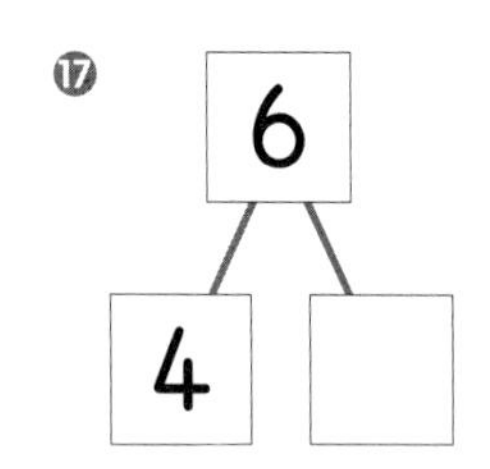

⑱
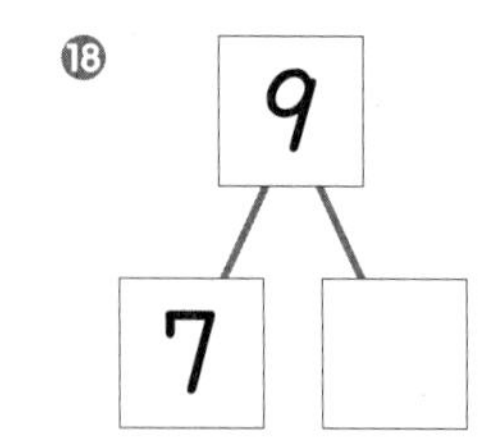

⑲
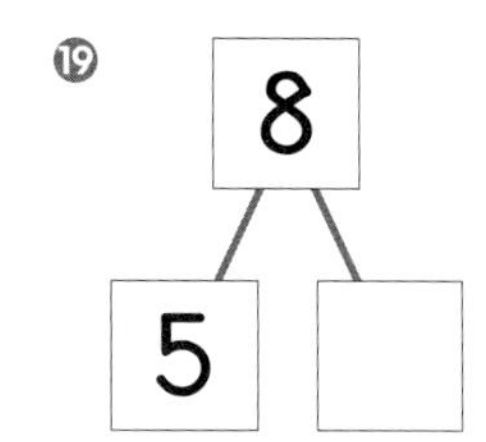

⑳
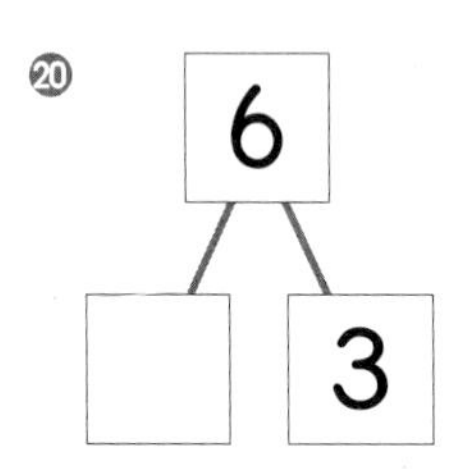

㉑
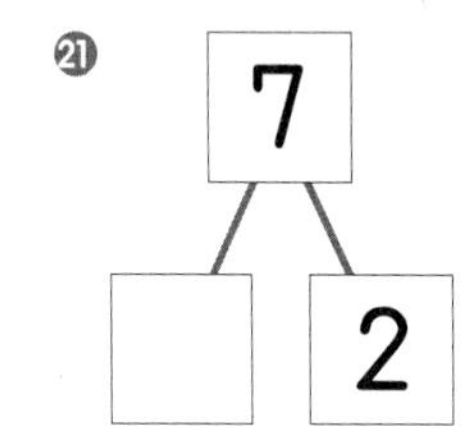

㉒
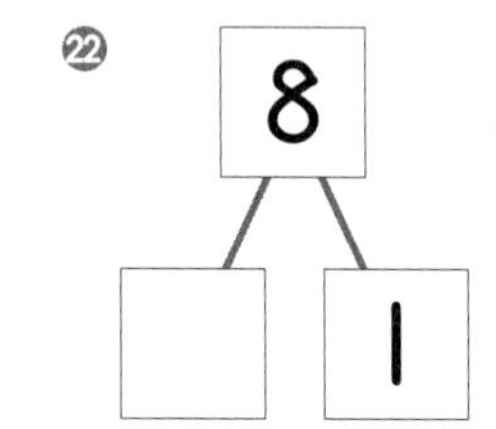

㉓
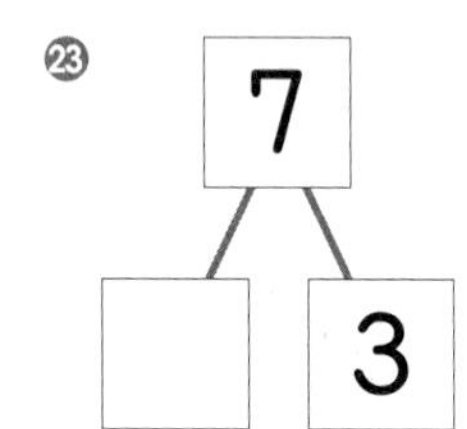

㉔
8
6

㉕
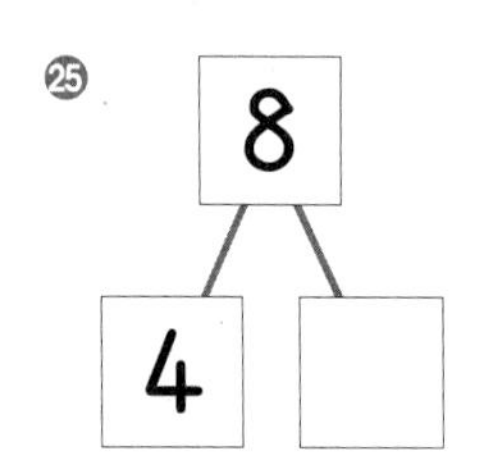

㉖
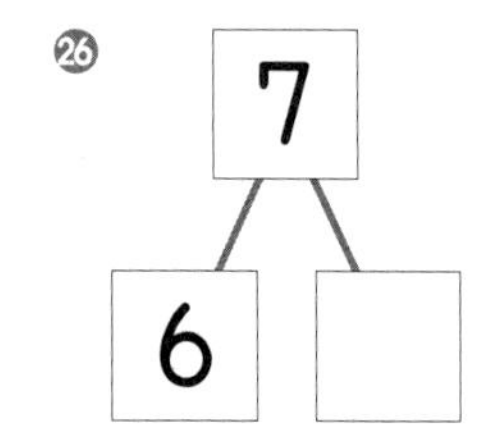

㉗
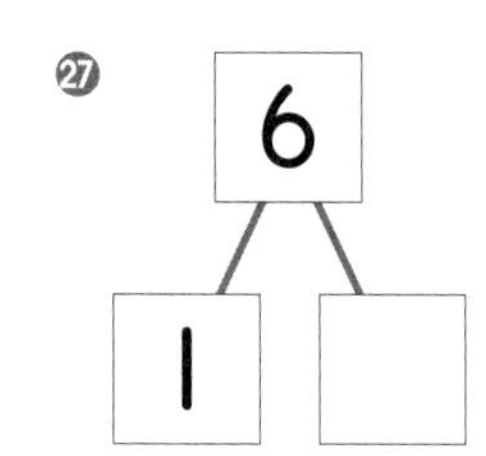

㉘
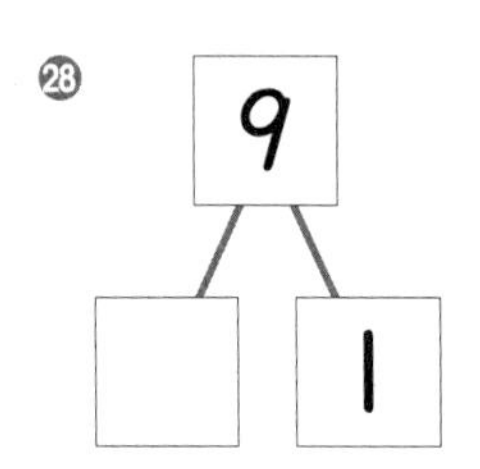

㉙
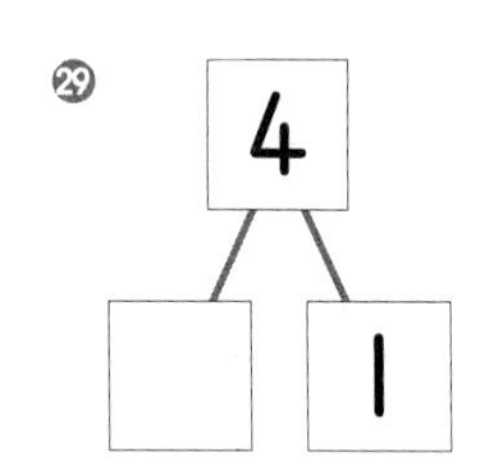

㉚
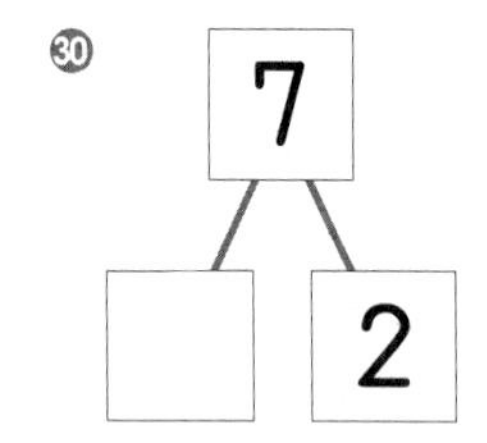

㉛
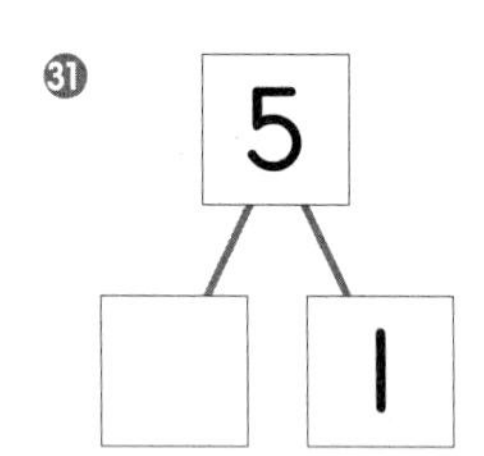

㉜
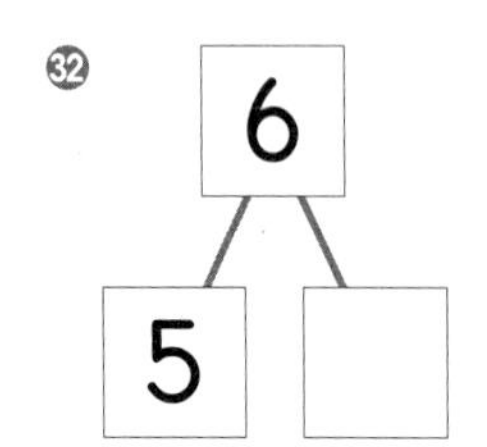

㉝
7
2

㉞
9
5

㉟
9
6

자르는 선

3주 가르기와 모으기

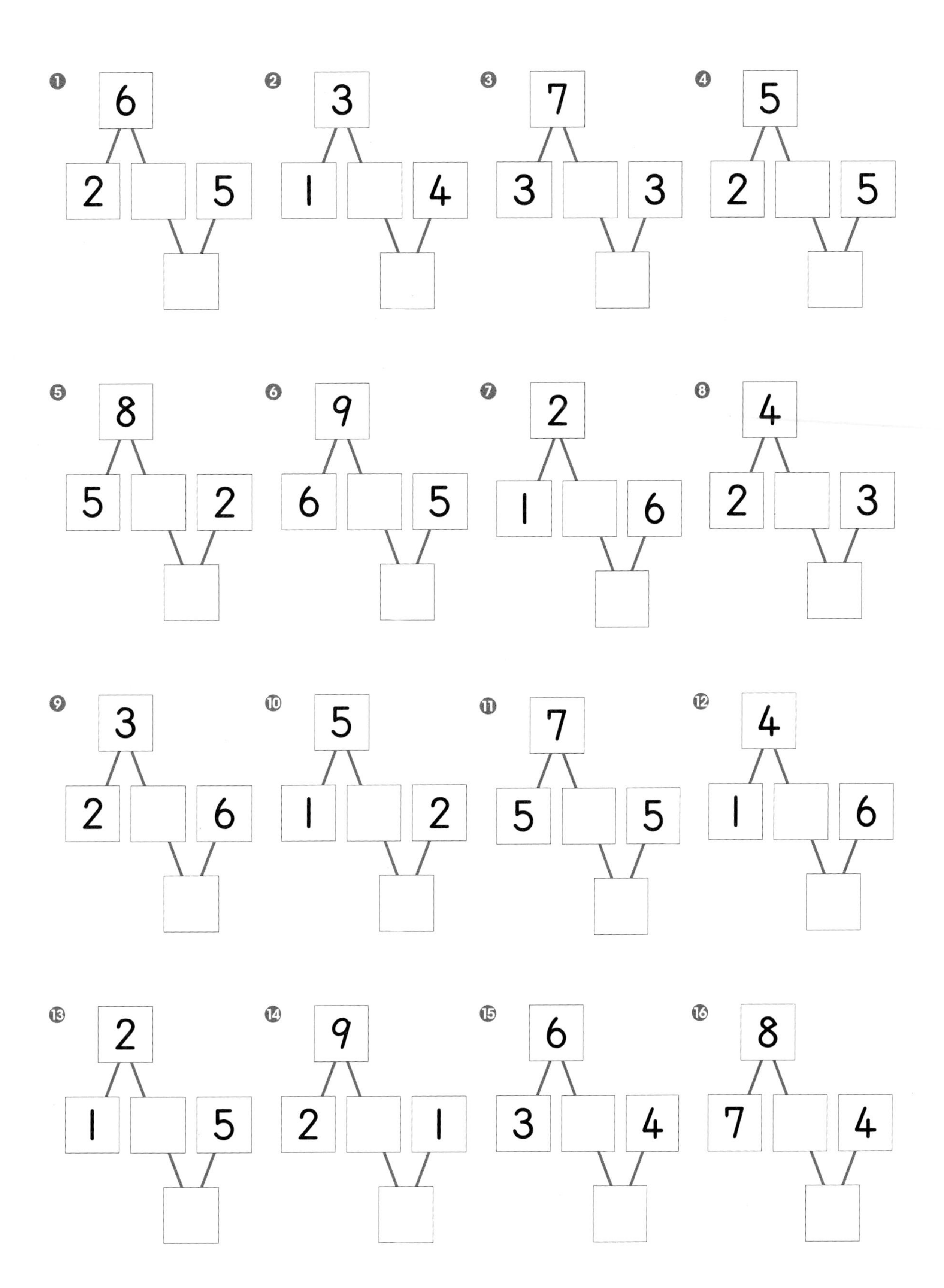

자르는 선

월 일

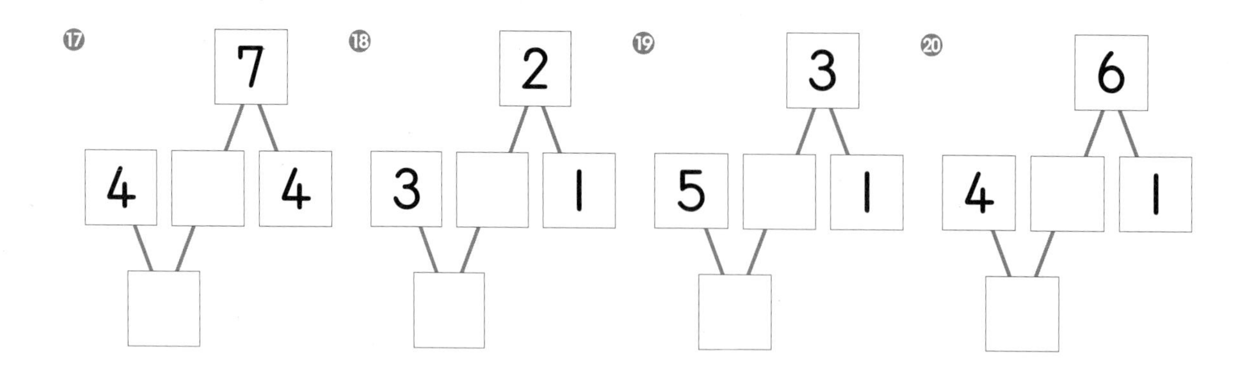
⑰
7
4
4
⑱
2
3
1
⑲
3
5
1
⑳
6
4
1

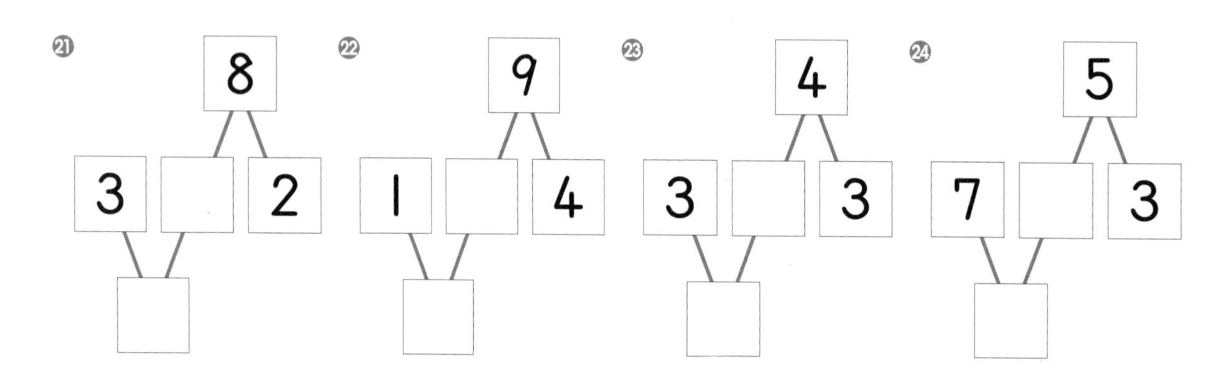
㉑
8
3
2
㉒
9
1
4
㉓
4
3
3
㉔
5
7
3

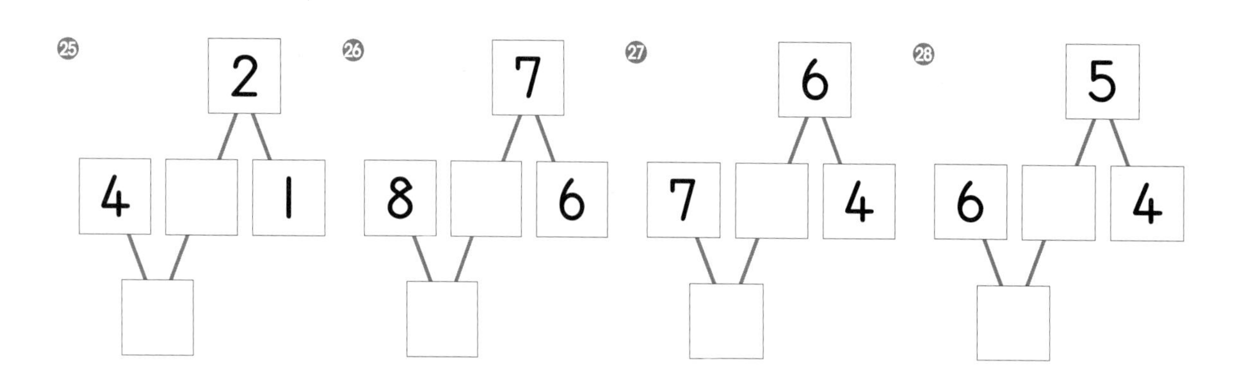
㉕
2
4
1
㉖
7
8
6
㉗
6
7
4
㉘
5
6
4

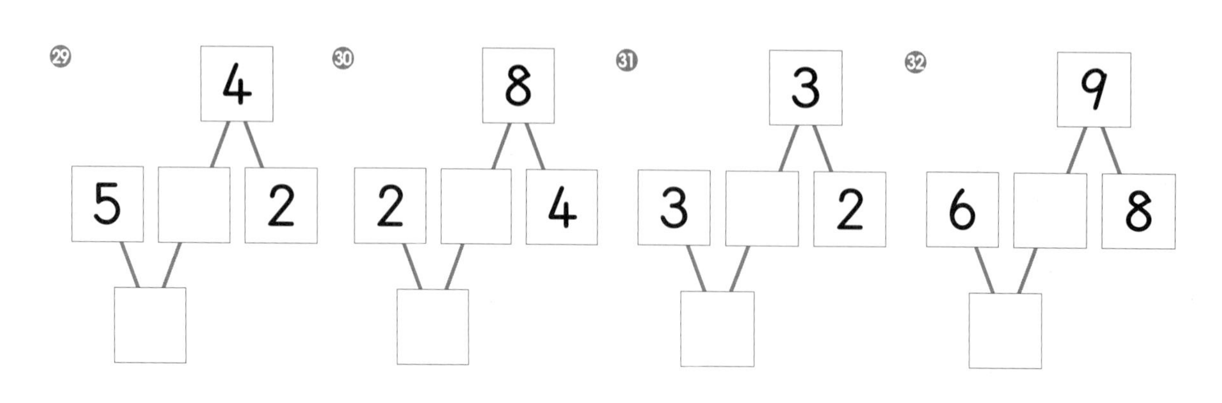
㉙
4
5
2
㉚
8
2
4
㉛
3
3
2
㉜
9
6
8

자르는 선

4주 9까지의 덧셈

❶ $3+4=\square$

❷ $2+5=\square$

❸ $3+3=\square$

❹ $2+1=\square$

❺ 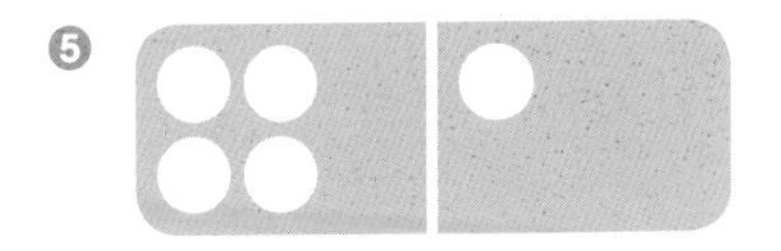

$4+1=\square$

❻ 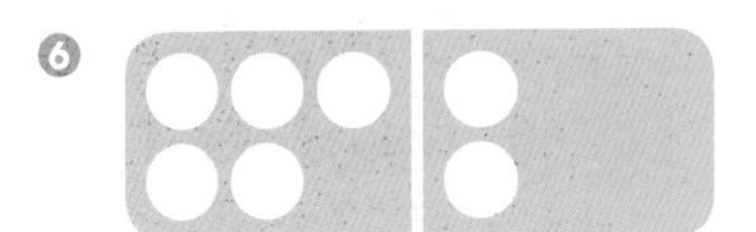

$5+2=\square$

❼ $6+2=\square$

❽ 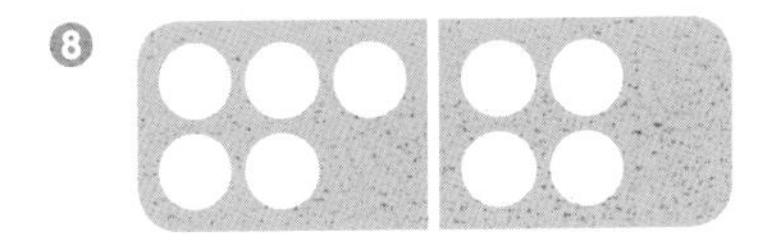

$5+4=\square$

❾ $3+5=\square$

❿ $1+2=\square$

⓫ 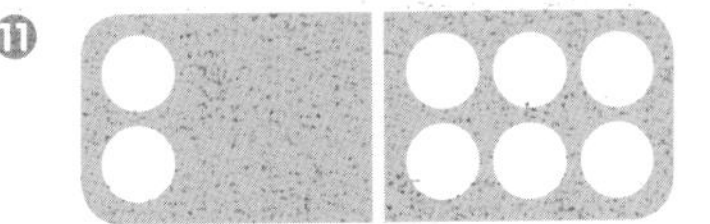

$2+6=\square$

⓬ 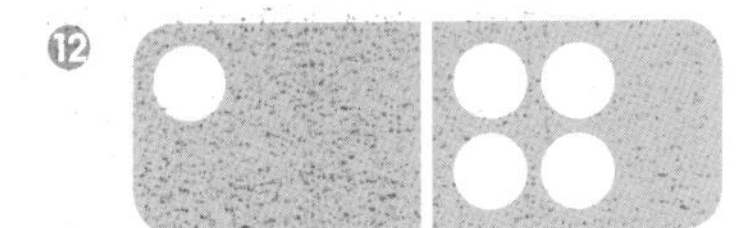

$1+4=\square$

⓭ 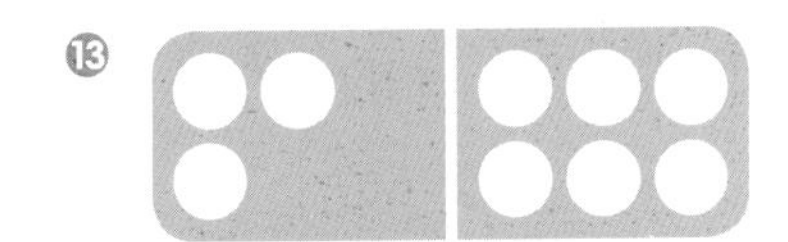

$3+6=\square$

⓮ 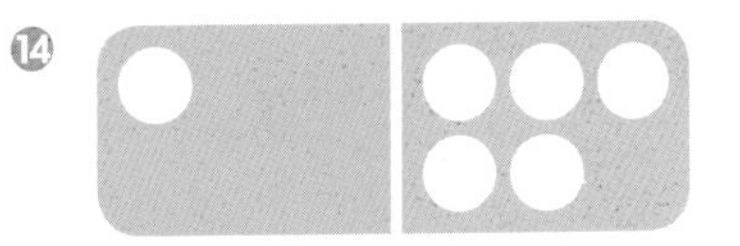

$1+5=\square$

⓯ 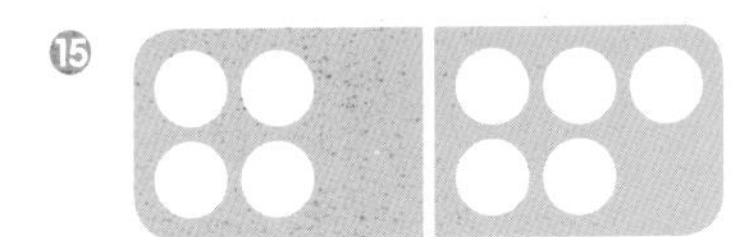

$4+5=\square$

자르는 선

⑯ 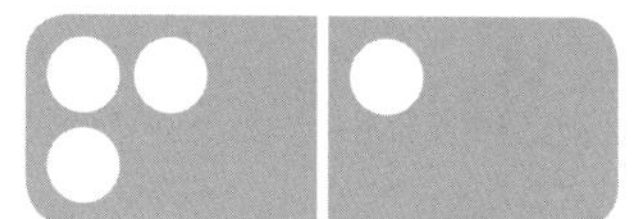

$3+1=\square$

⑰

$4+2=\square$

⑱ 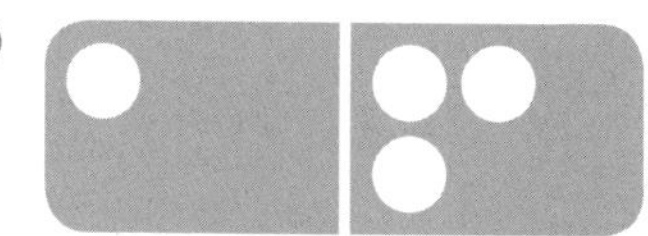

$1+3=\square$

⑲ 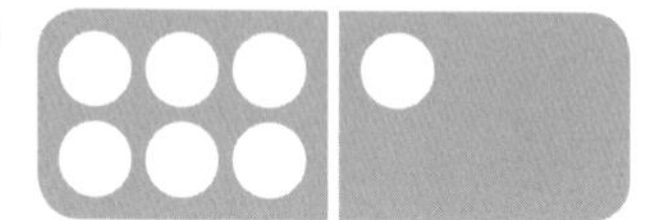

$6+1=\square$

⑳

$2+2=\square$

㉑

$3+2=\square$

㉒ 

$4+3=\square$

㉓

$1+1=\square$

㉔ 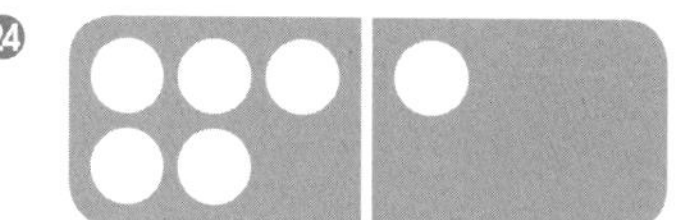

$5+1=\square$

㉕ 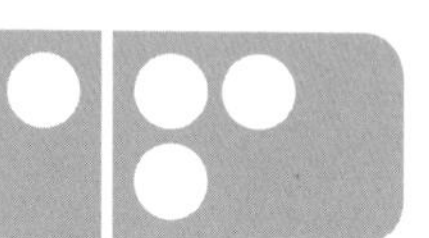

$5+3=\square$

㉖ 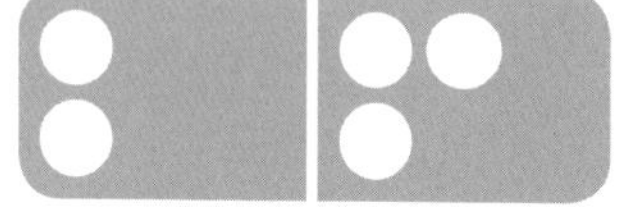

$2+3=\square$

㉗ 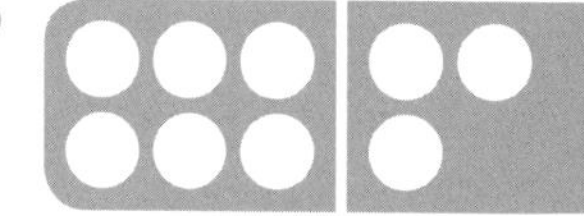

$6+3=\square$

㉘ 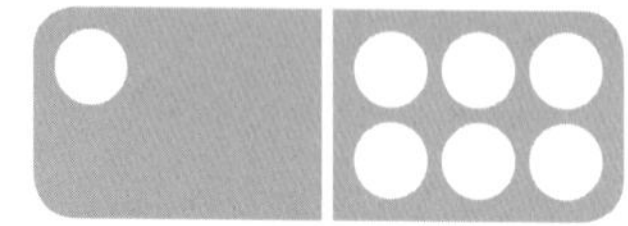

$1+6=\square$

㉙

$4+4=\square$

㉚ 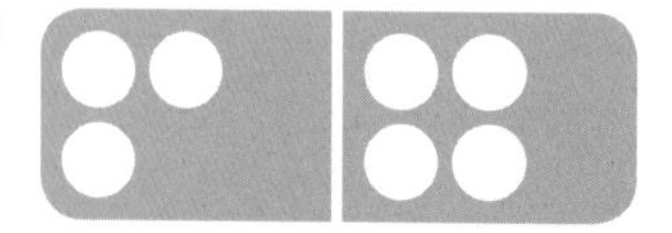

$3+4=\square$

자르는 선

5주 두 수의 합

❶ $4+1=\square$

❷ $6+3=\square$

❸ $3+1=\square$

❹ $2+7=\square$

❺ $5+1=\square$

❻ $7+2=\square$

❼ $6+2=\square$

❽ $4+5=\square$

❾ $4+3=\square$

❿ $3+2=\square$

⓫ $8+1=\square$

⓬ $5+3=\square$

⓭ $5+4=\square$

⓮ $3+5=\square$

⓯ $6+1=\square$

⓰ $2+3=\square$

⓱ $2+5=\square$

⓲ $3+3=\square$

⓳ $\begin{array}{r} 7 \\ +\ 1 \\ \hline \square \end{array}$

⓴ $\begin{array}{r} 4 \\ +\ 4 \\ \hline \square \end{array}$

㉑ $\begin{array}{r} 2 \\ +\ 2 \\ \hline \square \end{array}$

㉒ $\begin{array}{r} 4 \\ +\ 2 \\ \hline \square \end{array}$

㉓ $\begin{array}{r} 3 \\ +\ 6 \\ \hline \square \end{array}$

㉔ $\begin{array}{r} 2 \\ +\ 4 \\ \hline \square \end{array}$

㉕ $\begin{array}{r} 5 \\ +\ 2 \\ \hline \square \end{array}$

㉖ $\begin{array}{r} 3 \\ +\ 4 \\ \hline \square \end{array}$

자르는 선

월 일

㉗ $6+2=\square$

㉘ $5+4=\square$

㉙ $5+1=\square$

㉚ $3+6=\square$

㉛ $7+1=\square$

㉜ $3+3=\square$

㉝ $5+3=\square$

㉞ $3+2=\square$

㉟ $4+1=\square$

㊱ $7+2=\square$

㊲ $4+3=\square$

㊳ $2+7=\square$

㊴ $2+6=\square$

㊵ $6+3=\square$

㊶ $4+5=\square$

㊷ $4+4=\square$

㊸ $3+4=\square$

㊹ $1+6=\square$

㊺ $\begin{array}{r} 4 \\ +\ 2 \\ \hline \square \end{array}$

㊻ $\begin{array}{r} 2 \\ +\ 5 \\ \hline \square \end{array}$

㊼ $\begin{array}{r} 8 \\ +\ 1 \\ \hline \square \end{array}$

㊽ $\begin{array}{r} 3 \\ +\ 1 \\ \hline \square \end{array}$

㊾ $\begin{array}{r} 6 \\ +\ 1 \\ \hline \square \end{array}$

㊿ $\begin{array}{r} 2 \\ +\ 3 \\ \hline \square \end{array}$

51 $\begin{array}{r} 3 \\ +\ 5 \\ \hline \square \end{array}$

52 $\begin{array}{r} 5 \\ +\ 2 \\ \hline \square \end{array}$

자르는 선

6주 □가 있는 덧셈 (1)

❶ $3+\square=6$　❷ $4+\square=5$　❸ $2+\square=7$

❹ $6+\square=7$　❺ $2+\square=9$　❻ $3+\square=8$

❼ $5+\square=8$　❽ $1+\square=8$　❾ $8+\square=9$

❿ $4+\square=7$　⓫ $3+\square=5$　⓬ $4+\square=9$

⓭ $7+\square=9$　⓮ $5+\square=9$　⓯ $5+\square=6$

⓰ $3+\square=4$　⓱ $2+\square=5$　⓲ $6+\square=9$

⓳ $\begin{array}{r} 3 \\ +\square \\ \hline 9 \end{array}$　⓴ $\begin{array}{r} 1 \\ +\square \\ \hline 5 \end{array}$　㉑ $\begin{array}{r} 5 \\ +\square \\ \hline 7 \end{array}$　㉒ $\begin{array}{r} 3 \\ +\square \\ \hline 7 \end{array}$

㉓ $\begin{array}{r} 7 \\ +\square \\ \hline 8 \end{array}$　㉔ $\begin{array}{r} 4 \\ +\square \\ \hline 8 \end{array}$　㉕ $\begin{array}{r} 2 \\ +\square \\ \hline 4 \end{array}$　㉖ $\begin{array}{r} 1 \\ +\square \\ \hline 7 \end{array}$

자르는 선

㉗ $\square + 4 = 7$

㉘ $\square + 6 = 7$

㉙ $\square + 4 = 8$

㉚ $\square + 3 = 9$

㉛ $\square + 5 = 9$

㉜ $\square + 6 = 7$

㉝ $\square + 3 = 7$

㉞ $\square + 7 = 9$

㉟ $\square + 2 = 9$

㊱ $\square + 2 = 5$

㊲ $\square + 1 = 5$

㊳ $\square + 3 = 8$

㊴ $\square + 1 = 8$

㊵ $\square + 3 = 6$

㊶ $\square + 6 = 9$

㊷ $\square + 4 = 9$

㊸ $\square + 1 = 6$

㊹ $\square + 2 = 3$

㊺ $\begin{array}{r} \square \\ + \; 2 \\ \hline 6 \end{array}$

㊻ $\begin{array}{r} \square \\ + \; 5 \\ \hline 7 \end{array}$

㊼ $\begin{array}{r} \square \\ + \; 8 \\ \hline 9 \end{array}$

㊽ $\begin{array}{r} \square \\ + \; 1 \\ \hline 2 \end{array}$

㊾ $\begin{array}{r} \square \\ + \; 1 \\ \hline 7 \end{array}$

㊿ $\begin{array}{r} \square \\ + \; 3 \\ \hline 5 \end{array}$

51 $\begin{array}{r} \square \\ + \; 5 \\ \hline 8 \end{array}$

52 $\begin{array}{r} \square \\ + \; 5 \\ \hline 6 \end{array}$

자르는 선

□가 있는 덧셈 (2)

❶ $6+3=\square$

❷ $5+\square=6$

❸ $\square+4=7$

❹ $7+1=\square$

❺ $2+\square=9$

❻ $\square+1=5$

❼ $1+5=\square$

❽ $4+\square=8$

❾ $\square+2=7$

❿ $2+7=\square$

⓫ $7+\square=9$

⓬ $\square+2=5$

⓭ $4+3=\square$

⓮ $3+\square=6$

⓯ $\square+6=8$

⓰ $1+6=\square$

⓱ $1+\square=9$

⓲ $\square+2=9$

⓳ $\begin{array}{r} 2 \\ +\ 3 \\ \hline \square \end{array}$

⓴ $\begin{array}{r} 5 \\ +\ \square \\ \hline 7 \end{array}$

㉑ $\begin{array}{r} \square \\ +\ 4 \\ \hline 6 \end{array}$

㉒ $\begin{array}{r} 4 \\ +\ 5 \\ \hline \square \end{array}$

㉓ $\begin{array}{r} 4 \\ +\ 3 \\ \hline \square \end{array}$

㉔ $\begin{array}{r} 3 \\ +\ \square \\ \hline 6 \end{array}$

㉕ $\begin{array}{r} \square \\ +\ 3 \\ \hline 8 \end{array}$

㉖ $\begin{array}{r} 3 \\ +\ 6 \\ \hline \square \end{array}$

자르는 선

월 일

㉗ $3+6=\square$ ㉘ $3+\square=8$ ㉙ $\square+5=9$

㉚ $5+4=\square$ ㉛ $6+\square=9$ ㉜ $\square+1=4$

㉝ $8+1=\square$ ㉞ $1+\square=5$ ㉟ $\square+2=8$

㊱ $2+6=\square$ ㊲ $5+\square=8$ ㊳ $\square+1=8$

㊴ $4+2=\square$ ㊵ $1+\square=4$ ㊶ $\square+1=3$

㊷ $1+7=\square$ ㊸ $8+\square=9$ ㊹ $\square+5=7$

㊺ $\begin{array}{r} 4 \\ +\ 2 \\ \hline \square \end{array}$ ㊻ $\begin{array}{r} 3 \\ +\ \square \\ \hline 7 \end{array}$ ㊼ $\begin{array}{r} \square \\ +\ 5 \\ \hline 8 \end{array}$ ㊽ $\begin{array}{r} 2 \\ +\ 7 \\ \hline \square \end{array}$

㊾ $\begin{array}{r} 6 \\ +\ 2 \\ \hline \square \end{array}$ ㊿ $\begin{array}{r} 4 \\ +\ \square \\ \hline 8 \end{array}$ 51 $\begin{array}{r} \square \\ +\ 5 \\ \hline 7 \end{array}$ 52 $\begin{array}{r} 5 \\ +\ 4 \\ \hline \square \end{array}$

자르는 선

8주 문제 해결 덧셈

❶ $2+7=\square$

❷ $7+\square=8$

❸ $\square+1=5$

❹ $4+\square=6$

❺ $\square+2=7$

❻ $5+2=\square$

❼ $\square+5=6$

❽ $3+6=\square$

❾ $3+\square=6$

❿ $3+4=\square$

⓫ $1+\square=9$

⓬ $\square+3=6$

⓭ $2+\square=5$

⓮ $\square+3=9$

⓯ $4+2=\square$

⓰ $\square+1=9$

⓱ $1+7=\square$

⓲ $4+\square=9$

⓳ $\begin{array}{r} 7 \\ +\ 2 \\ \hline \square \end{array}$

⓴ $\begin{array}{r} 3 \\ +\ \square \\ \hline 5 \end{array}$

㉑ $\begin{array}{r} \square \\ +\ 3 \\ \hline 8 \end{array}$

㉒ $\begin{array}{r} 5 \\ +\ \square \\ \hline 9 \end{array}$

㉓ $\begin{array}{r} \square \\ +\ 1 \\ \hline 8 \end{array}$

㉔ $\begin{array}{r} 6 \\ +\ 2 \\ \hline \square \end{array}$

㉕ $\begin{array}{r} 4 \\ +\ \square \\ \hline 7 \end{array}$

㉖ $\begin{array}{r} \square \\ +\ 2 \\ \hline 6 \end{array}$

자르는 선

㉗ $3+5=\square$

㉘ $6+\square=7$

㉙ $\square+2=9$

㉚ $2+\square=6$

㉛ $\square+2=5$

㉜ $1+2=\square$

㉝ $\square+6=8$

㉞ $2+1=\square$

㉟ $1+\square=4$

㊱ $2+7=\square$

㊲ $3+\square=9$

㊳ $\square+4=8$

㊴ $3+\square=4$

㊵ $\square+2=4$

㊶ $3+4=\square$

㊷ $\square+1=2$

㊸ $2+5=\square$

㊹ $2+\square=8$

㊺ $$\begin{array}{r} 3 \\ +\ 4 \\ \hline \square \end{array}$$

㊻ $$\begin{array}{r} 8 \\ +\ \square \\ \hline 9 \end{array}$$

㊼ $$\begin{array}{r} \square \\ +\ 6 \\ \hline 7 \end{array}$$

㊽ $$\begin{array}{r} 3 \\ +\ \square \\ \hline 6 \end{array}$$

㊾ $$\begin{array}{r} \square \\ +\ 2 \\ \hline 5 \end{array}$$

㊿ $$\begin{array}{r} 4 \\ +\ 5 \\ \hline \square \end{array}$$

51 $$\begin{array}{r} 3 \\ +\ \square \\ \hline 9 \end{array}$$

52 $$\begin{array}{r} \square \\ +\ 7 \\ \hline 8 \end{array}$$

자르는 선

정 답

1주 모으기

1~2쪽

(1) 6　(2) 4　(3) 8　(4) 3　(5) 5　(6) 5　(7) 6　(8) 7　(9) 6　(10) 8　(11) 5　(12) 7
(13) 6　(14) 9　(15) 4　(16) 4　(17) 7　(18) 7　(19) 7　(20) 6　(21) 6　(22) 8　(23) 6　(24) 7
(25) 9　(26) 7　(27) 9　(28) 9　(29) 9　(30) 8　(31) 8　(32) 9　(33) 7　(34) 8　(35) 6

2주 가르기

3~4쪽

(1) 3, 3　(2) 2, 2　(3) 4, 3　(4) 3, 2　(5) 1, 1　(6) 3, 1　(7) 2, 1　(8) 4, 1　(9) 1, 2　(10) 4, 2　(11) 1, 3　(12) 2, 3
(13) 2, 4　(14) 4, 3　(15) 4, 4　(16) 4　(17) 2　(18) 2　(19) 3　(20) 3　(21) 5　(22) 7　(23) 4　(24) 2
(25) 4　(26) 1　(27) 5　(28) 8　(29) 3　(30) 5　(31) 4　(32) 1　(33) 5　(34) 4　(35) 3

3주 가르기와 모으기

5~6쪽

(1) 4, 9　(2) 2, 6　(3) 4, 7　(4) 3, 8　(5) 3, 5　(6) 3, 8　(7) 1, 7　(8) 2, 5　(9) 1, 7　(10) 4, 6　(11) 2, 7　(12) 3, 9
(13) 1, 6　(14) 7, 8　(15) 3, 7　(16) 1, 5　(17) 3, 7　(18) 1, 4　(19) 2, 7　(20) 5, 9　(21) 6, 9　(22) 5, 6　(23) 1, 4　(24) 2, 9
(25) 1, 5　(26) 1, 9　(27) 2, 9　(28) 1, 7　(29) 2, 7　(30) 4, 6　(31) 1, 4　(32) 1, 7

4주 9까지의 덧셈

7~8쪽

(1) 7　(2) 7　(3) 6　(4) 3　(5) 5　(6) 7　(7) 8　(8) 9　(9) 8　(10) 3　(11) 8　(12) 5
(13) 9　(14) 6　(15) 9　(16) 4　(17) 6　(18) 4　(19) 7　(20) 4　(21) 5　(22) 7　(23) 2　(24) 6
(25) 8　(26) 5　(27) 9　(28) 7　(29) 8　(30) 7

5주 두 수의 합

9~10쪽

(1) 5　(2) 9　(3) 4　(4) 9　(5) 6　(6) 9　(7) 8　(8) 9　(9) 7　(10) 5　(11) 9　(12) 8
(13) 9　(14) 8　(15) 7　(16) 5　(17) 7　(18) 6　(19) 8　(20) 8　(21) 4　(22) 6　(23) 9　(24) 6
(25) 7　(26) 7　(27) 8　(28) 9　(29) 6　(30) 9　(31) 8　(32) 6　(33) 8　(34) 5　(35) 5　(36) 9
(37) 7　(38) 9　(39) 8　(40) 9　(41) 9　(42) 8　(43) 7　(44) 7　(45) 6　(46) 7　(47) 9　(48) 4
(49) 7　(50) 5　(51) 8　(52) 7

6주 □가 있는 덧셈 (1)

11~12쪽

(1) 3　(2) 1　(3) 5　(4) 1　(5) 7　(6) 5　(7) 3　(8) 7　(9) 1　(10) 3　(11) 2　(12) 5
(13) 2　(14) 4　(15) 1　(16) 1　(17) 3　(18) 3　(19) 6　(20) 4　(21) 2　(22) 4　(23) 1　(24) 4
(25) 2　(26) 6　(27) 3　(28) 1　(29) 4　(30) 6　(31) 4　(32) 1　(33) 4　(34) 2　(35) 7　(36) 3
(37) 4　(38) 5　(39) 7　(40) 3　(41) 3　(42) 5　(43) 5　(44) 1　(45) 4　(46) 2　(47) 1　(48) 1
(49) 6　(50) 2　(51) 3　(52) 1

7주 □가 있는 덧셈 (2)

13~14쪽

(1) 9　(2) 1　(3) 3　(4) 8　(5) 7　(6) 4　(7) 6　(8) 4　(9) 5　(10) 9　(11) 2　(12) 3
(13) 7　(14) 3　(15) 2　(16) 7　(17) 8　(18) 7　(19) 5　(20) 2　(21) 2　(22) 9　(23) 7　(24) 3
(25) 5　(26) 9　(27) 9　(28) 5　(29) 4　(30) 9　(31) 3　(32) 3　(33) 9　(34) 4　(35) 6　(36) 8
(37) 3　(38) 7　(39) 6　(40) 3　(41) 2　(42) 8　(43) 1　(44) 2　(45) 6　(46) 4　(47) 3　(48) 9
(49) 8　(50) 4　(51) 2　(52) 9

8주 문제 해결 덧셈

15~16쪽

(1) 9　(2) 1　(3) 4　(4) 2　(5) 5　(6) 7　(7) 1　(8) 9　(9) 3　(10) 7　(11) 8　(12) 3
(13) 3　(14) 6　(15) 6　(16) 8　(17) 8　(18) 5　(19) 9　(20) 2　(21) 5　(22) 4　(23) 7　(24) 8
(25) 3　(26) 4　(27) 8　(28) 1　(29) 7　(30) 4　(31) 3　(32) 3　(33) 2　(34) 3　(35) 3　(36) 9
(37) 6　(38) 4　(39) 1　(40) 2　(41) 7　(42) 1　(43) 7　(44) 6　(45) 7　(46) 1　(47) 1　(48) 3
(49) 3　(50) 9　(51) 6　(52) 1

사고셈

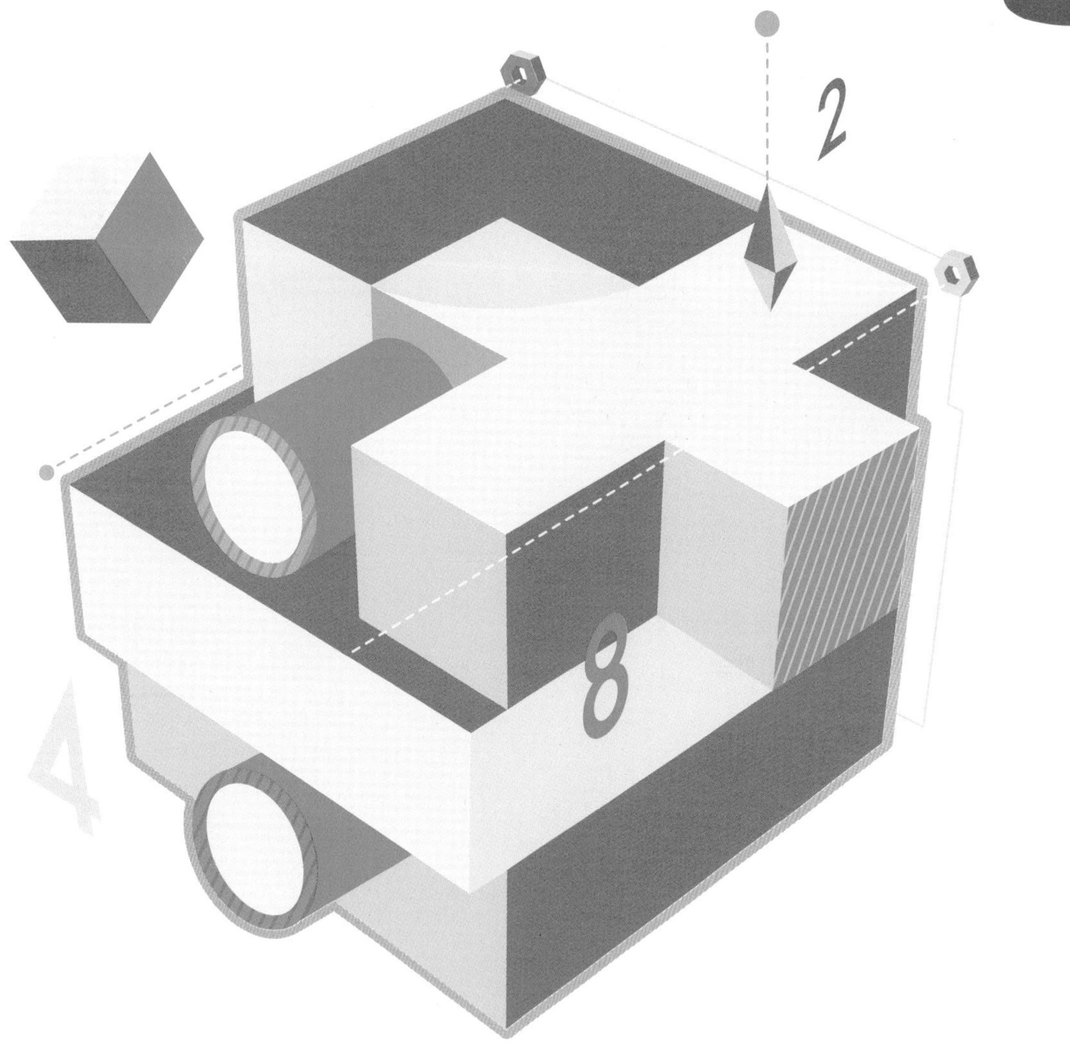

6세 3호

이 책의 **구성과 특징**

생각의 힘을 키우는 사고(思考)셈은 1주 4개, 8주 32개의 사고력 유형 학습을 통해 수와 연산에 대한 개념의 응용력(추론 및 문제해결능력)을 키울 수 있도록 하였습니다.

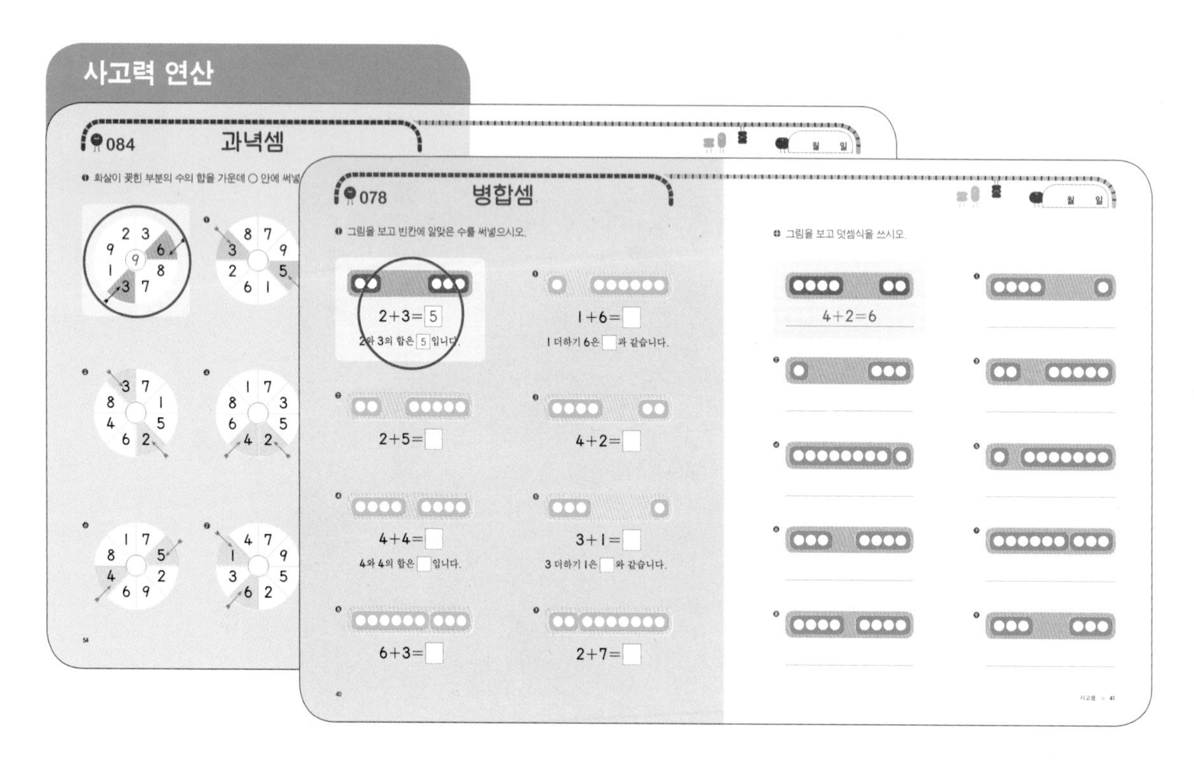

- 대표 사고력 유형으로 연산 원리를 쉽게쉽게
- 1~4일차: 다양한 유형의 주 진도 학습

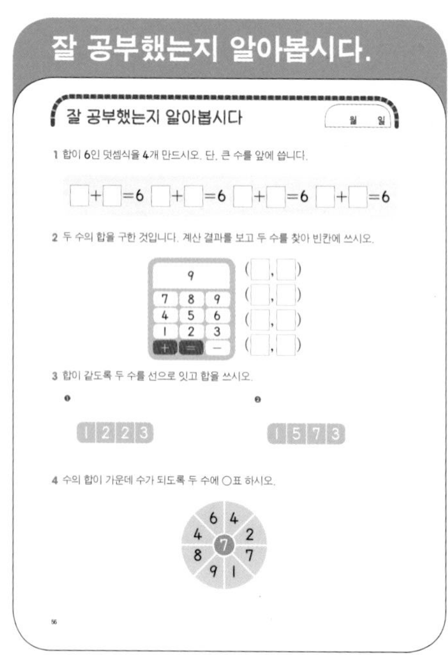

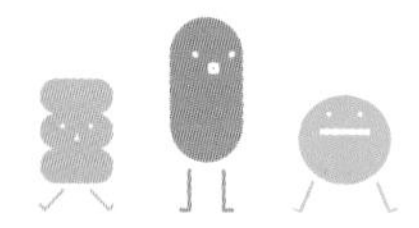

- 5일차 점검 학습: 주 진도 학습 확인

권두부록 (기본연산 Check-Book)

기본연산 Check-Book

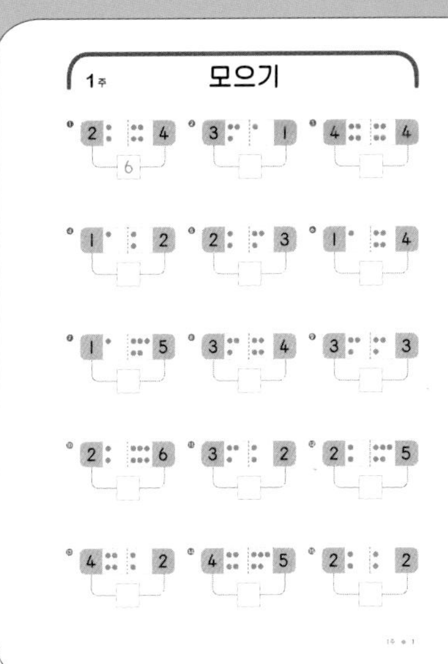

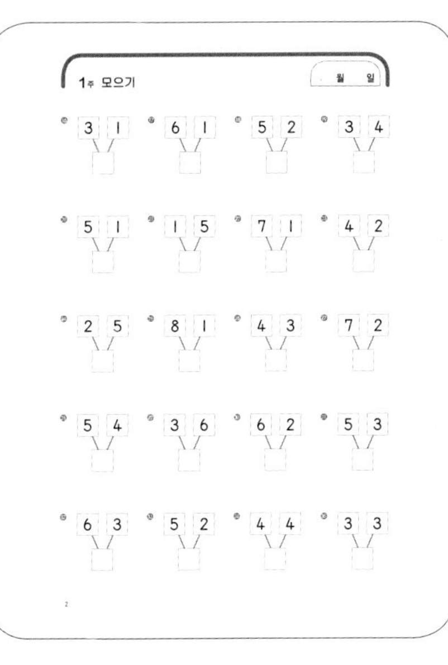

- 본 학습 전 기본연산 실력 진단

권말부록 (G-Book)

Guide Book(정답 및 해설)

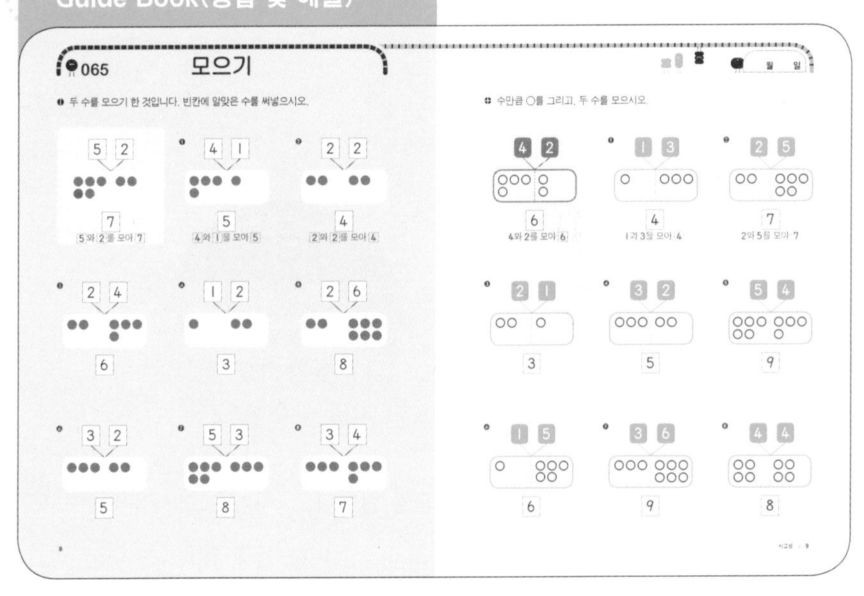

- 문제와 답을 한 눈에!
- 상세한 풀이와 친절한 해설, 답

학습 효과 및 활용법

학습 효과

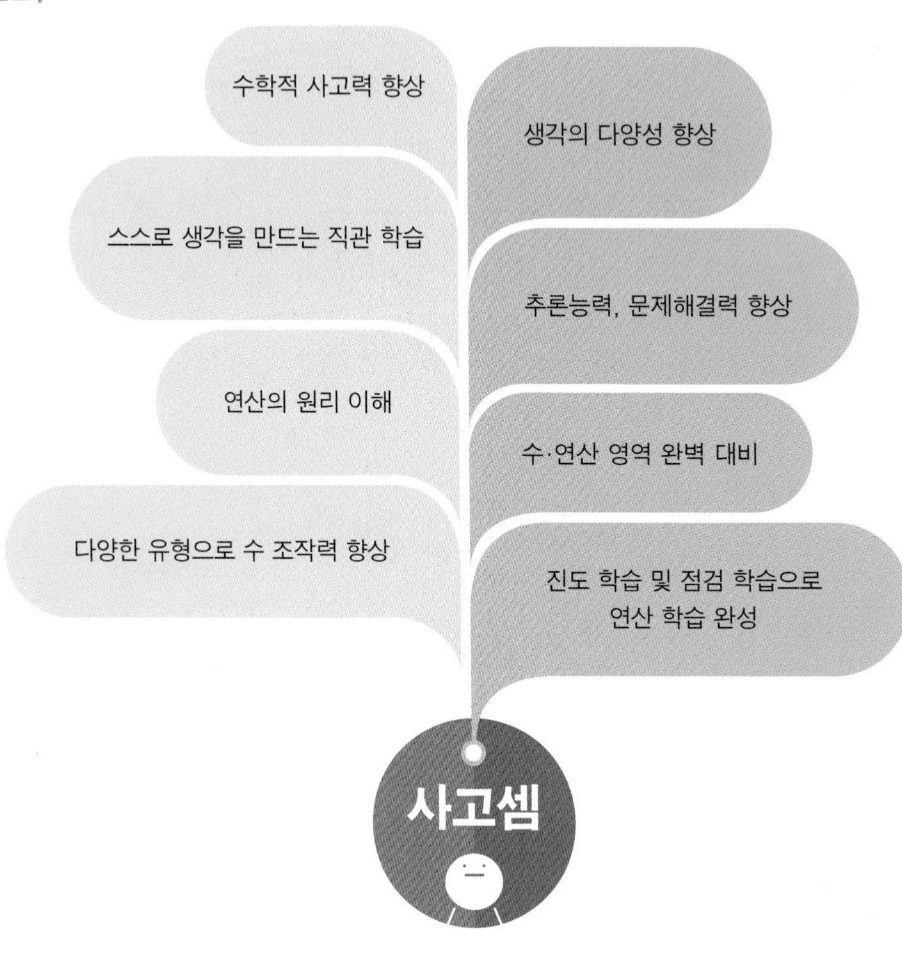

주차별 활용법

1단계 : 기본연산 Check-Book으로 사고력 연산을 위한 준비 학습을 합니다.

2단계 : 사고력 유형으로 사고력 연산의 진도 학습을 합니다.

3단계 : 한 주마다 점검 학습(잘 공부했는지 알아봅시다)으로 사고력 향상을 확인합니다.

학습 구성

6세

1호	10까지의 수
2호	더하기 빼기 1과 2
3호	합이 9까지인 덧셈
4호	한 자리 수의 뺄셈과 세 수의 계산

7세

1호	한 자리 수의 덧셈과 뺄셈
2호	10 만들기
3호	50까지의 수
4호	더하기 빼기 1과 2, 10과 20

초등 1

1호	덧셈구구
2호	뺄셈구구와 덧셈, 뺄셈 혼합
3호	100까지의 수, 1000까지의 수
4호	받아올림, 받아내림 없는 두 자리 수의 계산

초등 2

1호	두 자리 수와 한 자리 수의 덧셈과 뺄셈
2호	두 자리 수의 덧셈과 뺄셈
3호	곱셈구구
4호	곱셈과 나눗셈 구구

초등 3

1호	세·네 자리 수의 덧셈과 뺄셈
2호	분수와 소수의 기초
3호	두 자리 수의 곱셈과 나눗셈
4호	분수

초등 4

1호	분수의 덧셈과 뺄셈
2호	혼합 계산
3호	소수의 덧셈과 뺄셈
4호	어림하기

이 책의 학습 로드맵

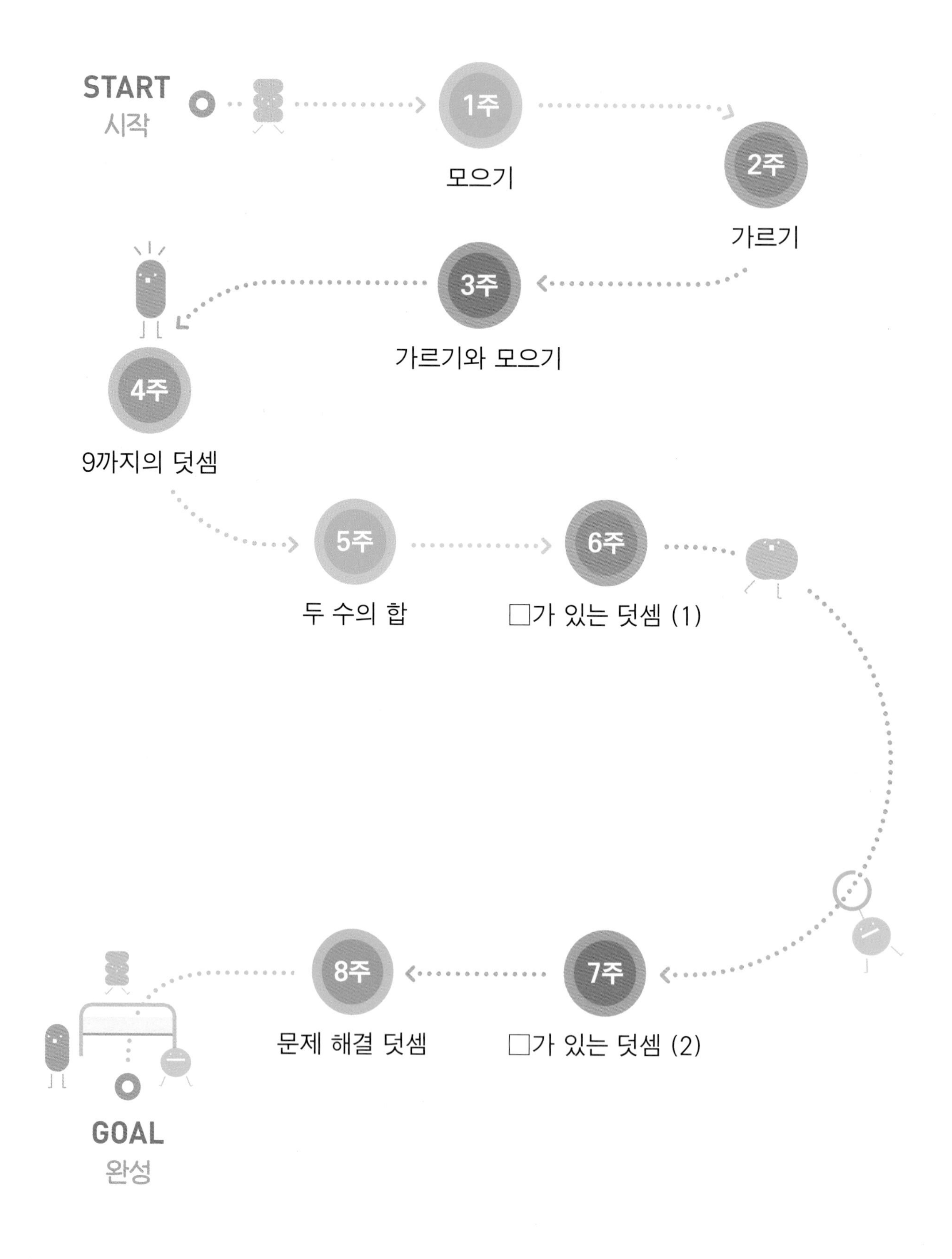

START
시작
1주
모으기
2주
가르기
3주
가르기와 모으기
4주
9까지의 덧셈
5주
두 수의 합
6주
□가 있는 덧셈 (1)
7주
□가 있는 덧셈 (2)
8주
문제 해결 덧셈
GOAL
완성

1 모으기

065 모으기
066 사방 모으기
067 양방 모으기
068 이중 모으기

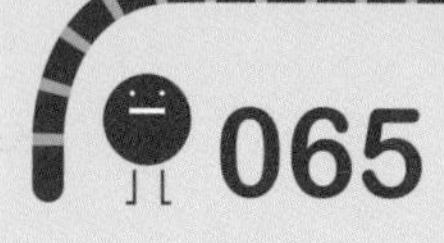

065 모으기

◐ 두 수를 모으기 한 것입니다. 빈칸에 알맞은 수를 써넣으시오.

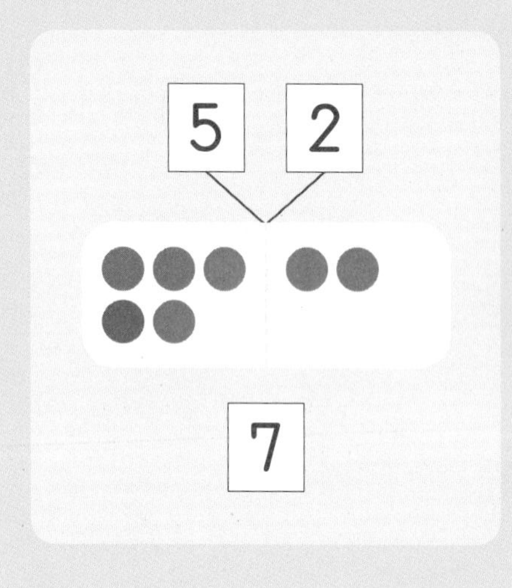

❶ 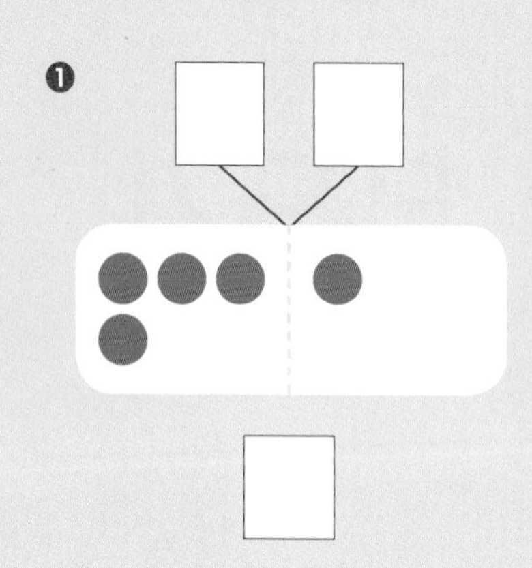

❷ 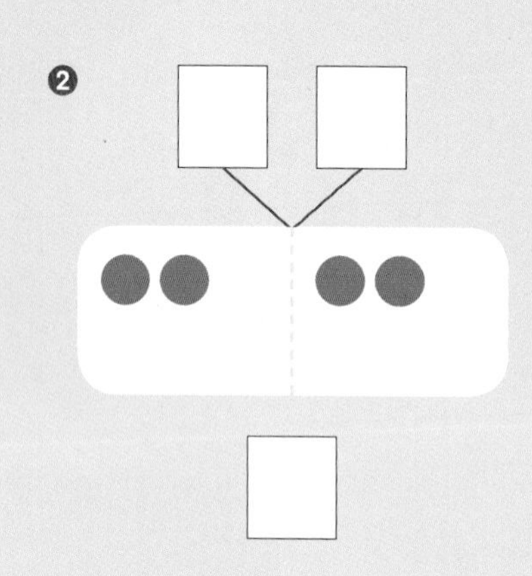

❸ 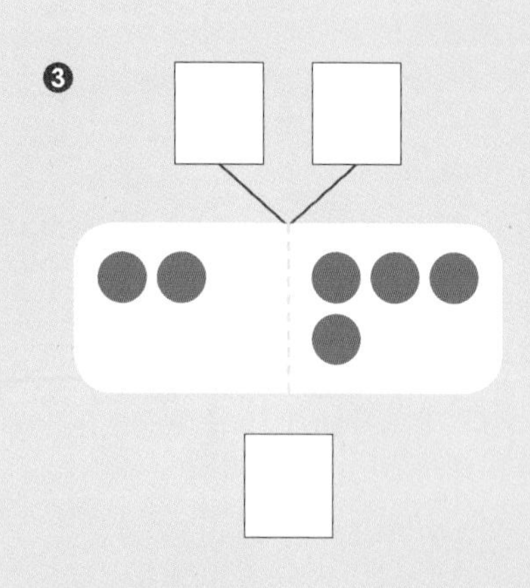

❹ 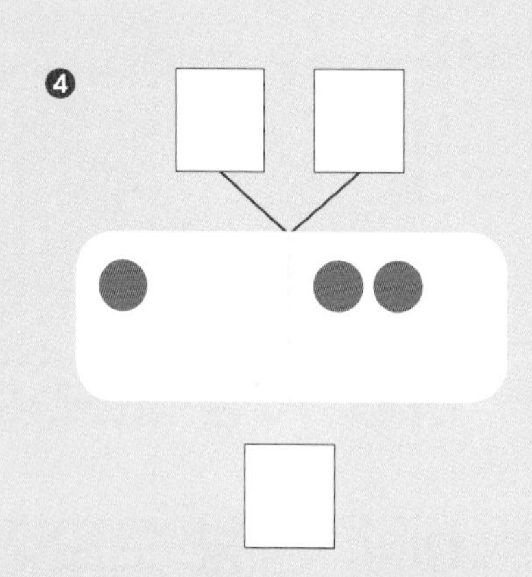

❺ 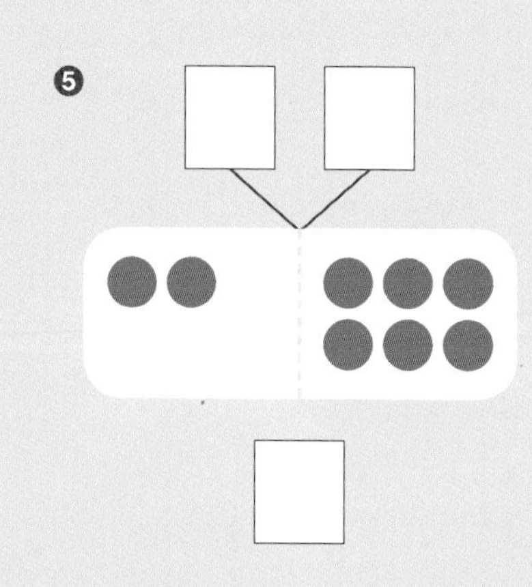

❻ 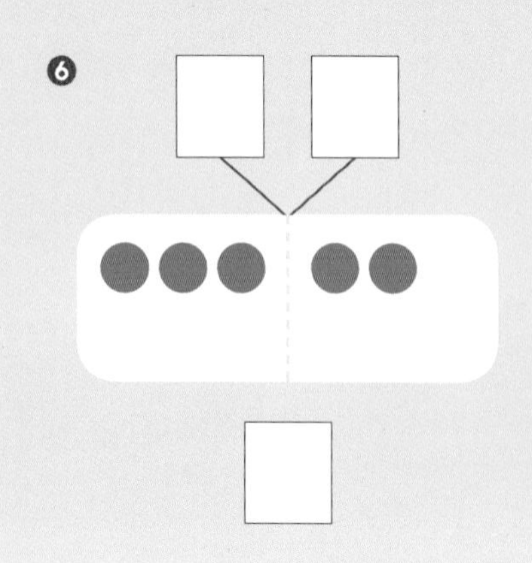

❼ 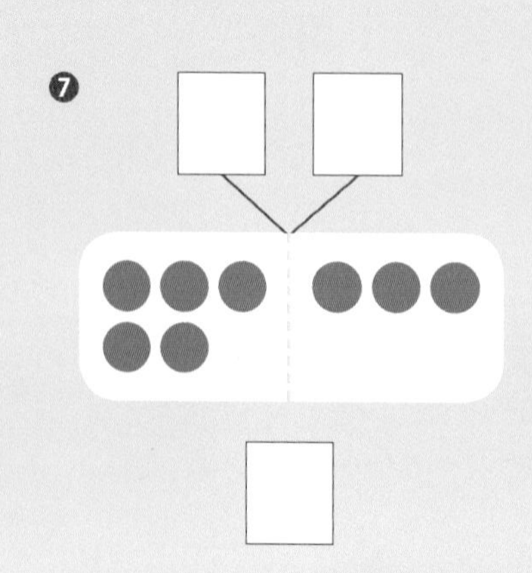

❽ 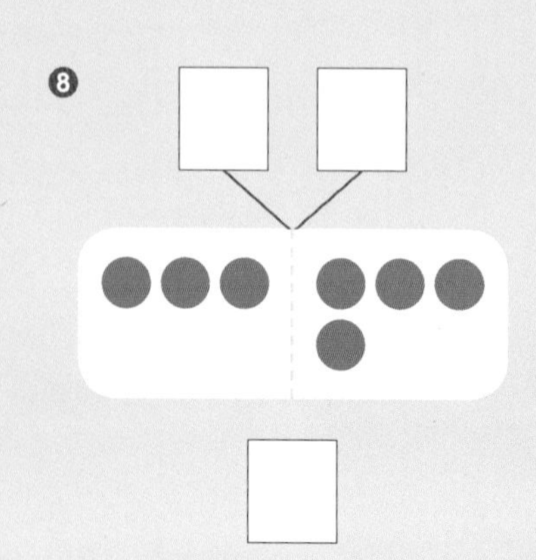

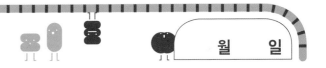

수만큼 ○를 그리고, 두 수를 모으시오.

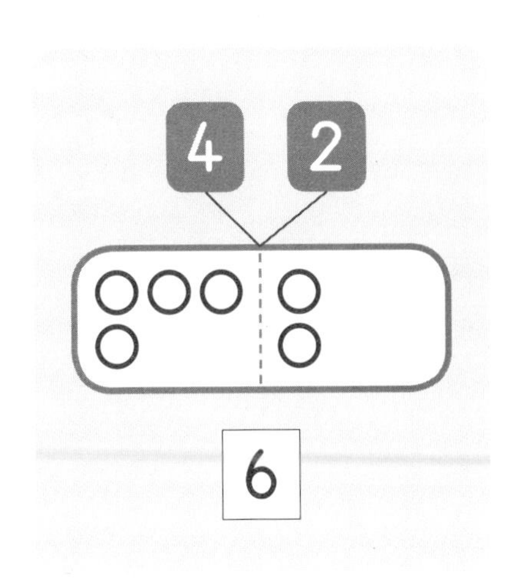

❶
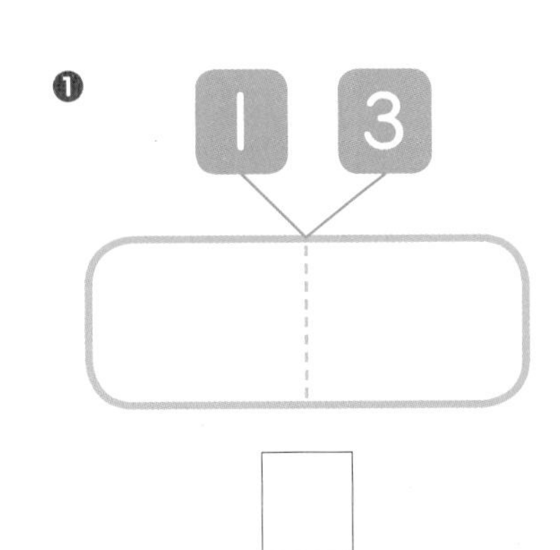

❷
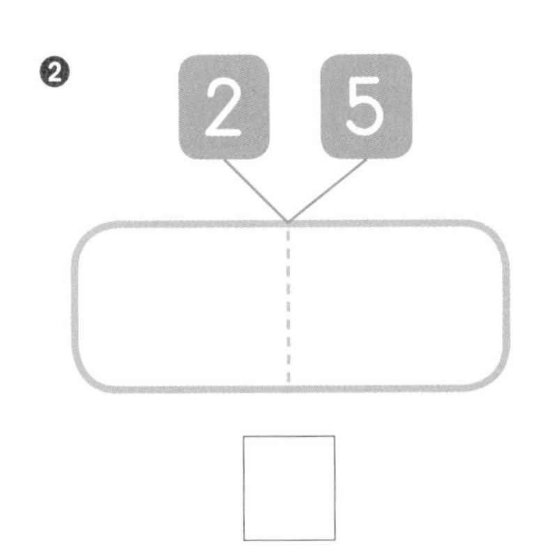

❸
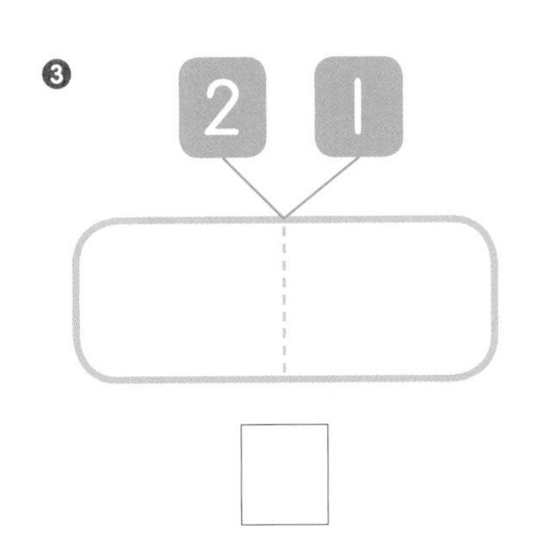

❹
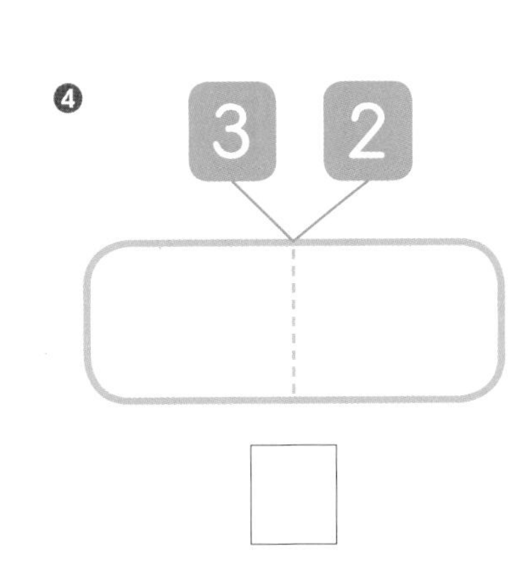

❺
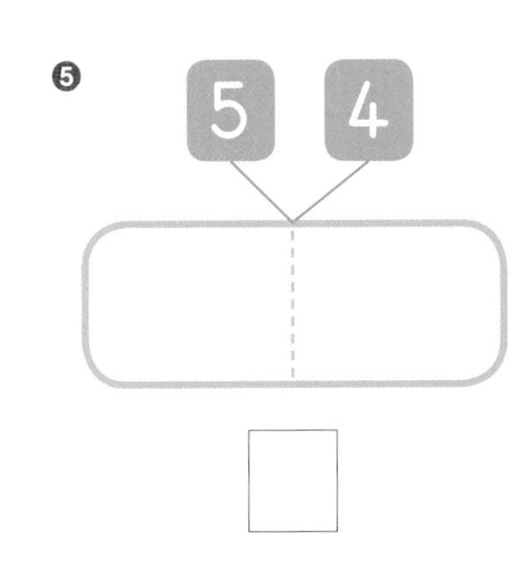

❻
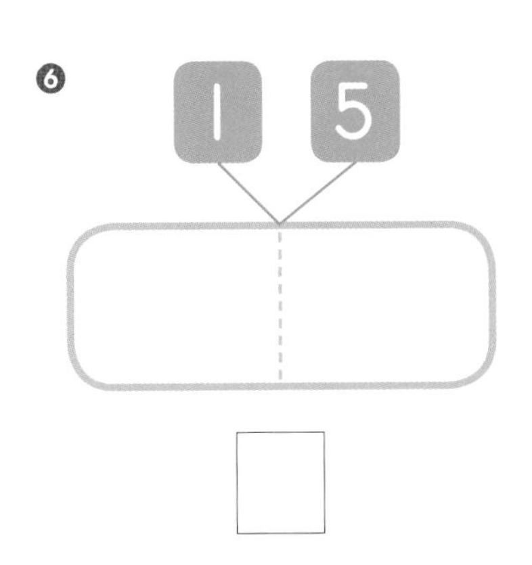

❼
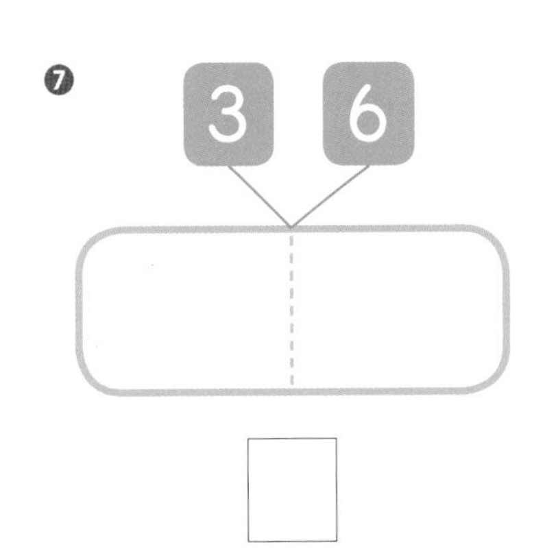

❽
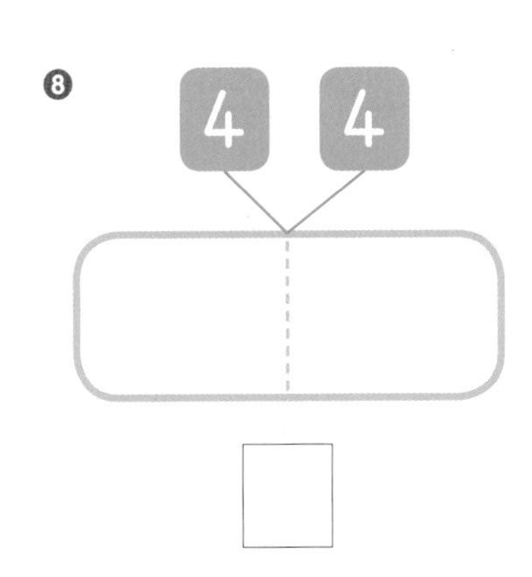

066 사방 모으기

◐ 세 방향으로 두 수를 모으시오.

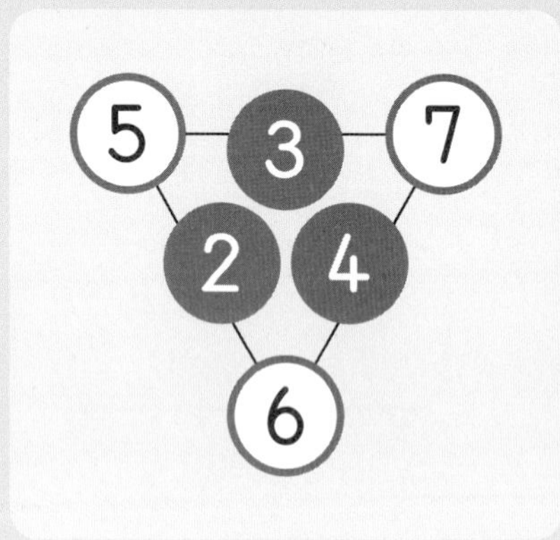

❶
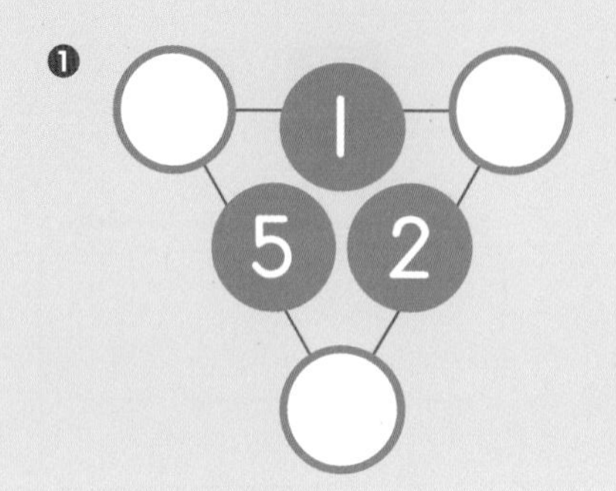

❷
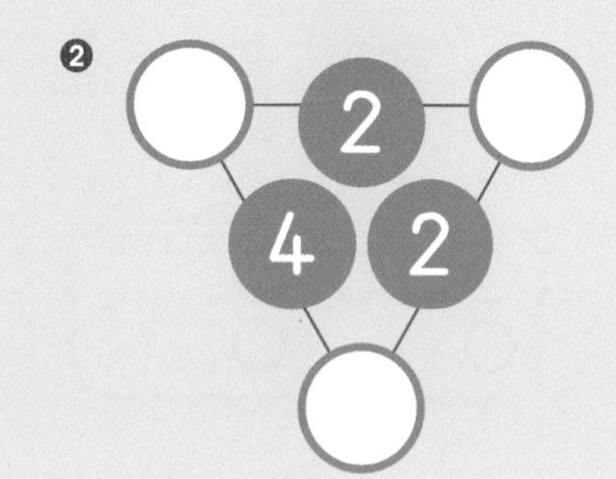

❸
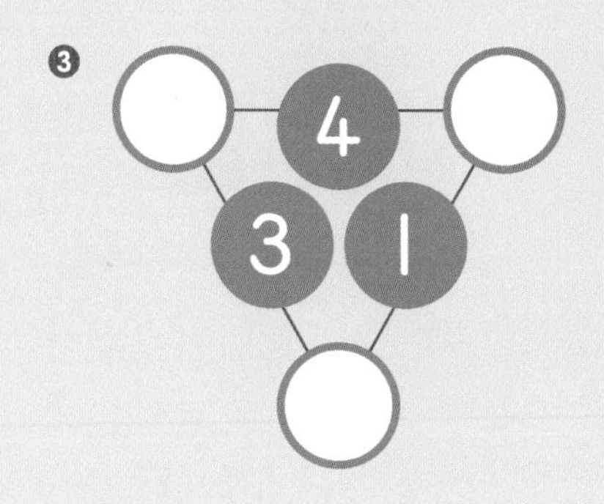

❹
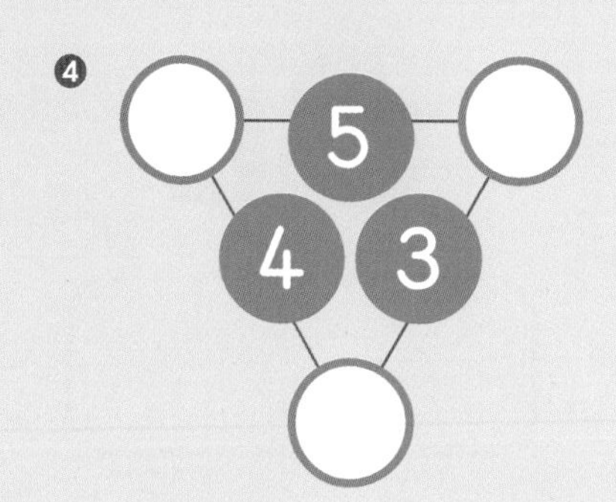

❺
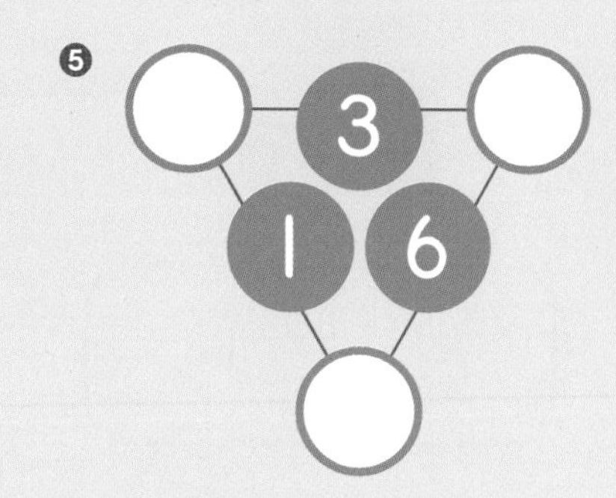

❻
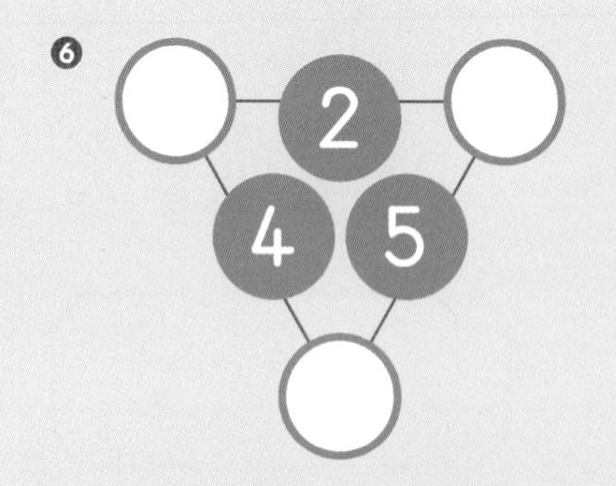

❼
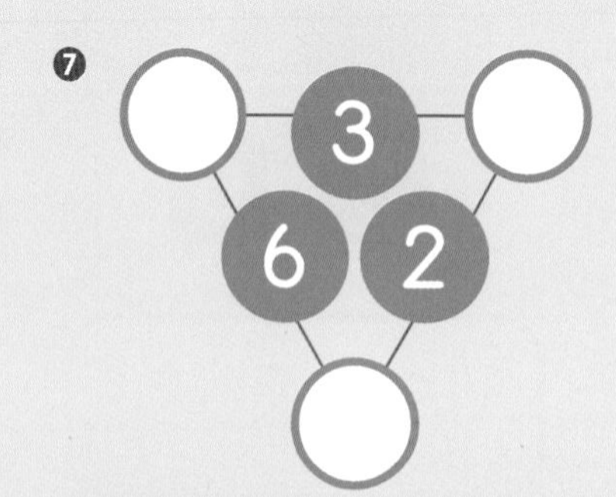

❽
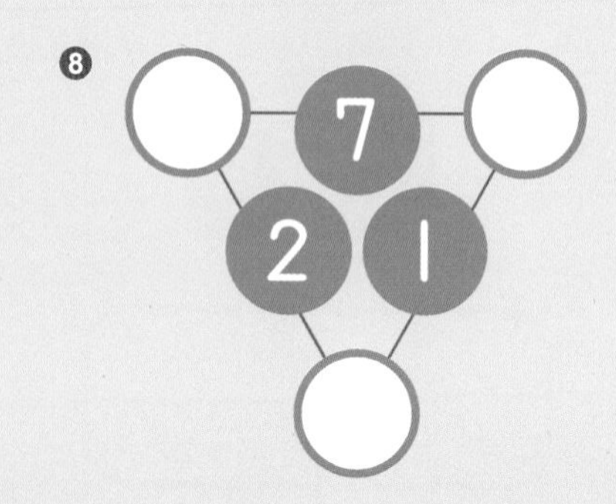

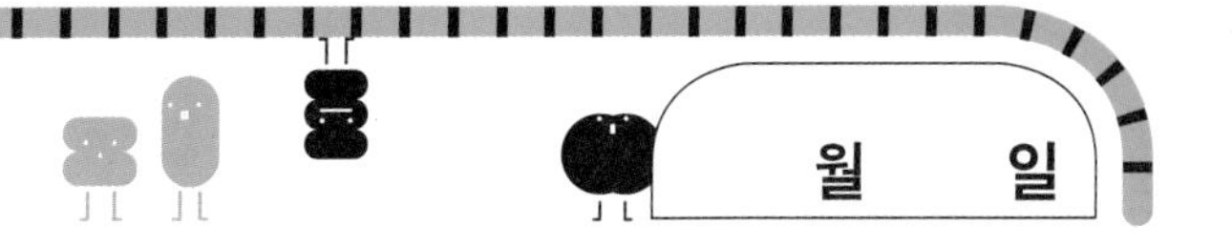

네 방향으로 두 수를 모으시오.

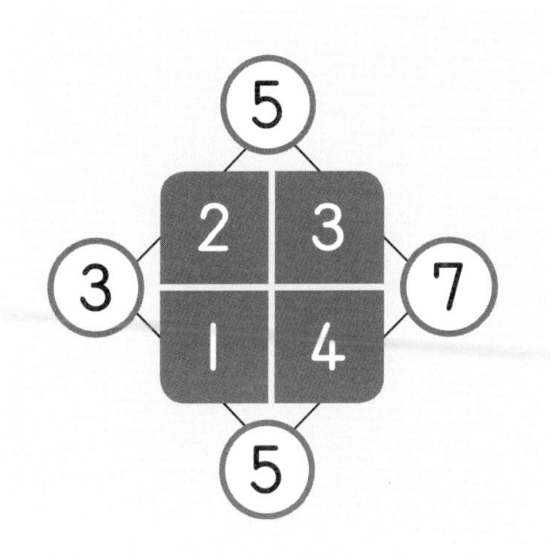

❶

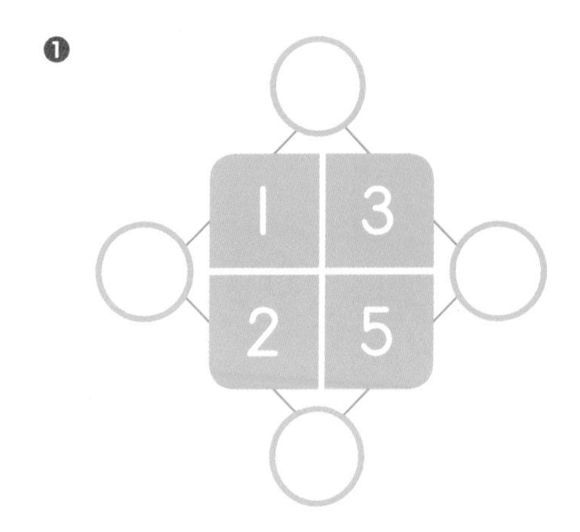

❷

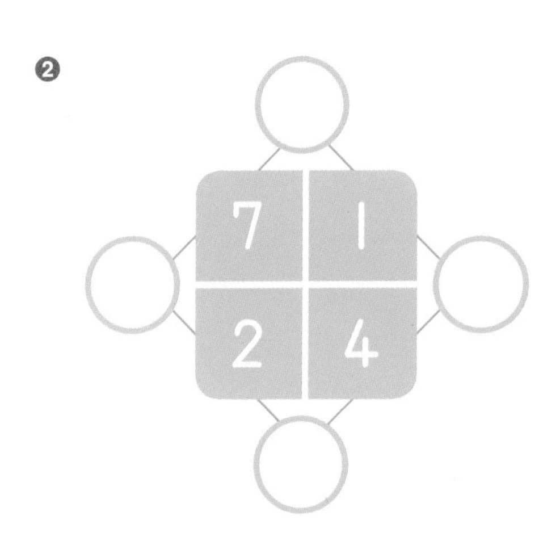

❸

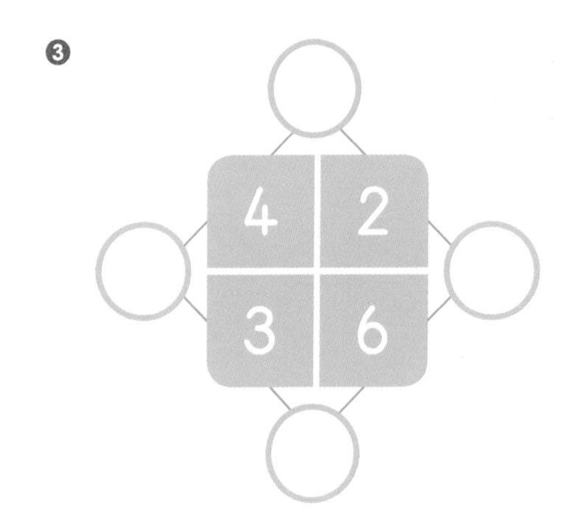

❹

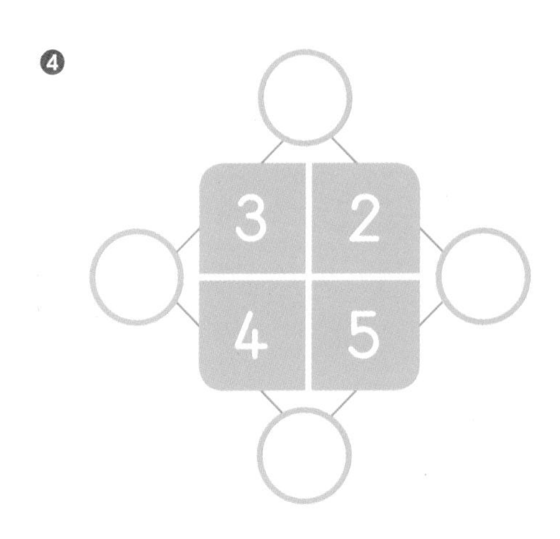

❺

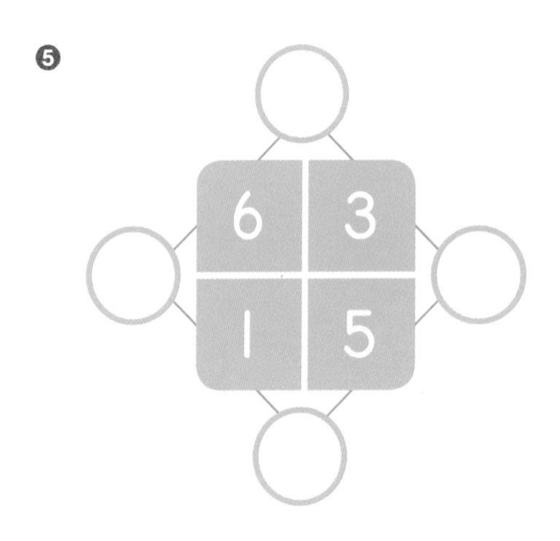

067 양방 모으기

◐ 모으기 하여 ◯ 안에 알맞은 수를 써넣으시오.

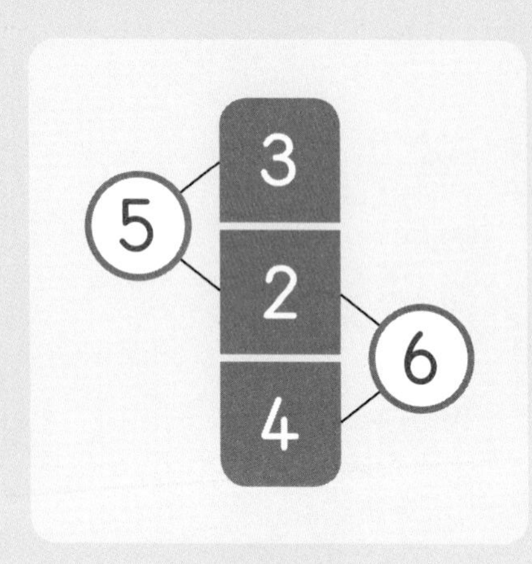

❶

2
3
5

❷

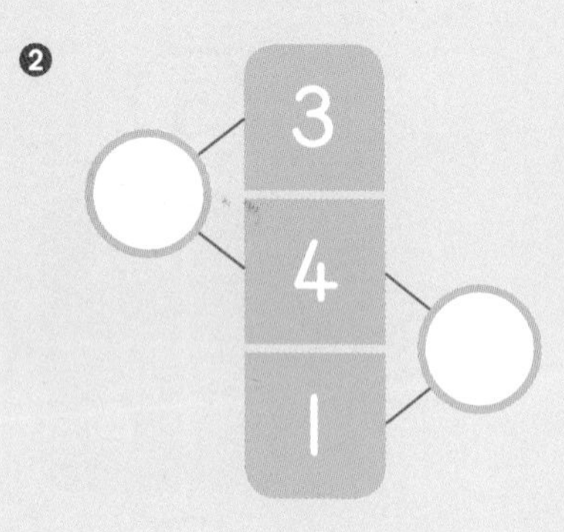

❸

4
2
2

❹

1
2
6

❺

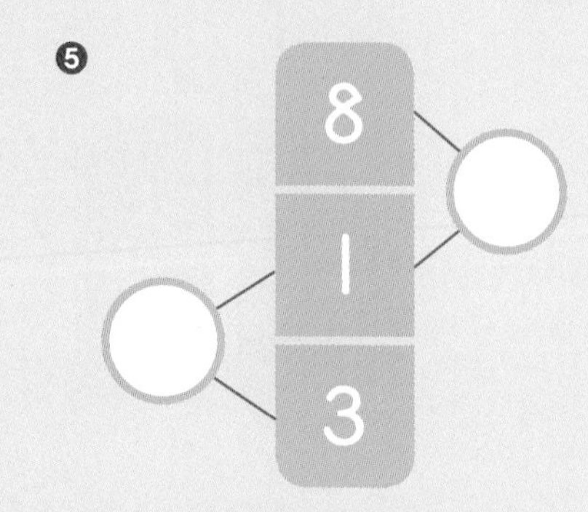

❻

3
5
4

❼

5
2
4

❽

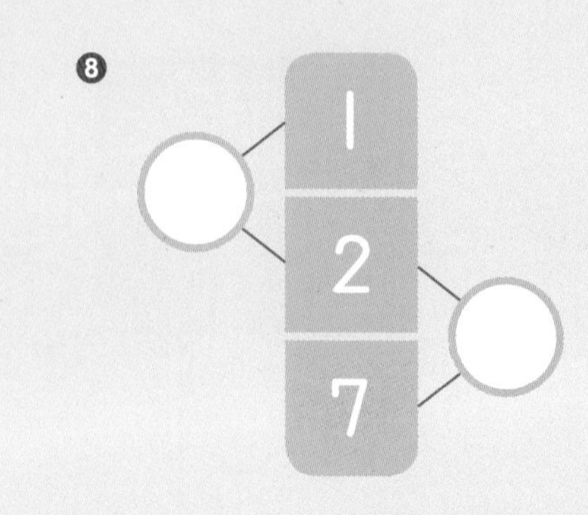

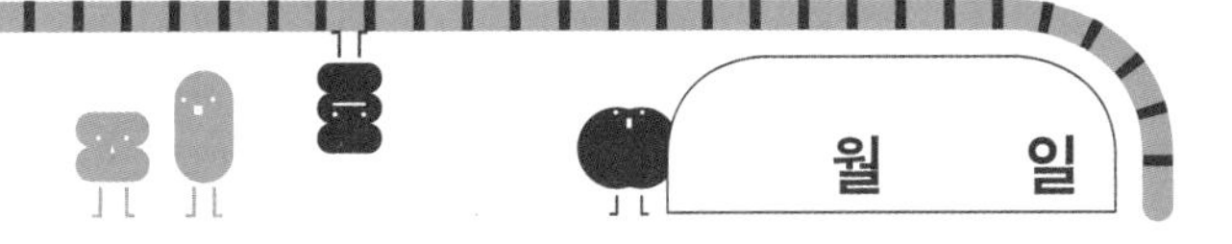

빈칸에 알맞은 수를 써넣으시오.

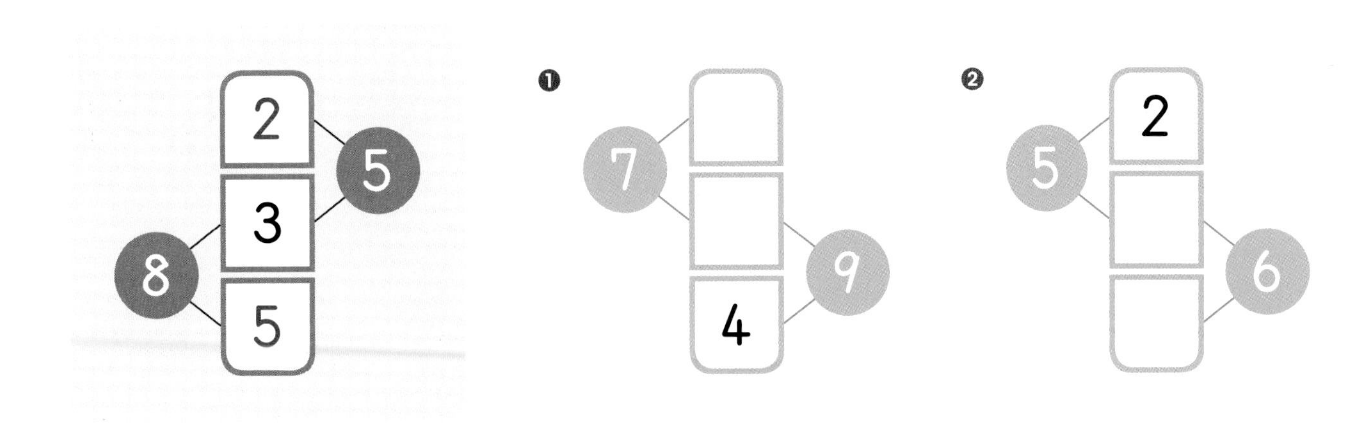

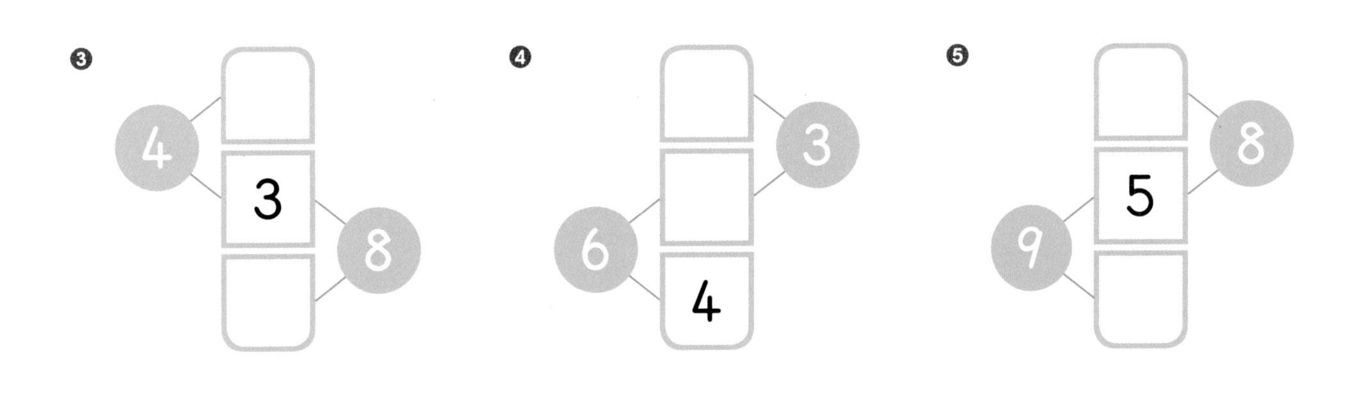

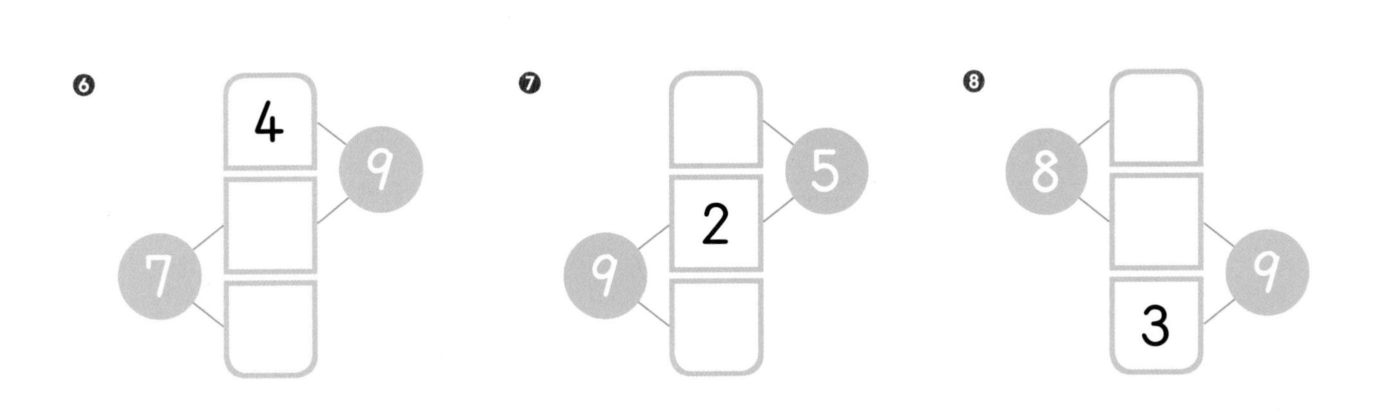

068 이중 모으기

◐ 모으기 하여 빈칸에 알맞은 수를 써넣으시오.

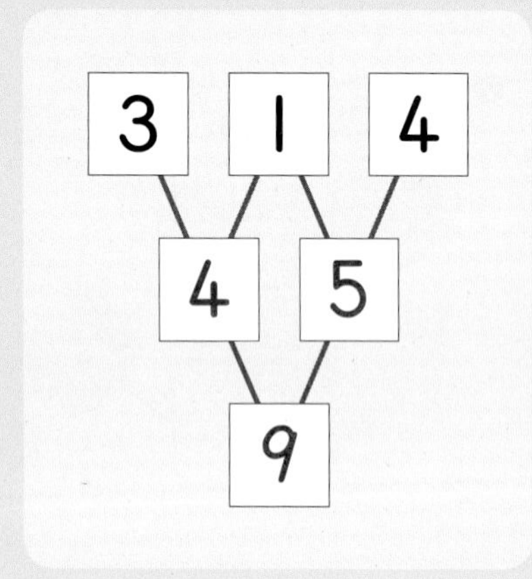

❶
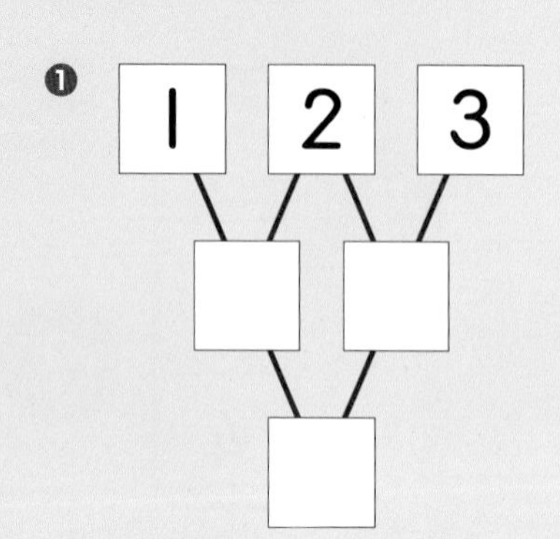

❷
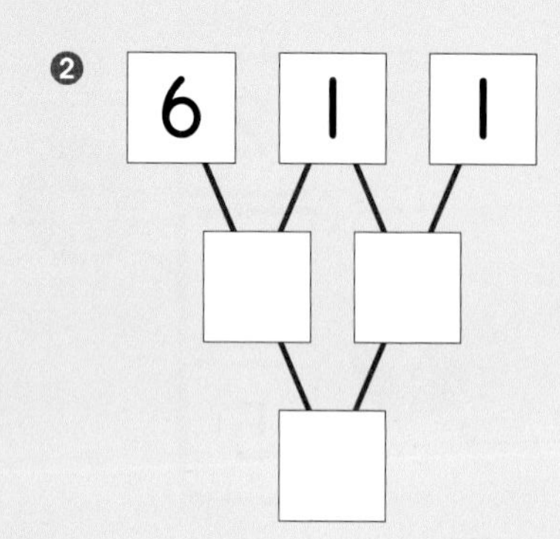

❸
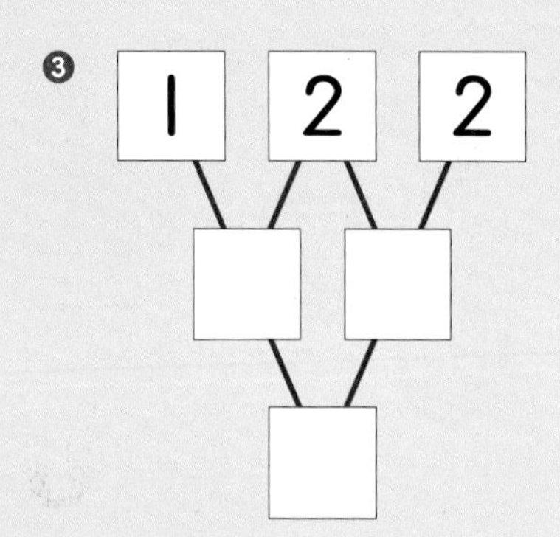

❹
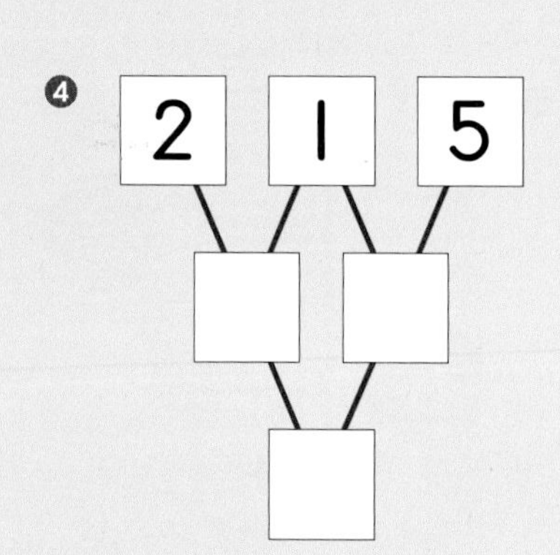

❺
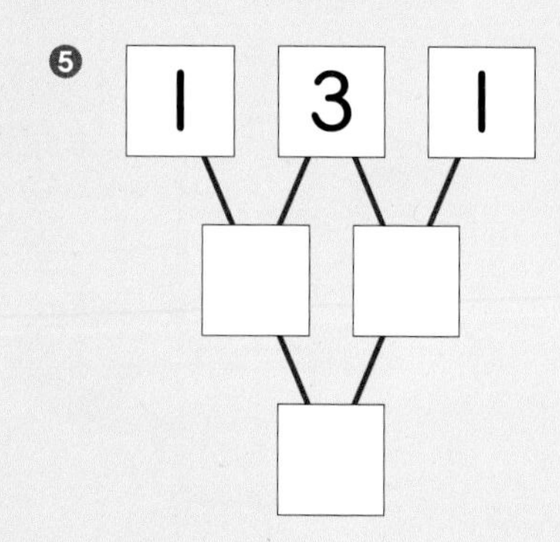

❻
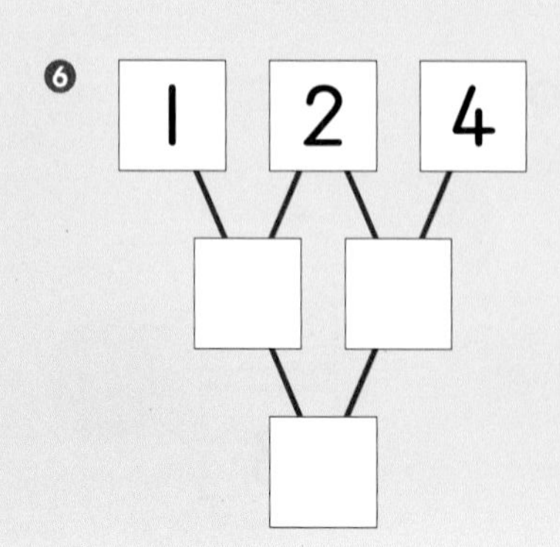

❼
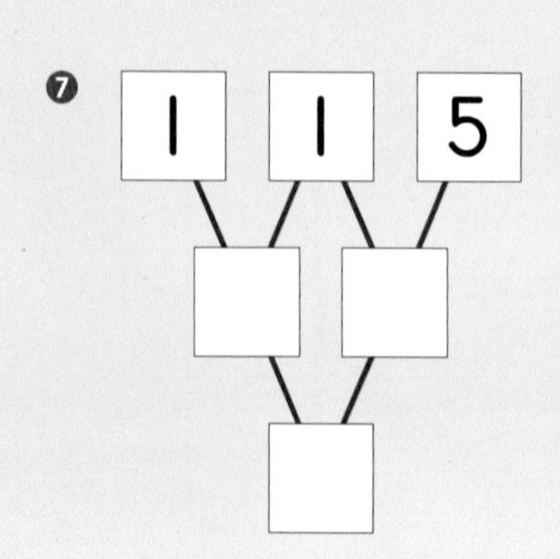

❽
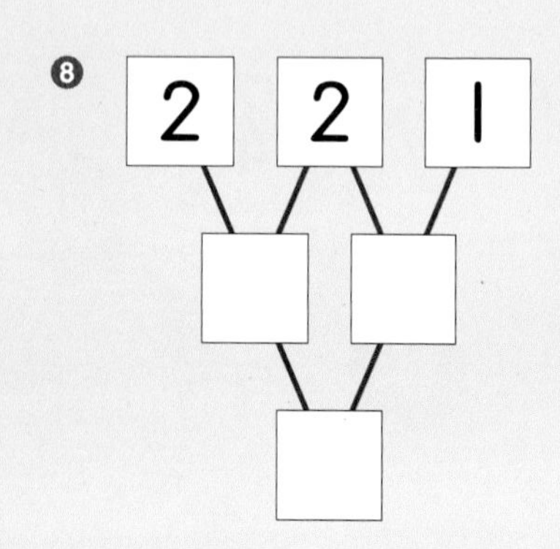

모으기 한 것입니다. 빈칸에 알맞은 수를 써넣으시오.

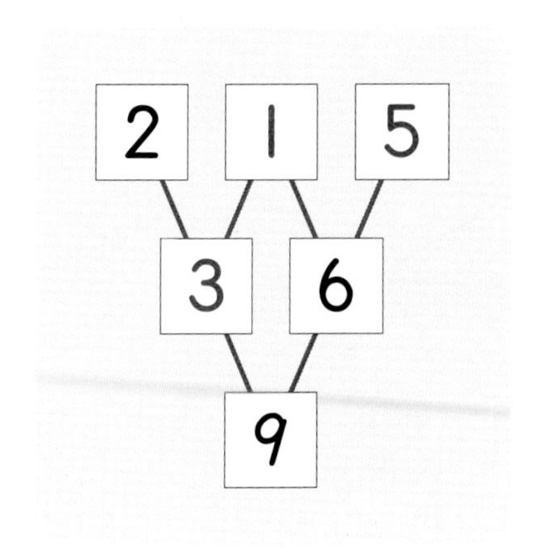

❶
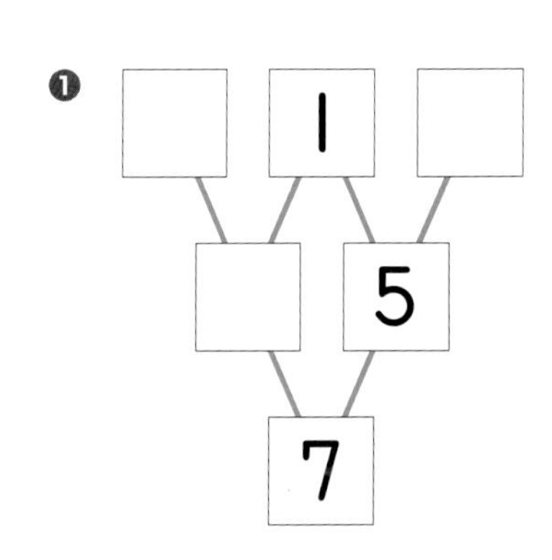

❷
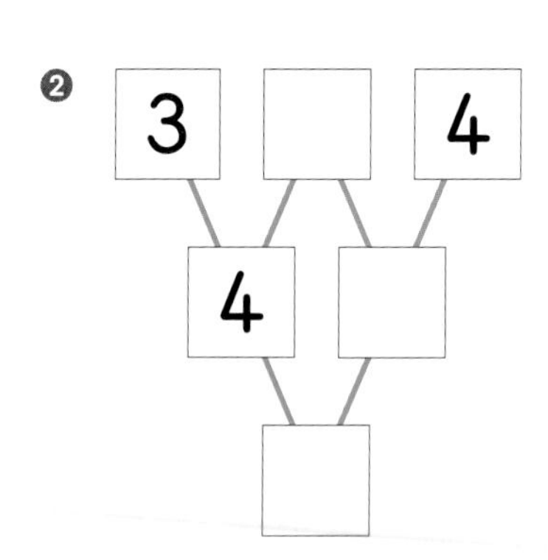

❸
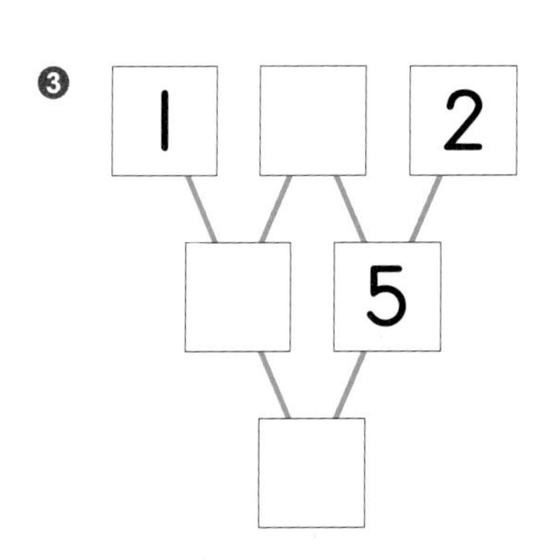

❹
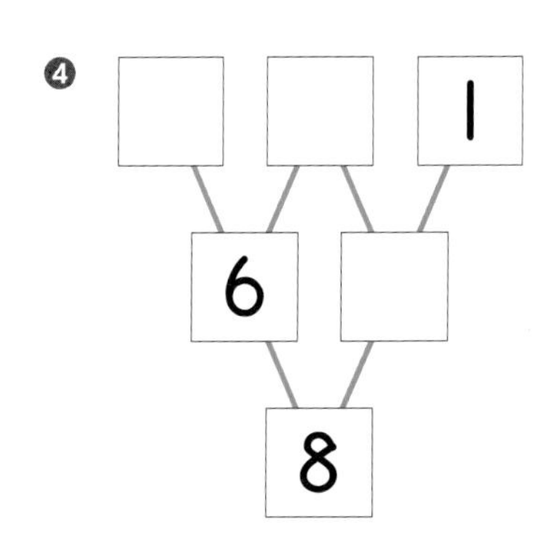

❺
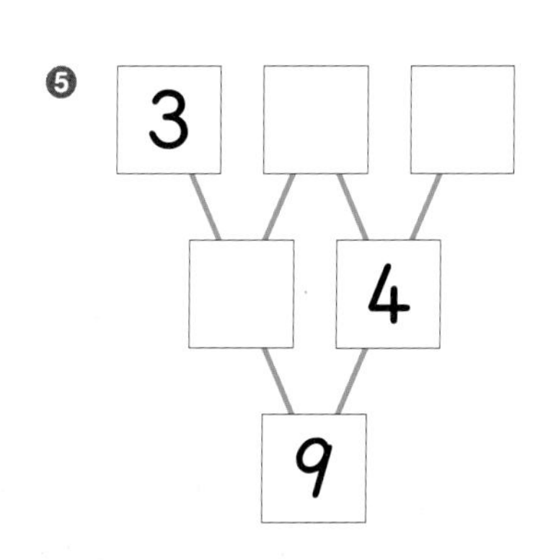

❻
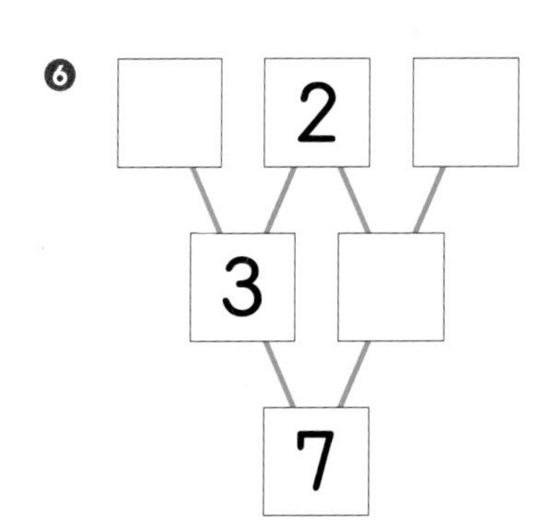

❼
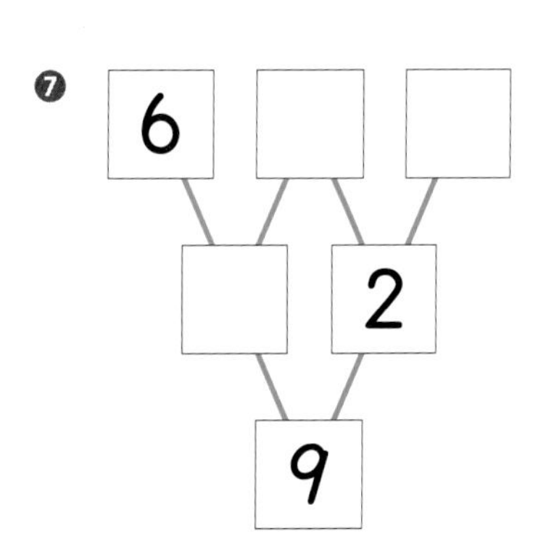

❽
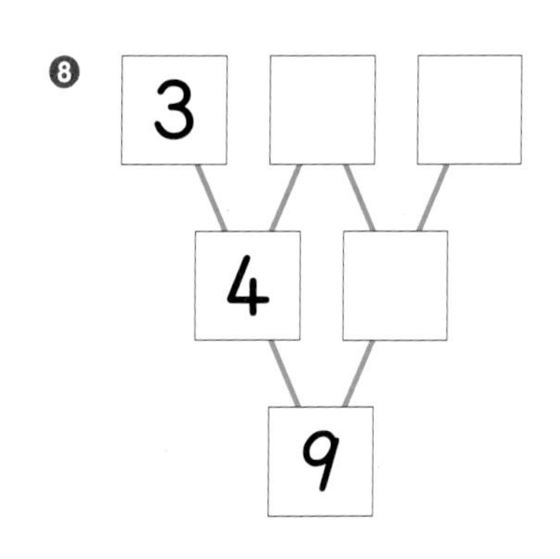

잘 공부했는지 알아봅시다

월 일

1 그림을 보고 빈칸에 알맞은 수를 써넣으시오.

❶

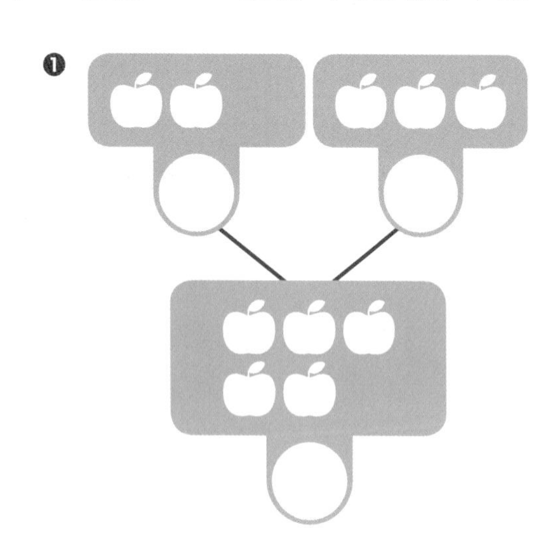

❷

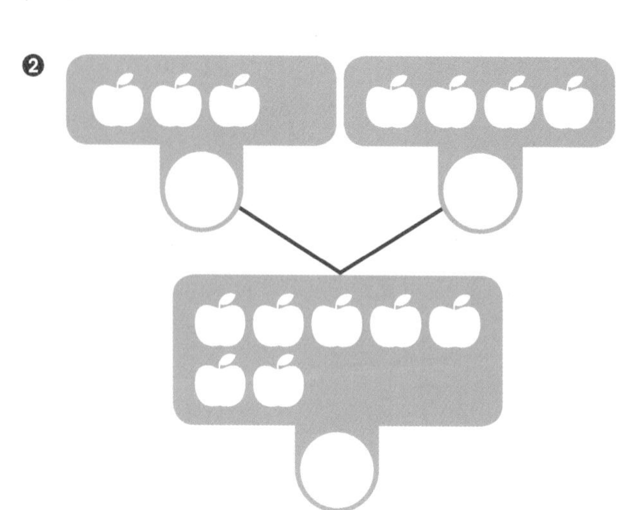

2 빈칸에 알맞은 수를 써넣으시오.

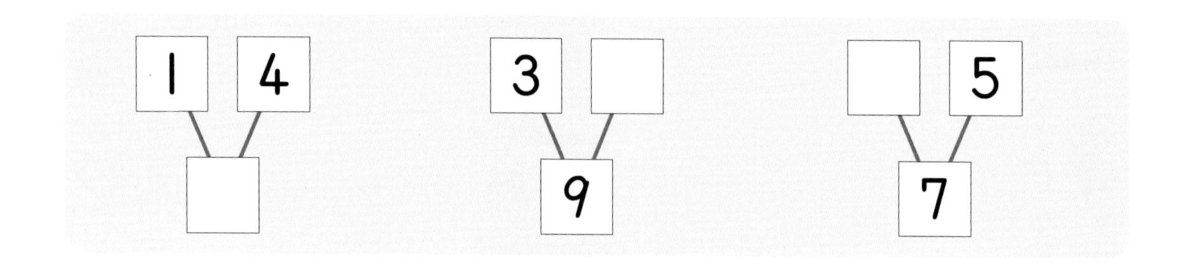

3 모으기를 하여 빈칸에 알맞은 수를 써넣으시오.

❶

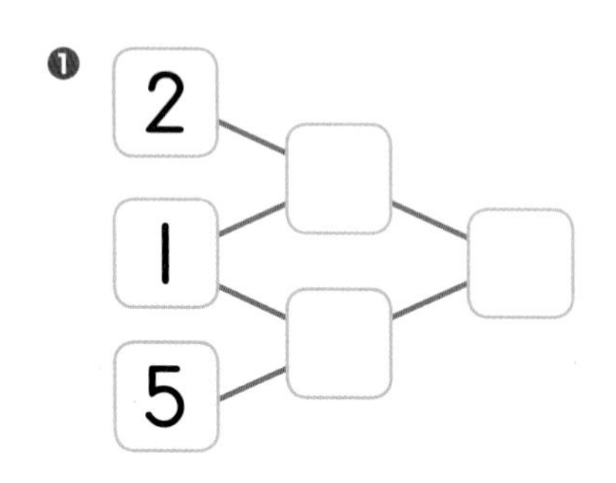

❷

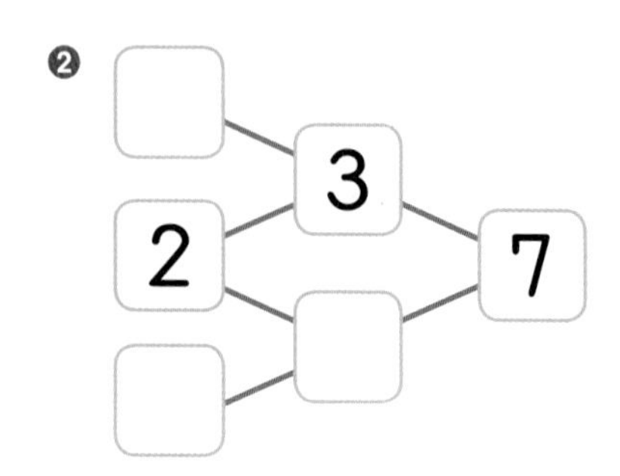

2 가르기

069 가르기
070 두 수 가르기
071 선 가르기
072 이중 가르기

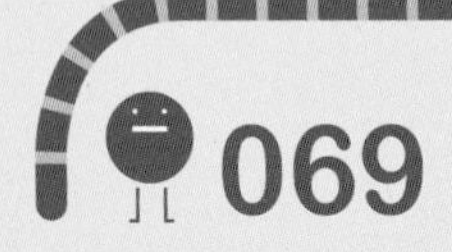

가르기

◐ 가르기에 맞게 선을 그으시오.

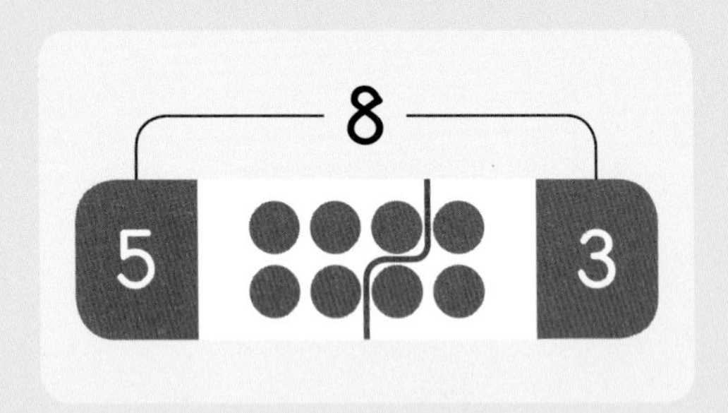

❶
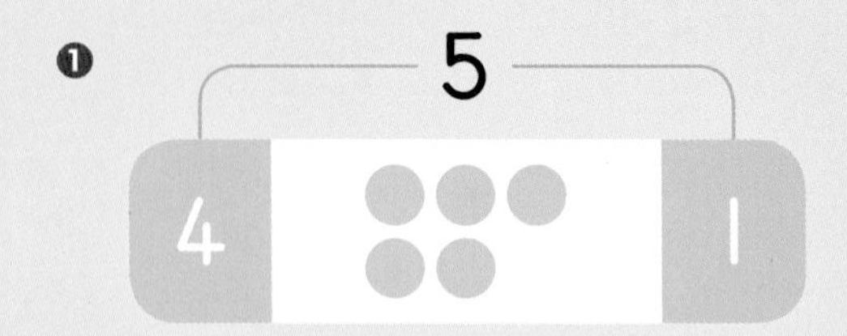

❷
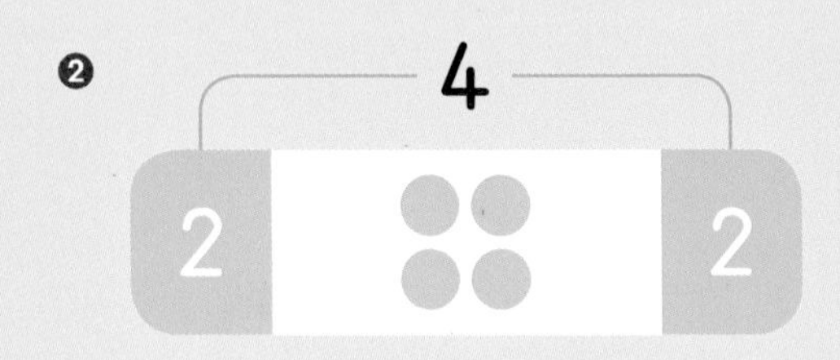

❸
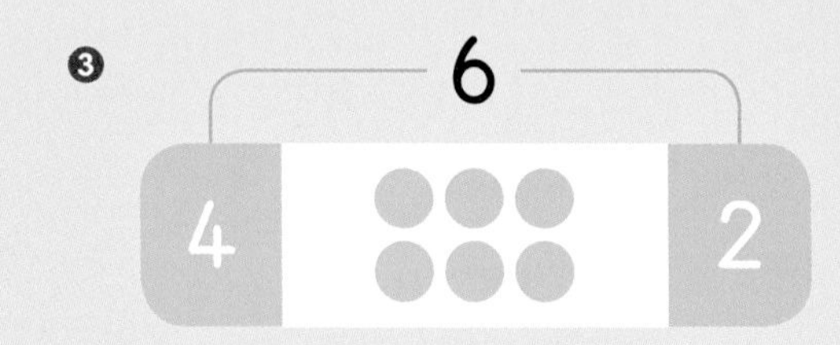

❹
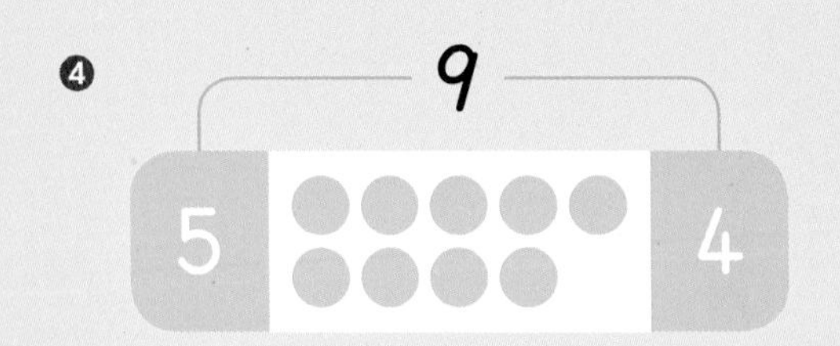

❺
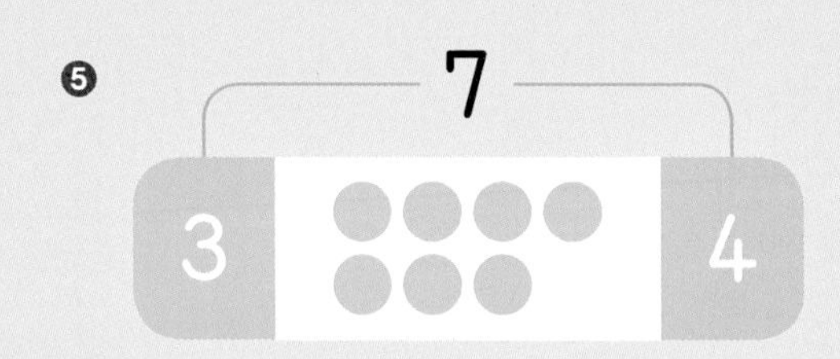

❻
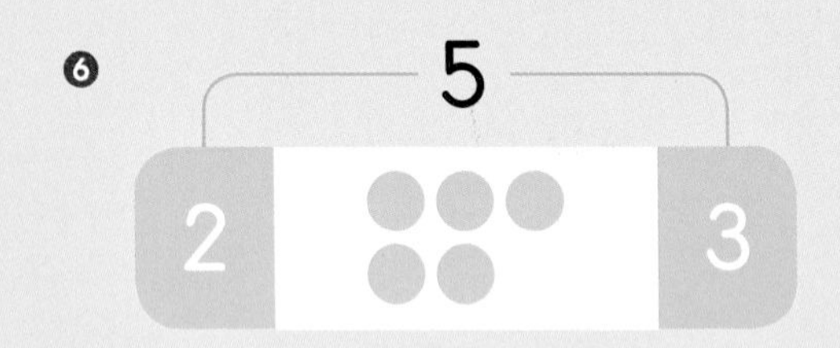

❼
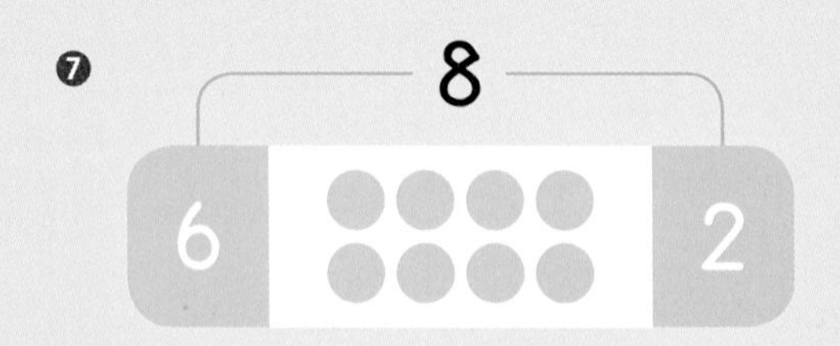

❽
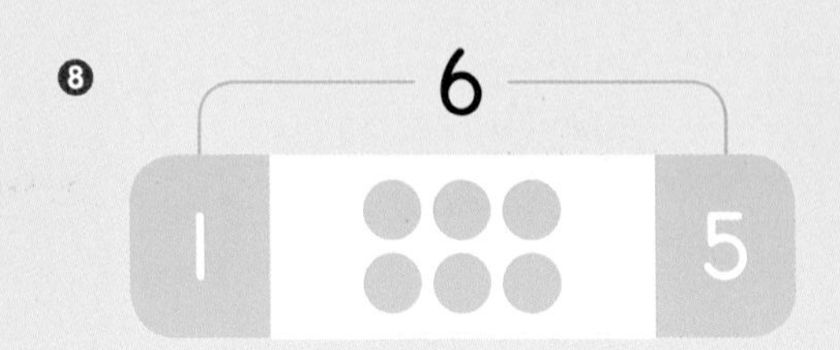

❾
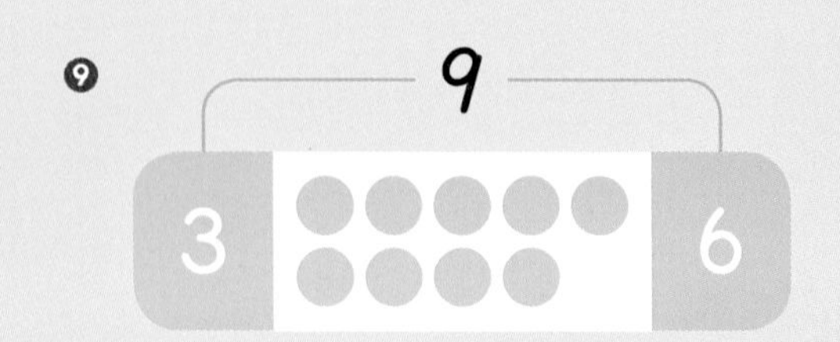

가르기에 맞게 선을 긋고 빈칸에 알맞은 수를 써넣으시오.

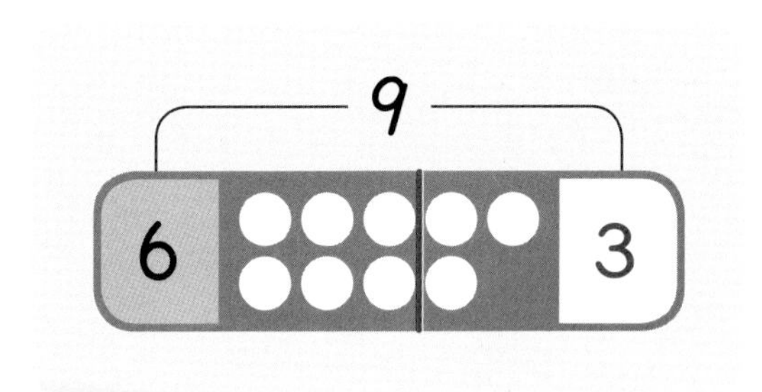

❶
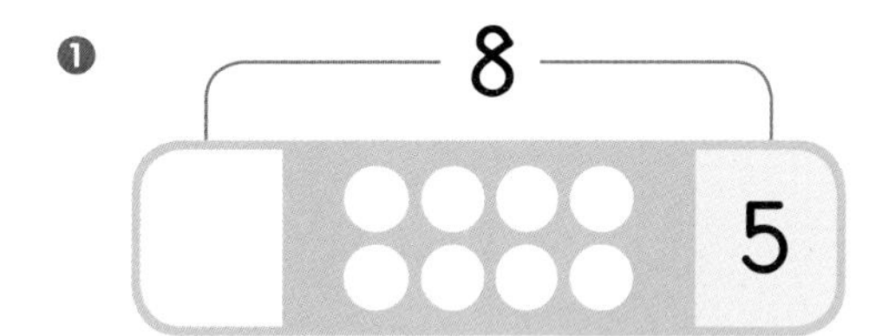

❷
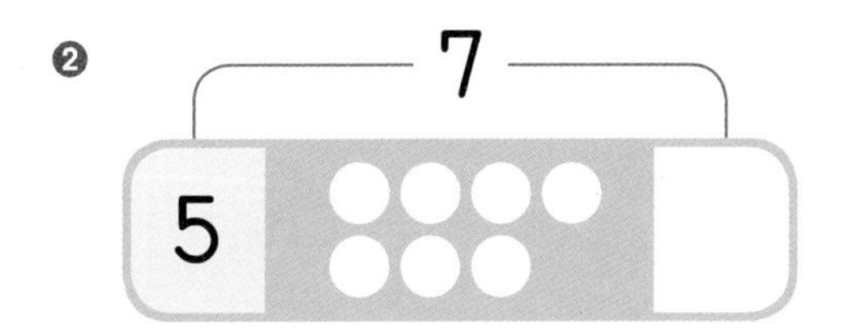

❸
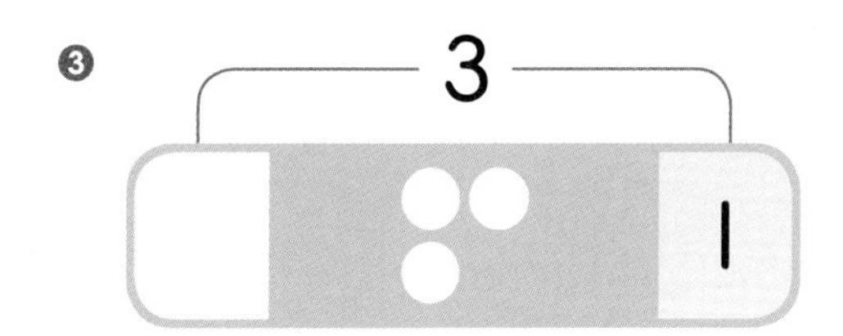

❹
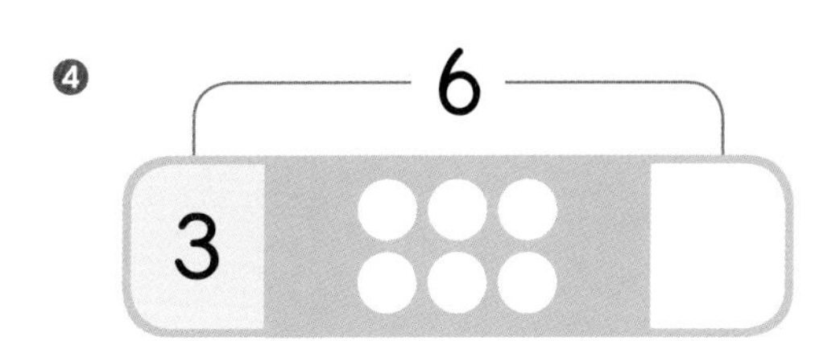

❺
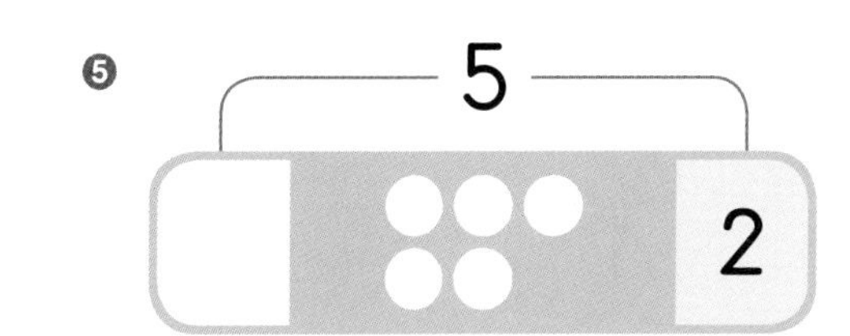

❻
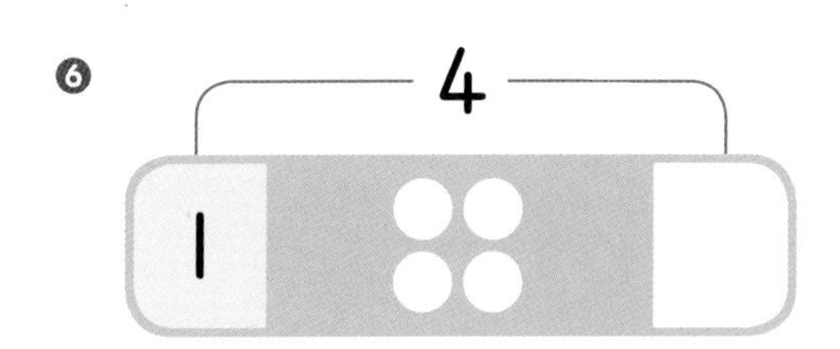

❼
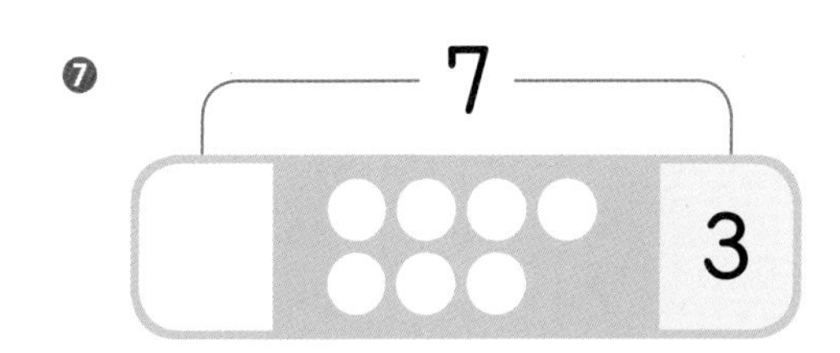

❽
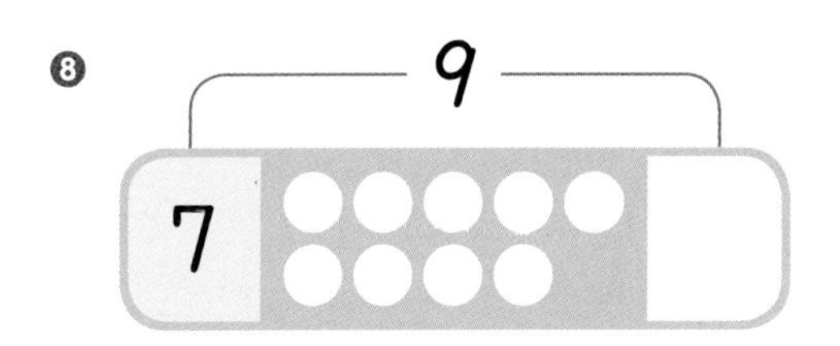

❾
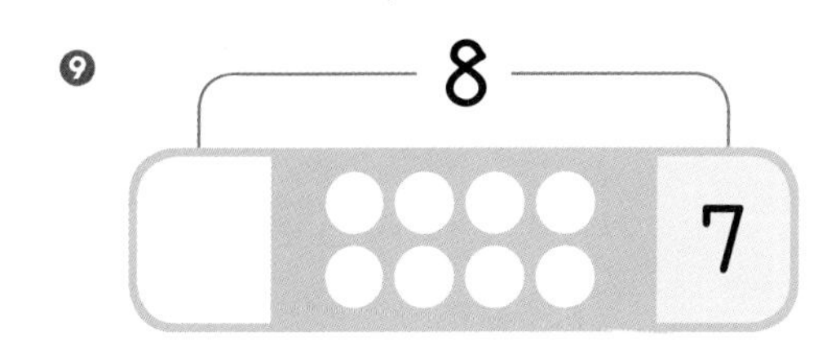

070 두 수 가르기

◐ 가르기 하여 빈칸에 알맞은 수를 써넣으시오.

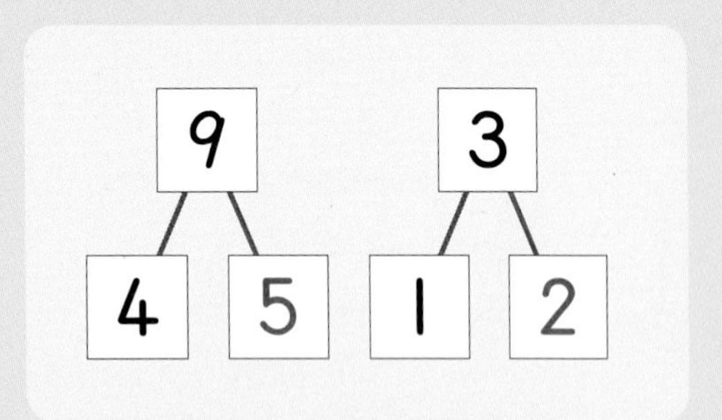

❶
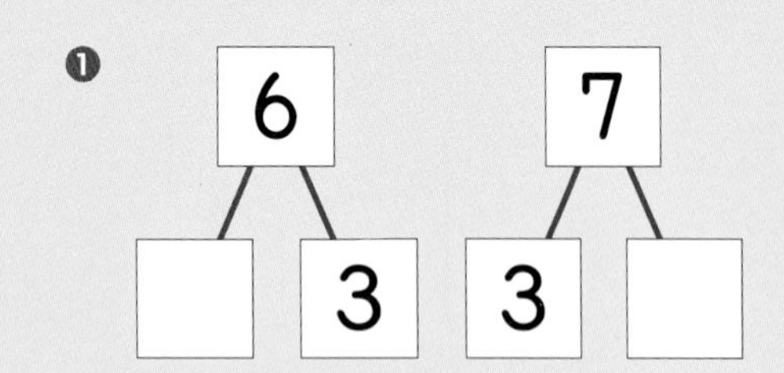

❷
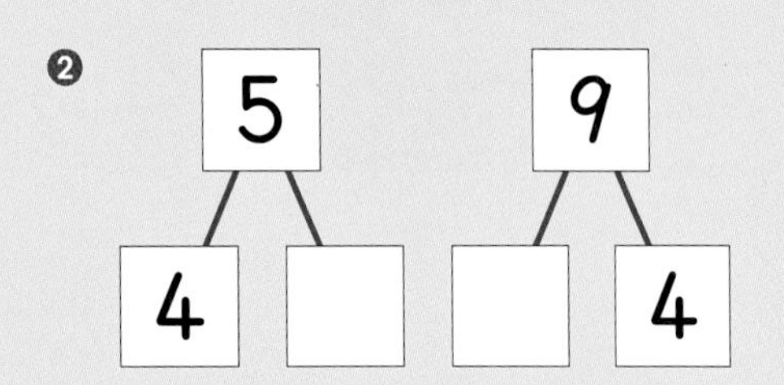

❸
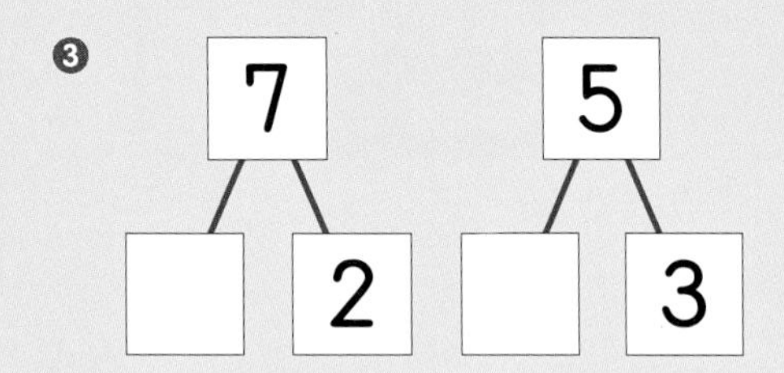

❹
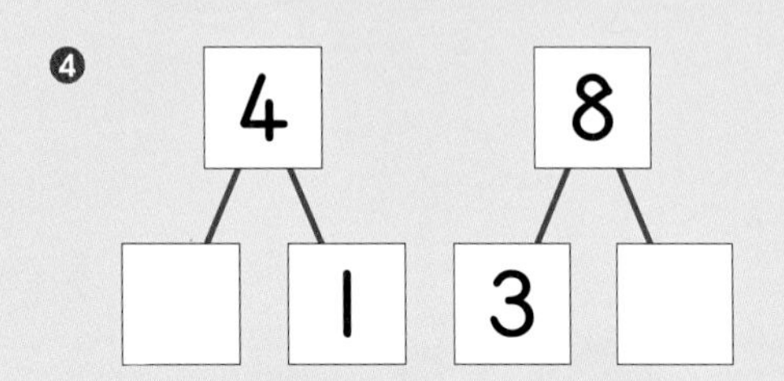

❺
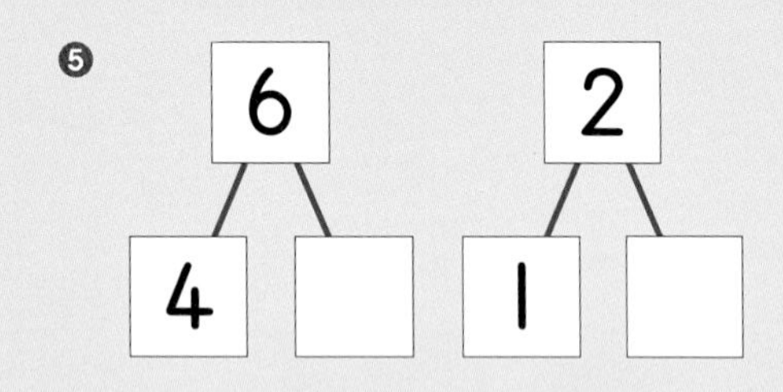

❻
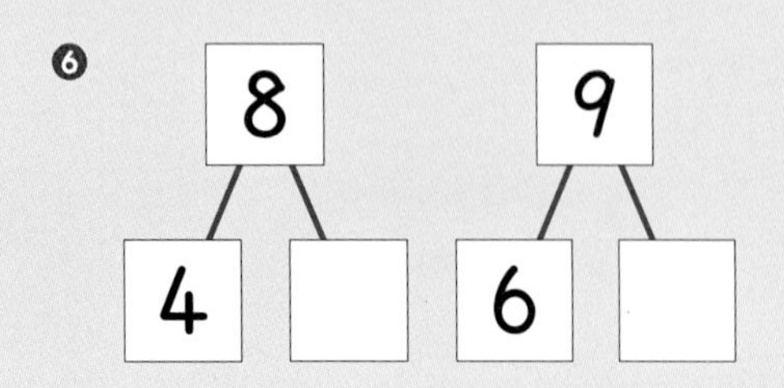

❼
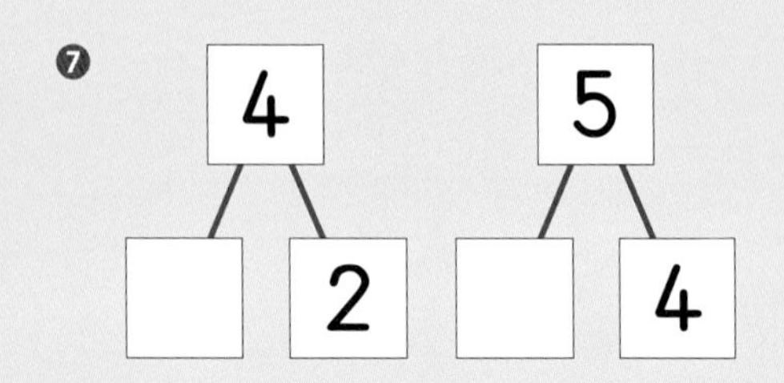

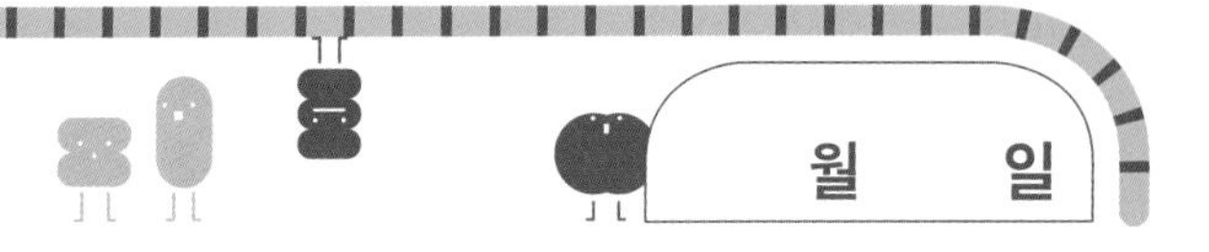

⊕ 안의 수를 한 번씩 사용하여 두 수를 가르기 하시오.

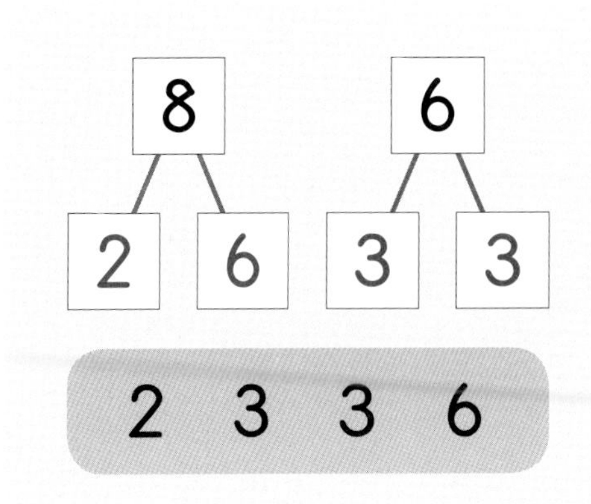

❶
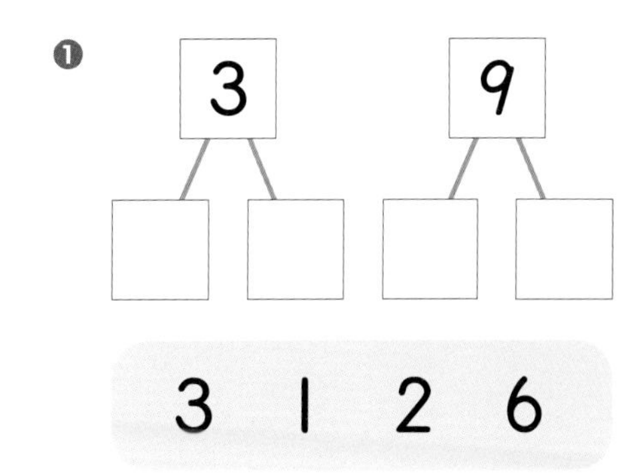

❷
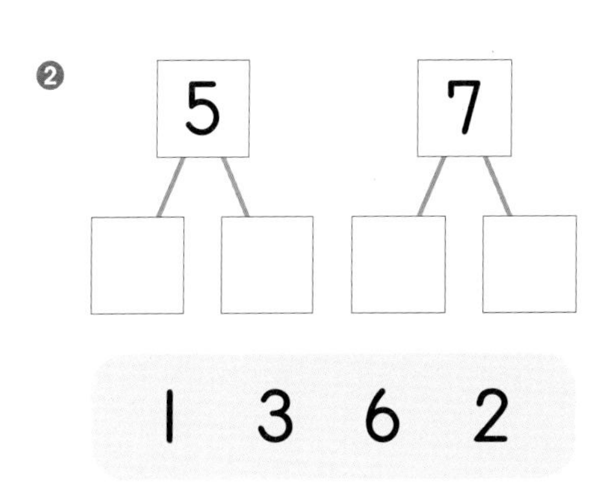

❸
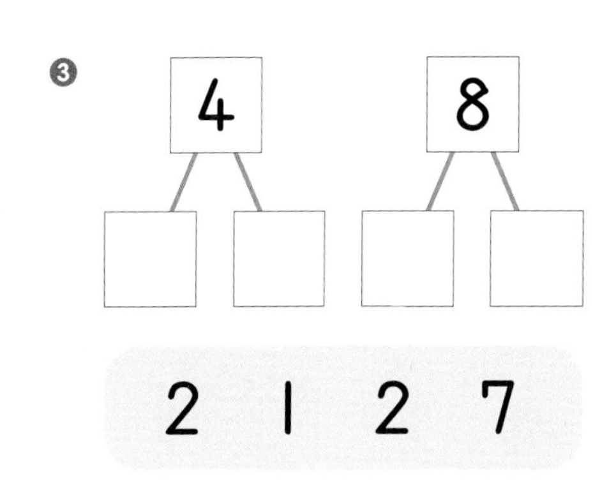

❹
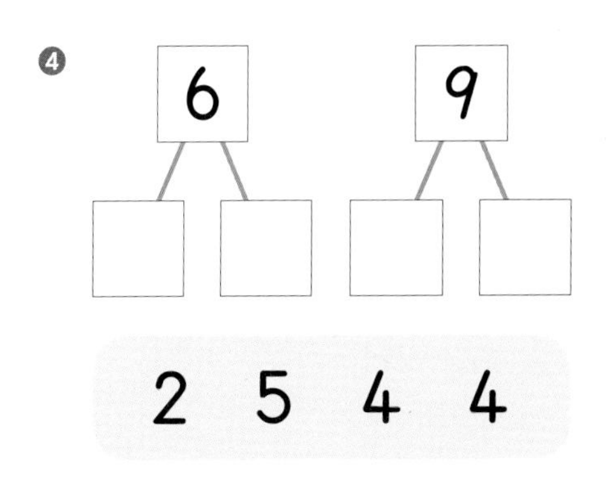

❺
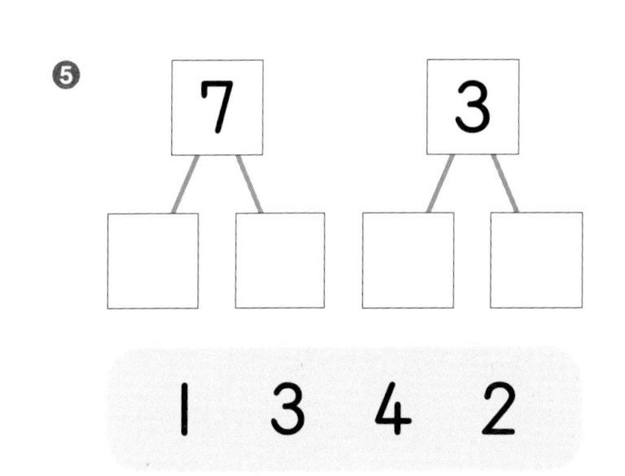

071 선 가르기

◐ 점을 연결하여 ● 안의 수를 가르기 하시오.

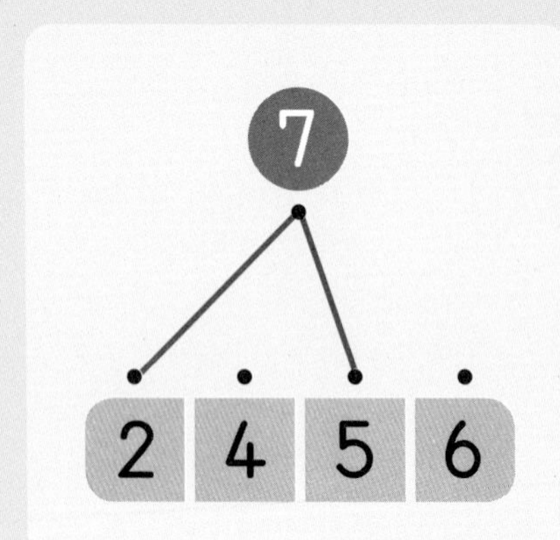

❶ 6

1 3 2 5

❷ 

4 5 6 2

❸ 5

6 3 2 1

❹ 7

5 3 6 4

❺ 4

1 2 3 4

❻ 

4 5 1 3

❼ 

3 7 2 5

❽ 

5 3 2 3

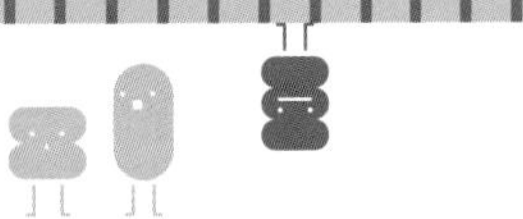

점을 연결하여 두 수를 가르기 하시오.

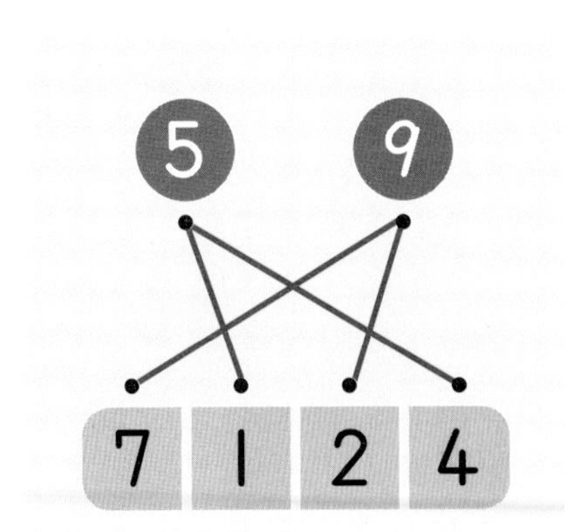

❶ 

4 1 7 2

❷ 

3 1 8 4

❸ 

6 3 1 4

❹ 

1 2 1 5

❺   

3 4 1 4

❻ 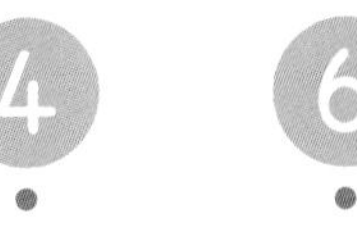

3 2 3 2

❼ 

4 1 5 2

❽  

2 6 1 3

072 이중 가르기

◐ 수를 두 번 가른 것입니다. 빈칸에 알맞은 수를 써넣으시오.

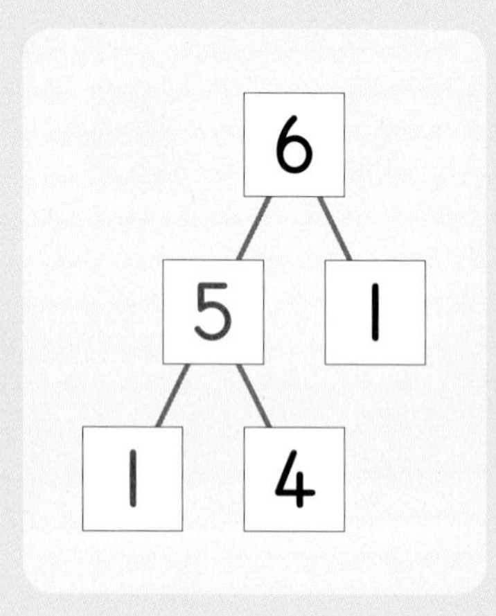

❶ 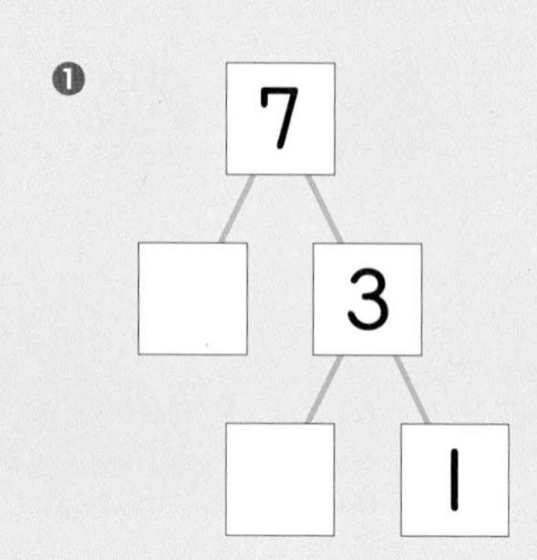

❷ 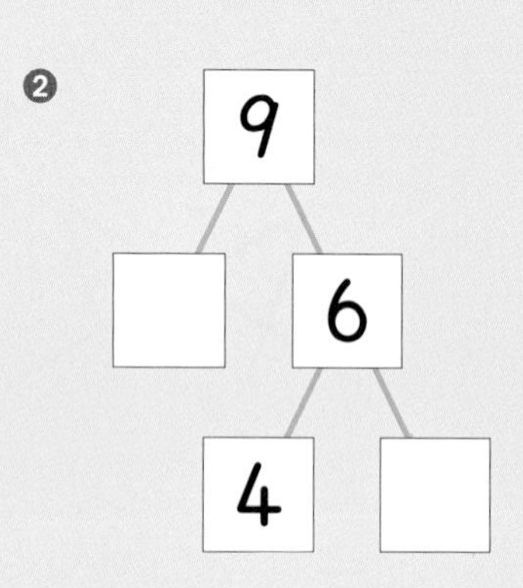

❸ 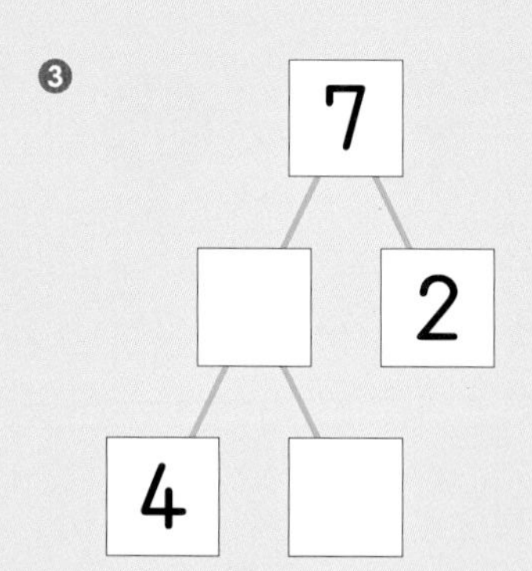

❹ 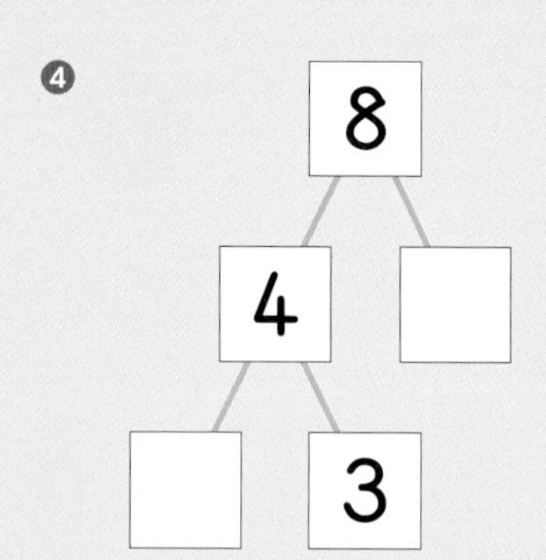

❺ 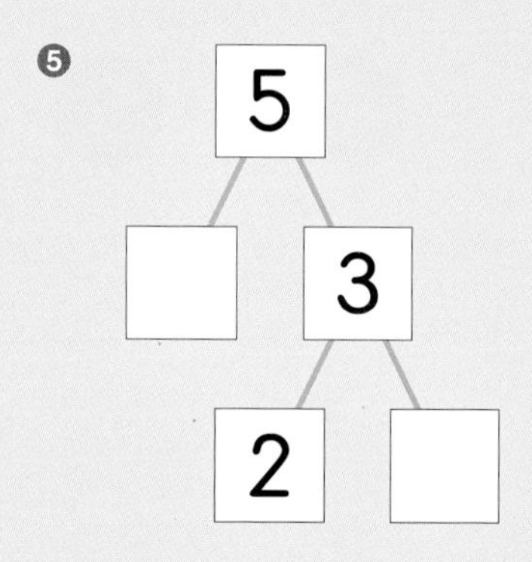

❻ 9, 8, 6

❼ 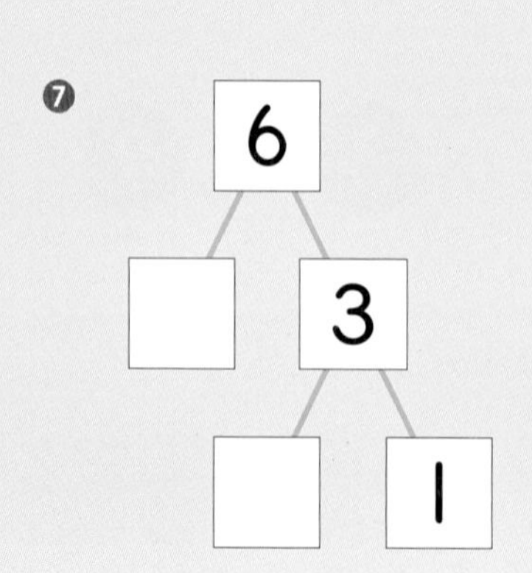

❽ 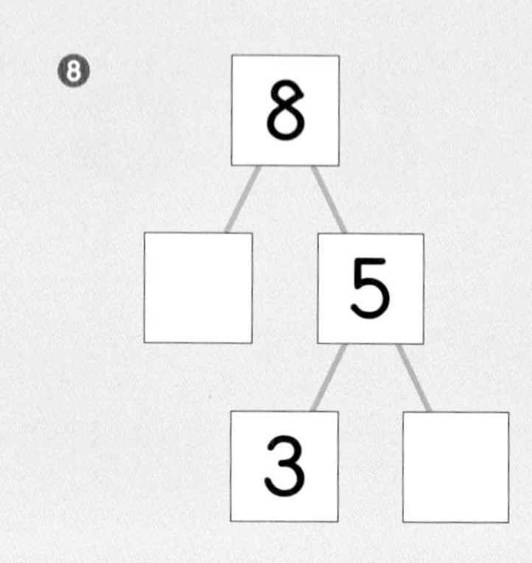

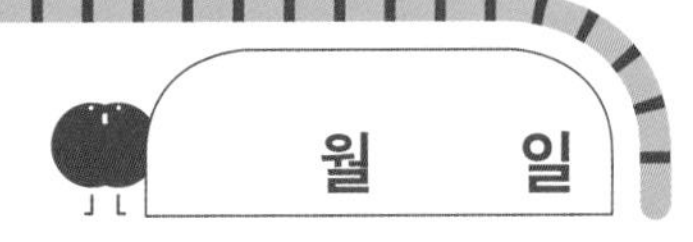

빈칸에 알맞은 수를 써넣으시오.

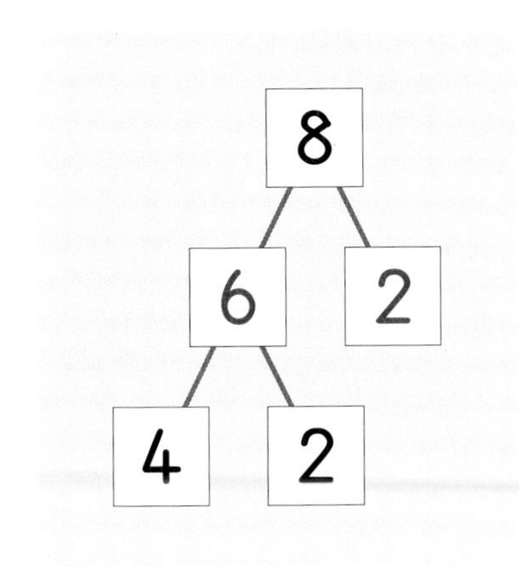

❶
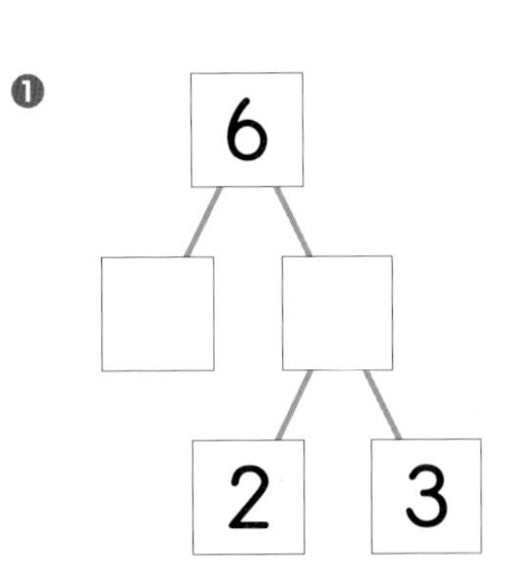

❷
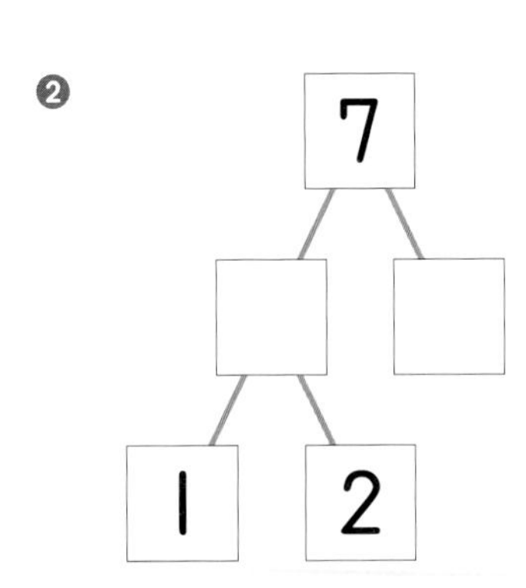

❸
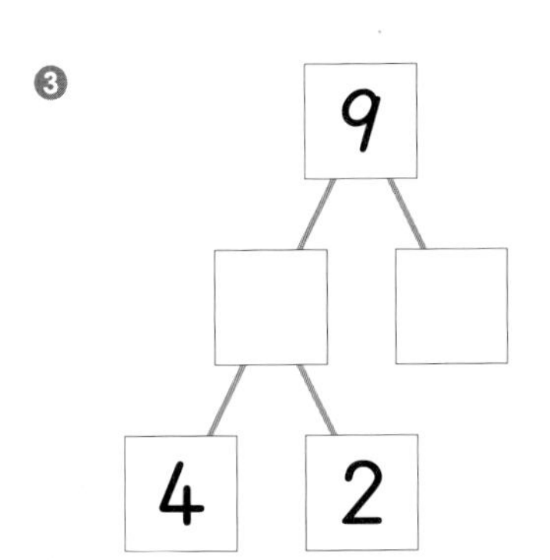

❹
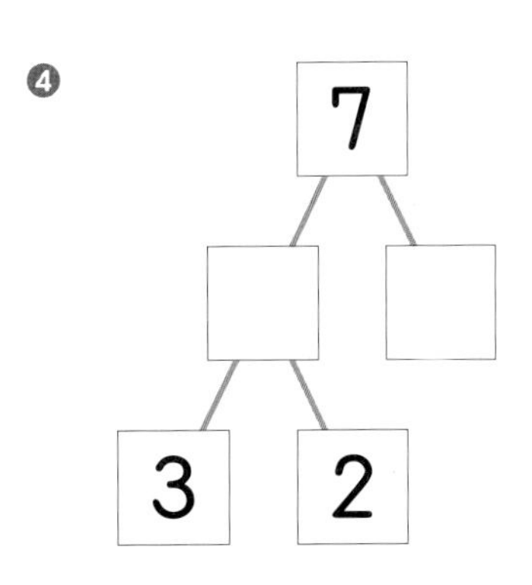

❺
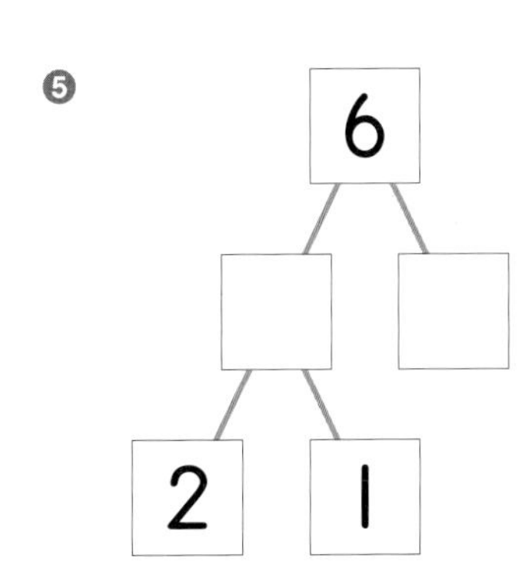

❻
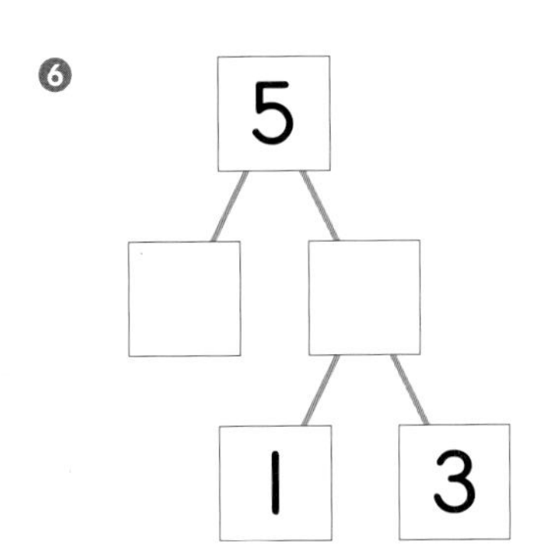

❼
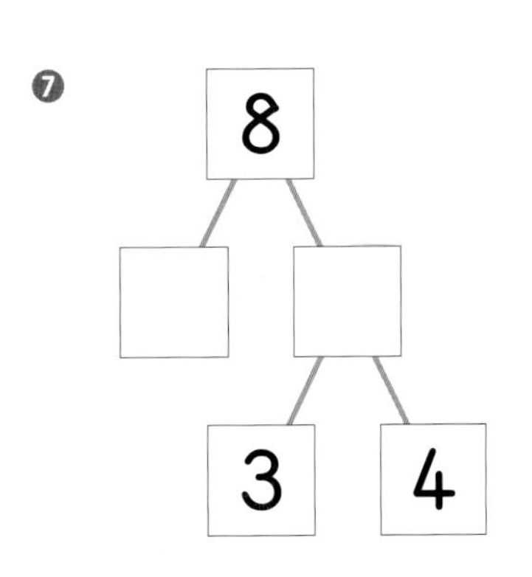

❽
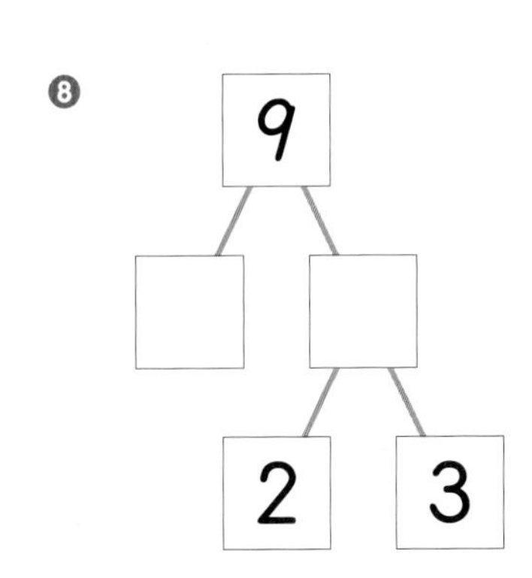

잘 공부했는지 알아봅시다

1 7을 가른 두 수에 맞게 선을 그으시오.

❶ 

❷ 

2 상자 안에 수를 알맞게 넣어 두 수를 가르기 하시오.

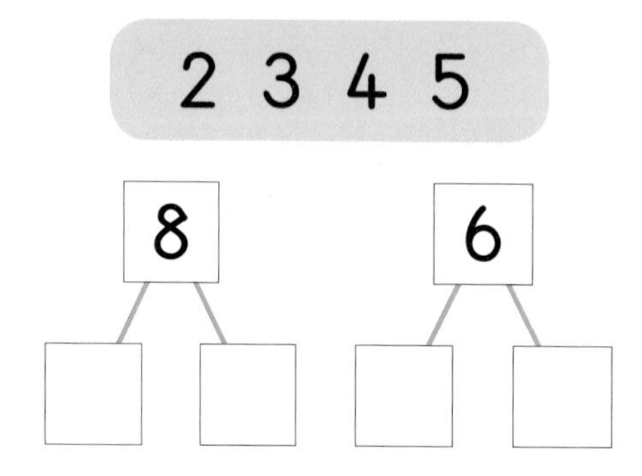

3 6을 세 가지 방법으로 나타내시오. 단, 작은 수부터 씁니다.

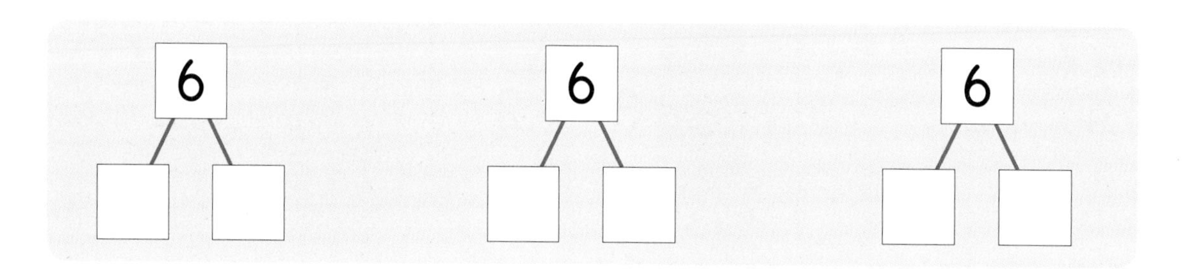

4 점을 연결하여 ● 안의 수를 가르기 하시오.

❶ 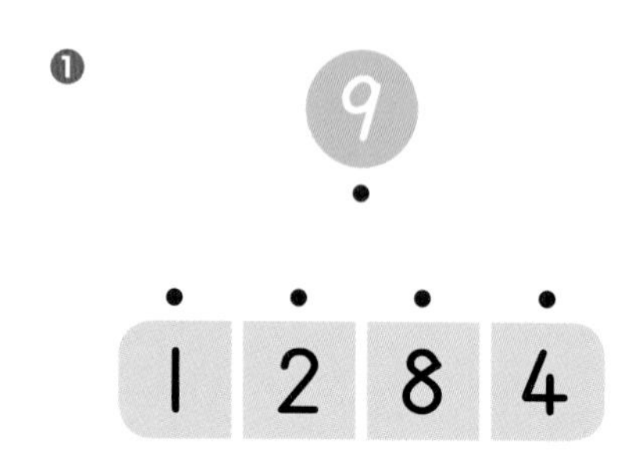

❷ 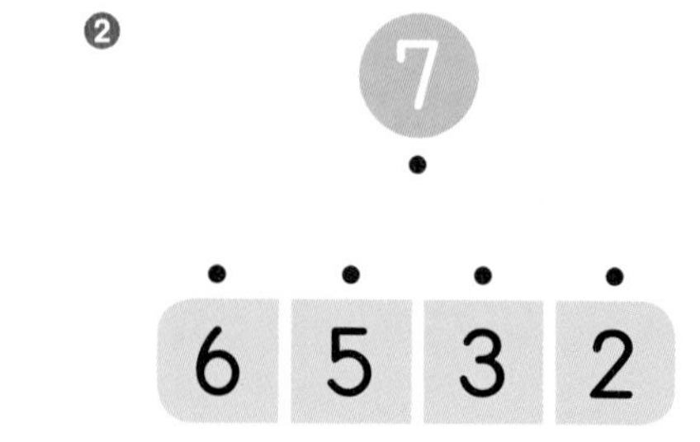

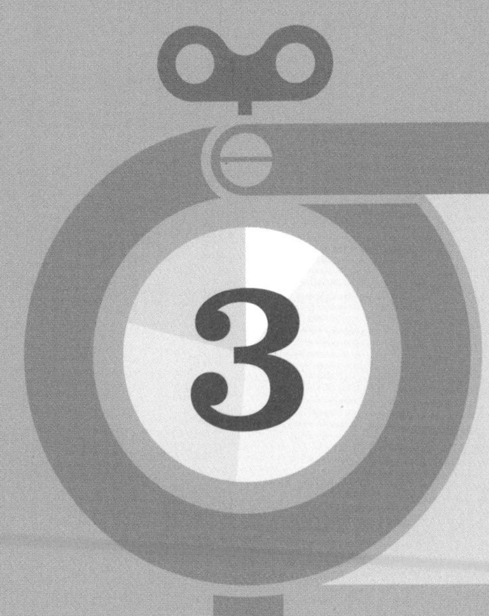

가르기와 모으기

073 가모 점잇기

074 가모

075 다중 가모

076 사방 가모

073 가모 점잇기

◐ 가르고 모아 ● 안의 수가 되도록 선으로 이으시오.

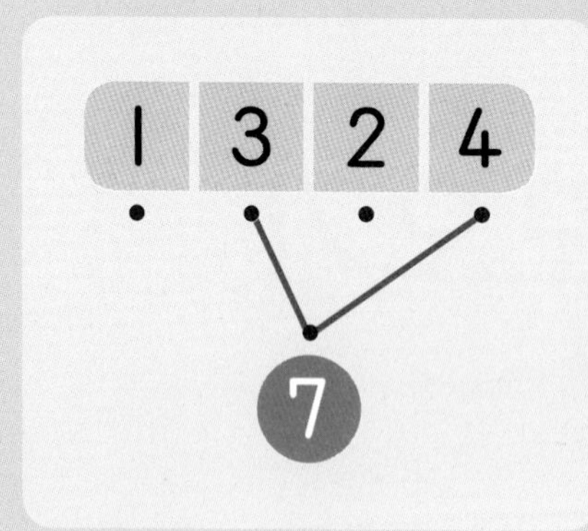

❶ 6 4 3 2 → 5

❷ 3 5 4 2 → 8

❸ 2 3 4 5 → 6

❹ 4 7 2 8 → 9

❺ 1 4 5 6 → 7

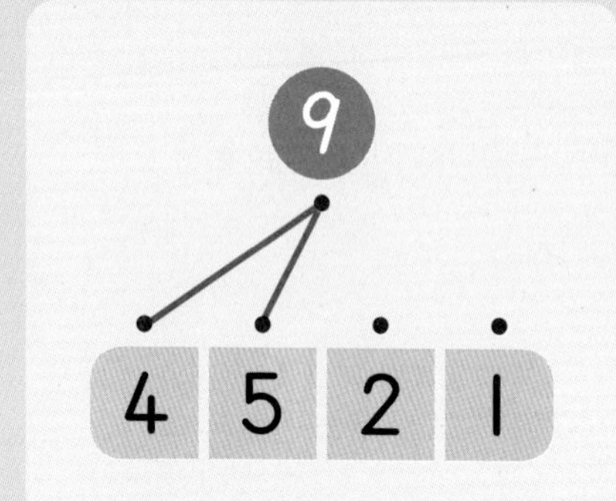

❻ 7 ← 5 4 6 3

❼ 4 ← 2 3 5 2

❽ 8 ← 1 2 6 4

❾ 6 ← 5 3 1 4

❿ 5 ← 3 6 1 4

가르고 모아 ● 안의 수가 되도록 선으로 이으시오.

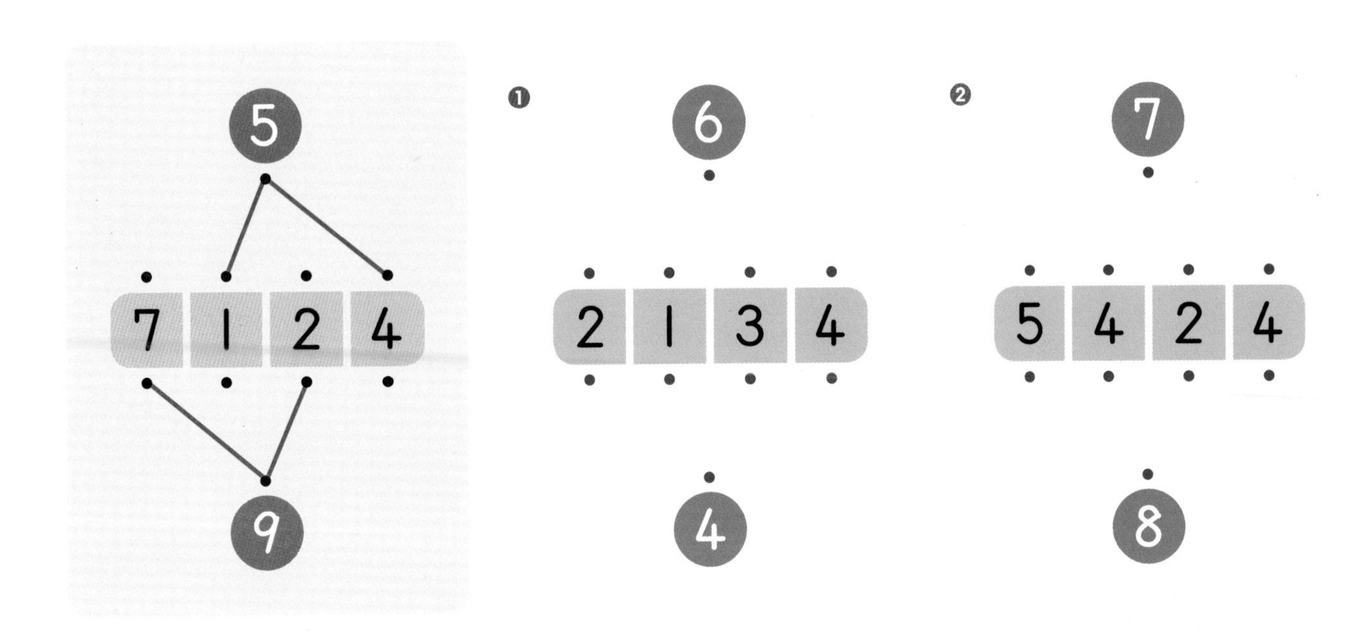

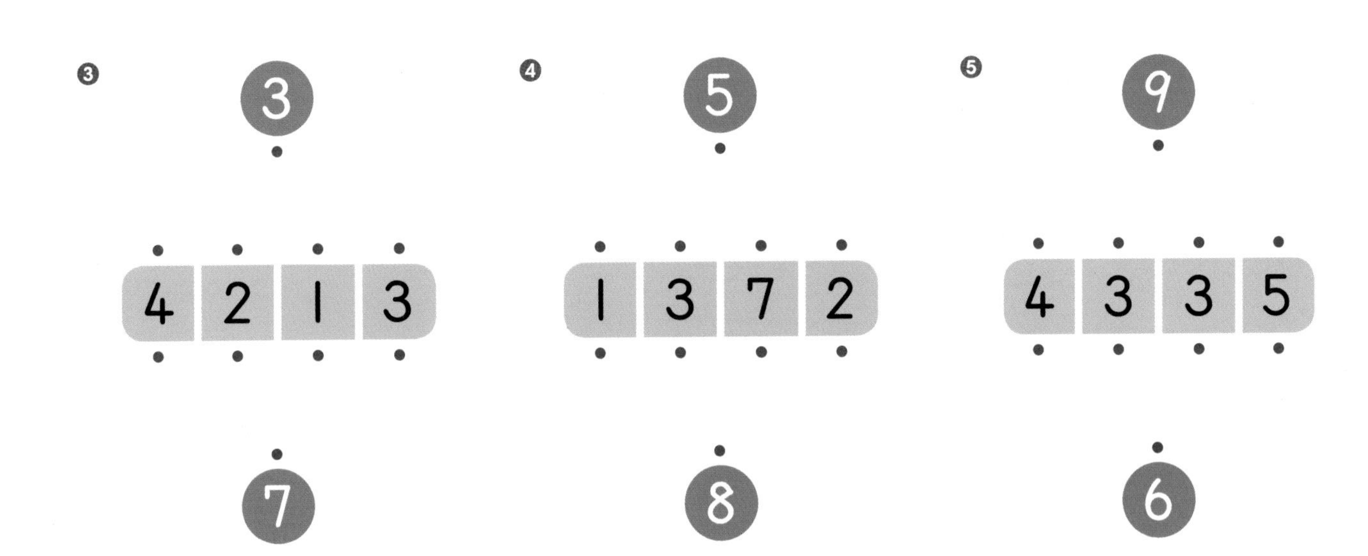

074 가모

◐ 가르고 모아 빈칸에 알맞은 수를 써넣으시오.

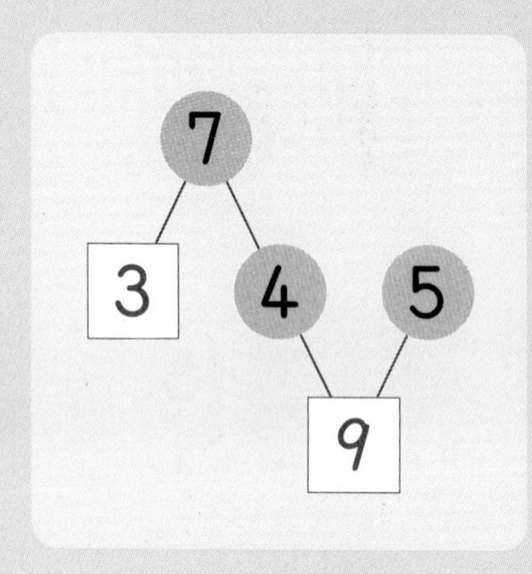

❶
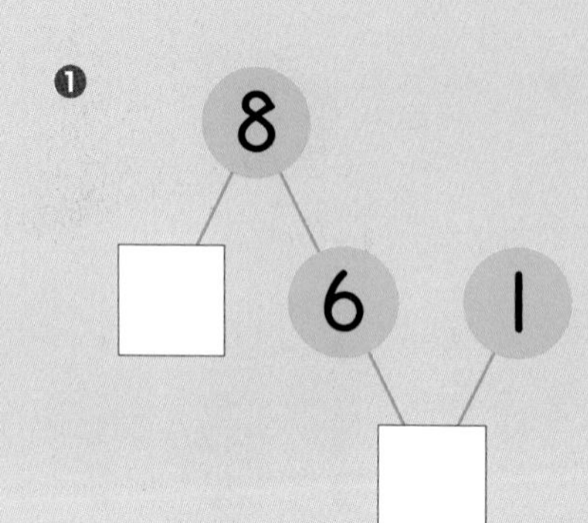

❷
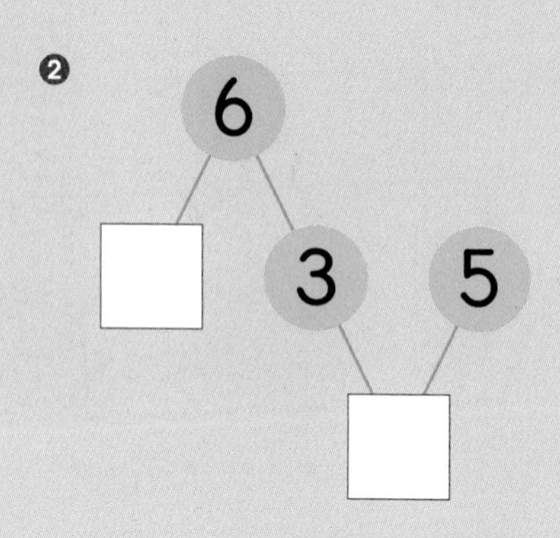

❸
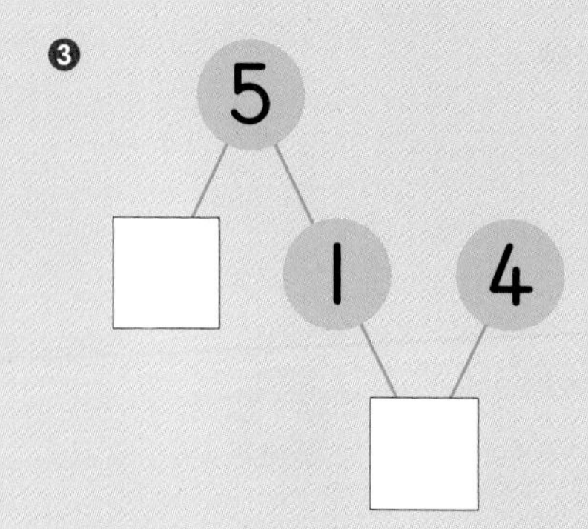

❹
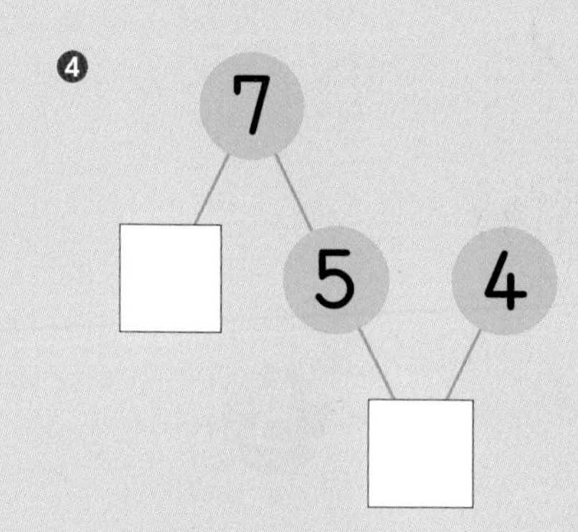

❺
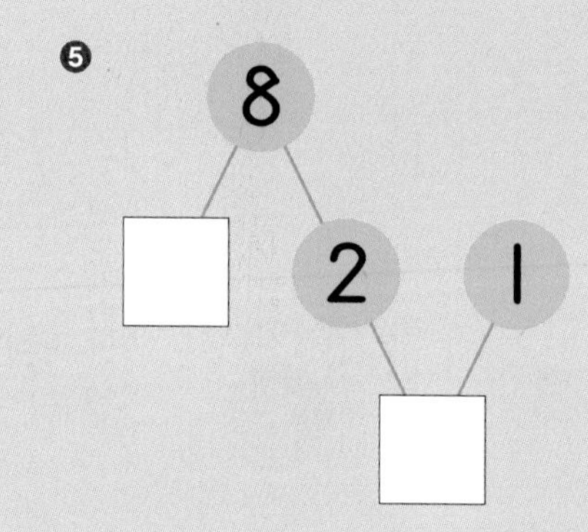

❻
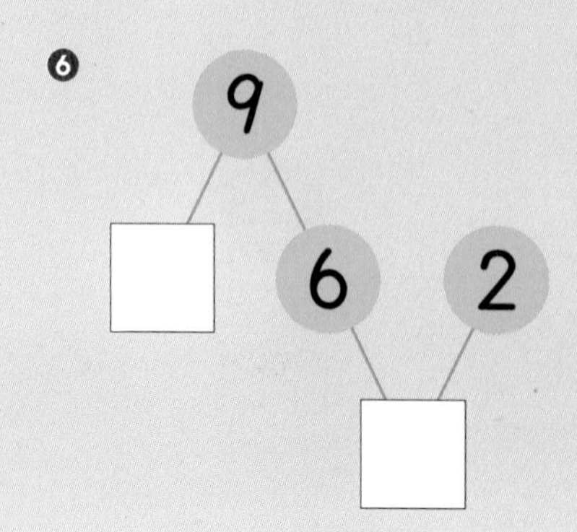

❼
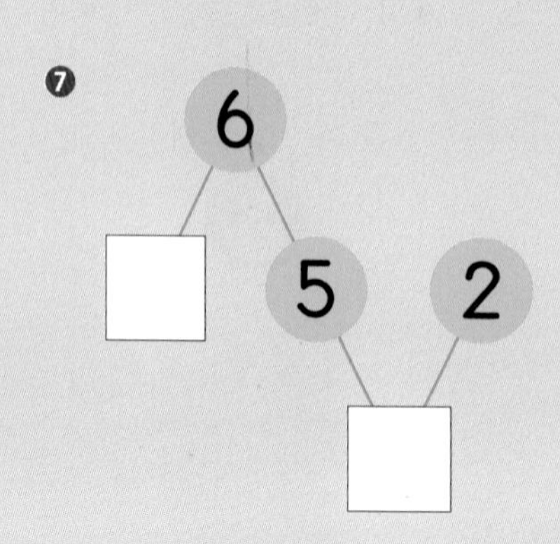

❽
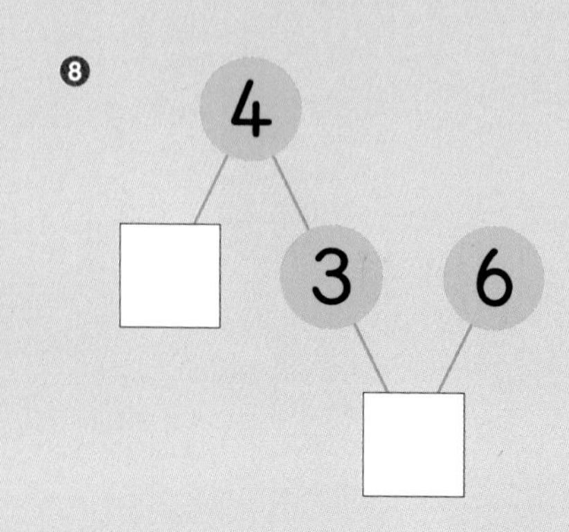

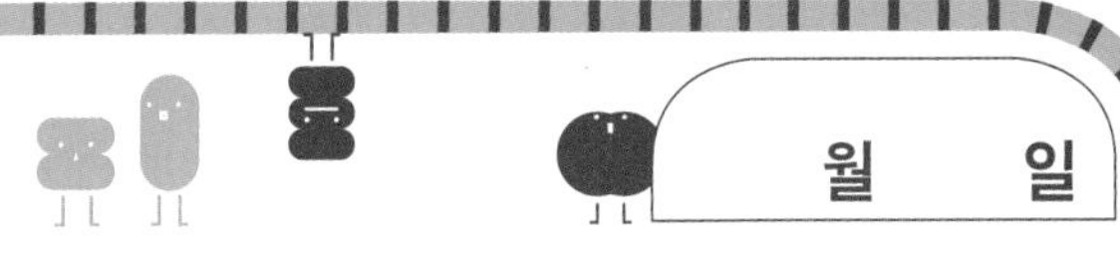

⊕ 가르고 모아 빈칸에 알맞은 수를 써넣으시오.

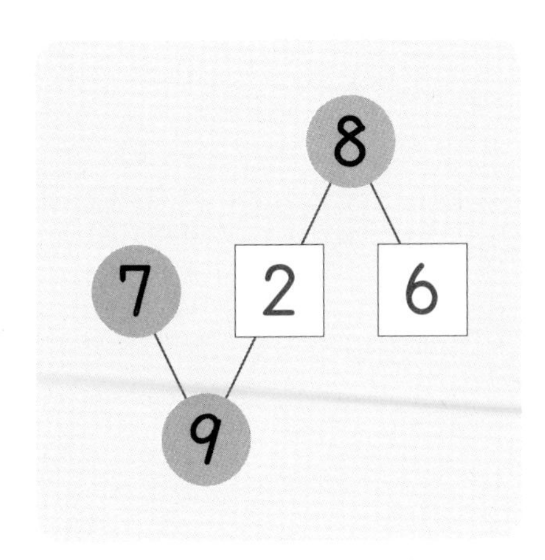

❶
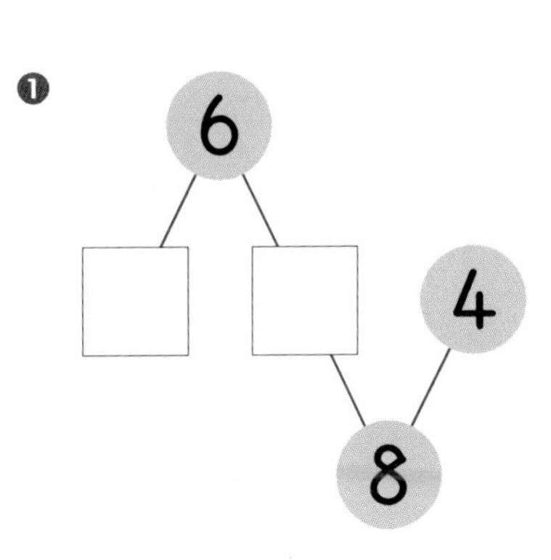

❷
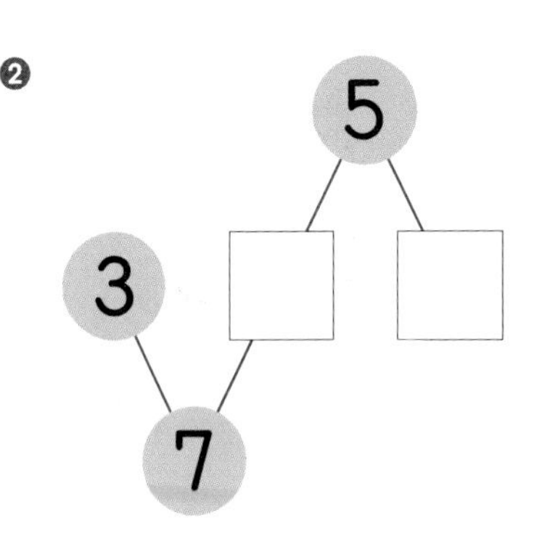

❸
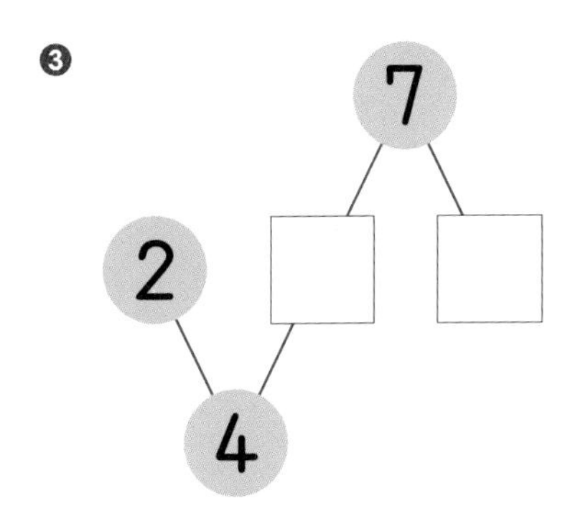

❹
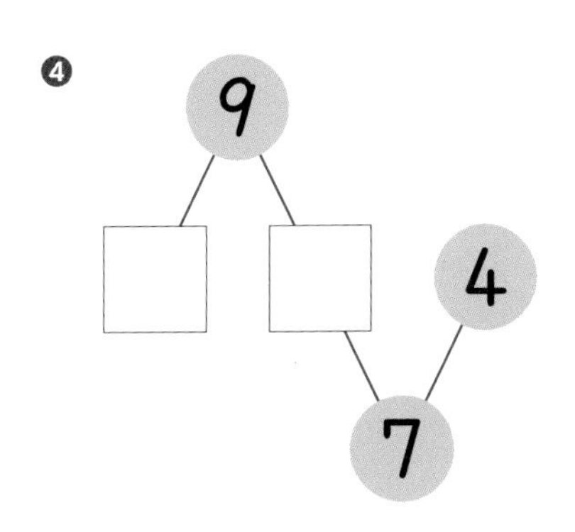

❺
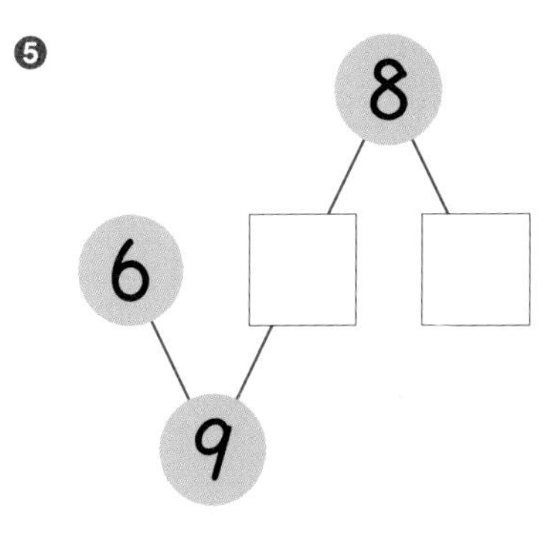

❻
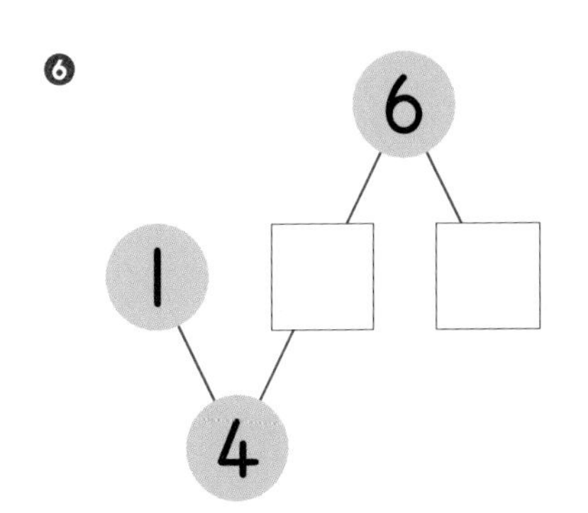

❼
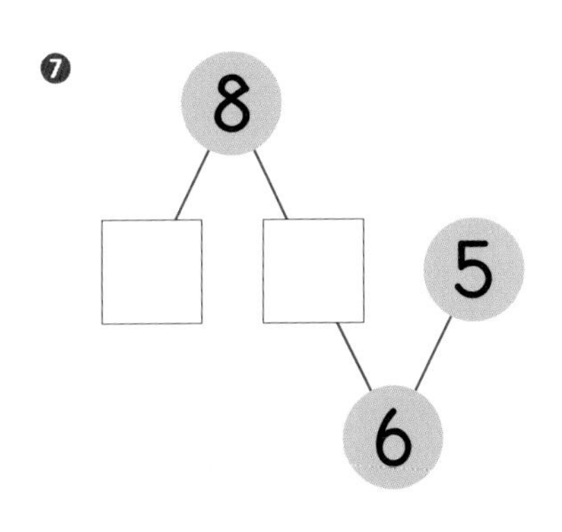

❽
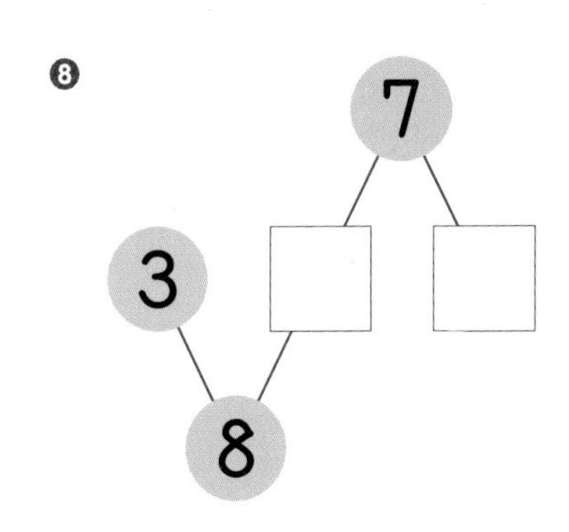

075 다중 가모

◐ 가르고 모아 빈칸에 알맞은 수를 써넣으시오.

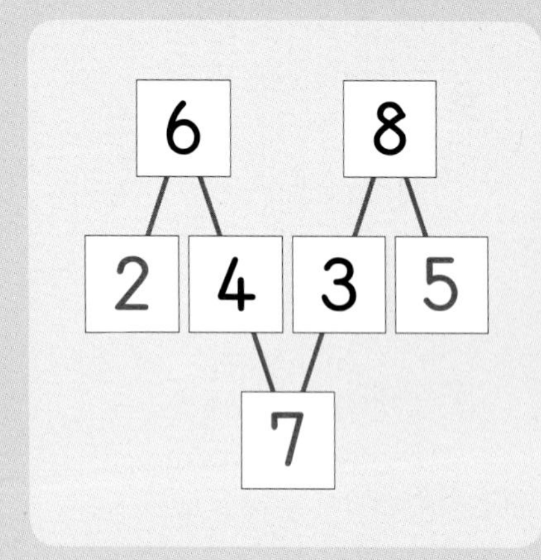

❶

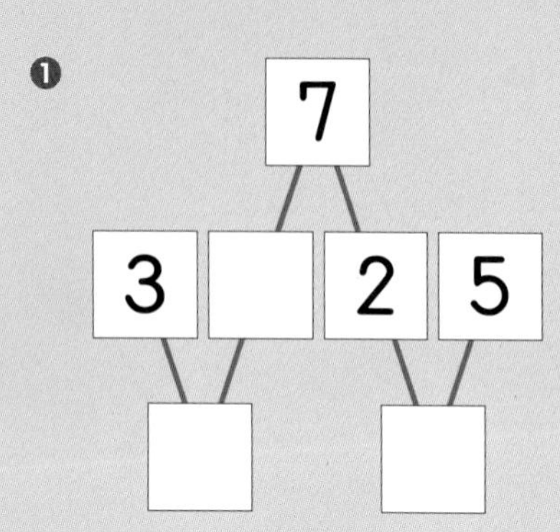

❷

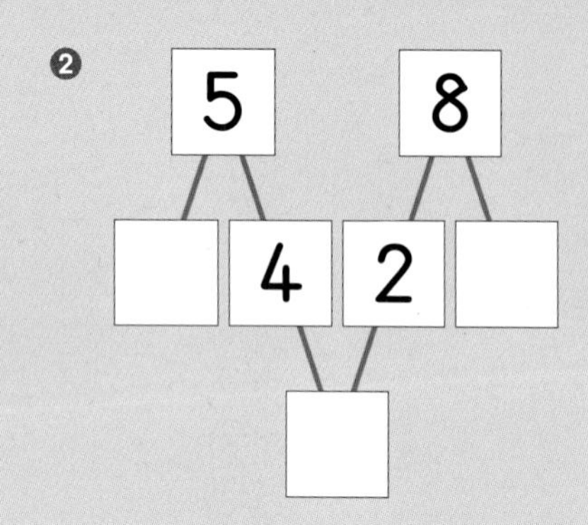

❸

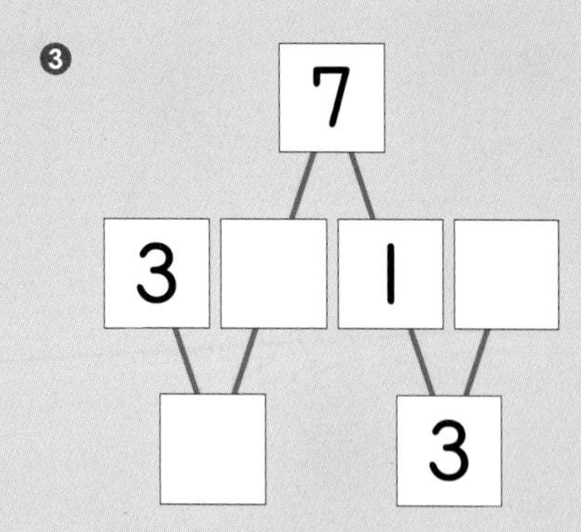

❹

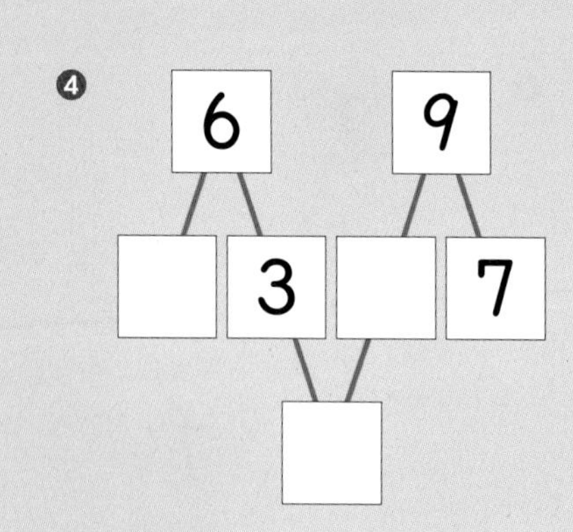

❺

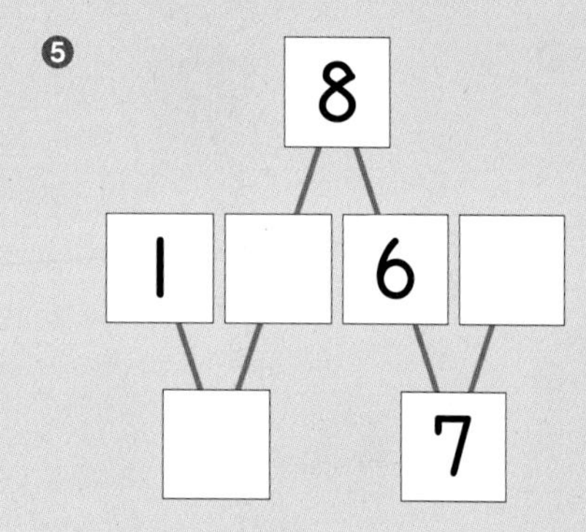

❻

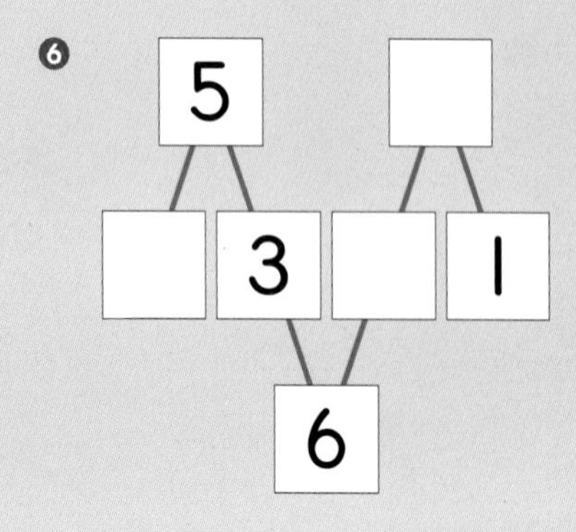

❼

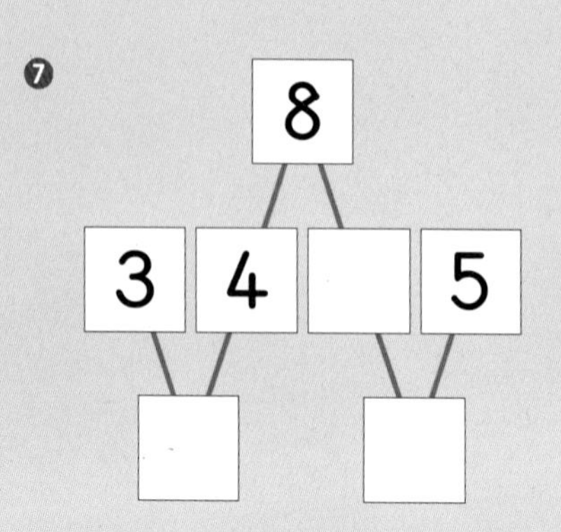

❽

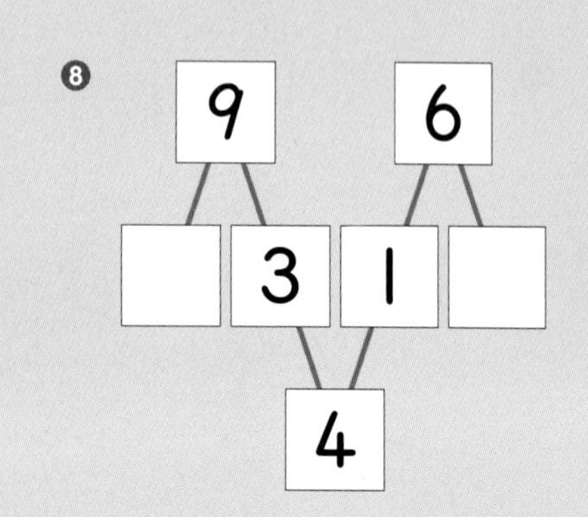

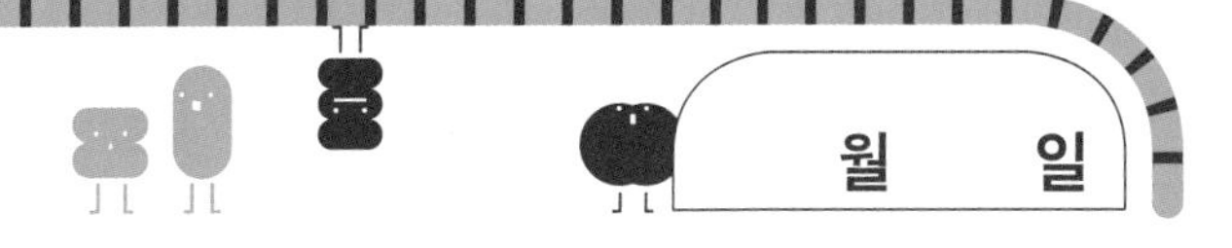

가르고 모아 빈칸에 알맞은 수를 써넣으시오.

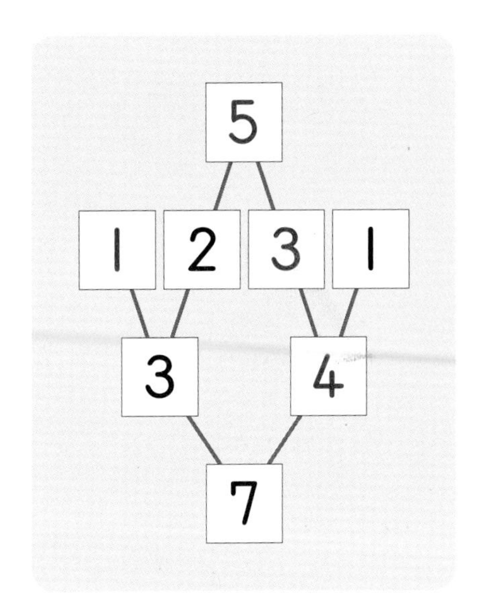

❶

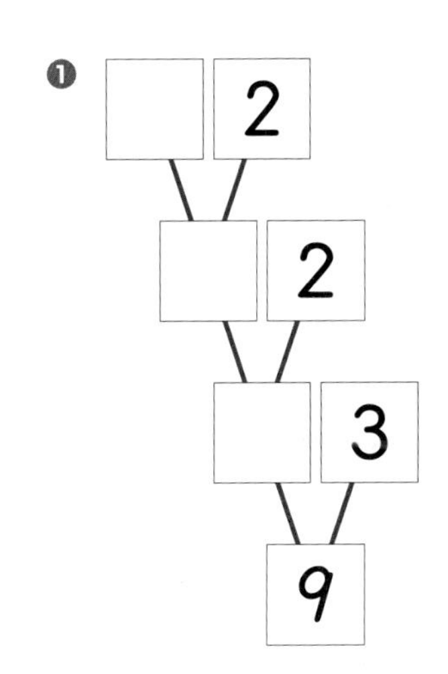

❷

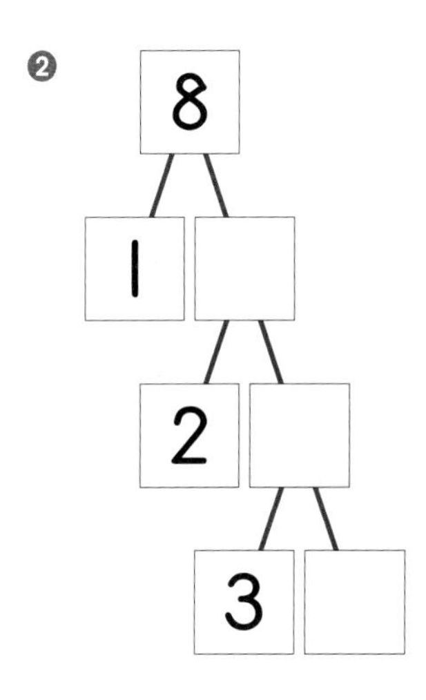

❸

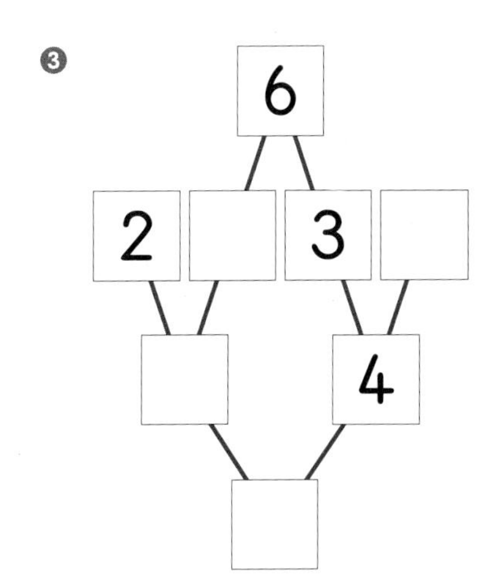

❹

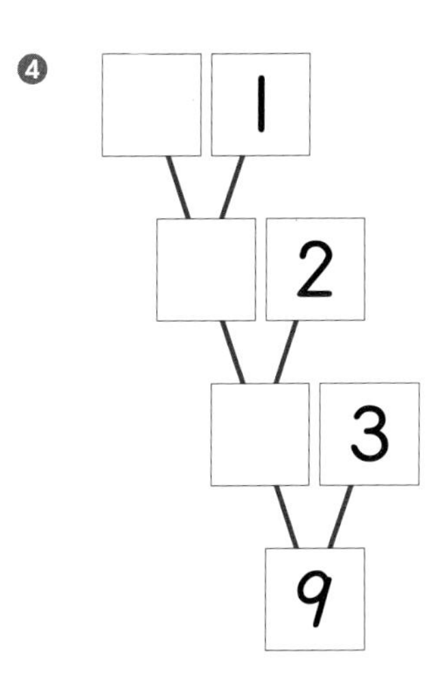

❺

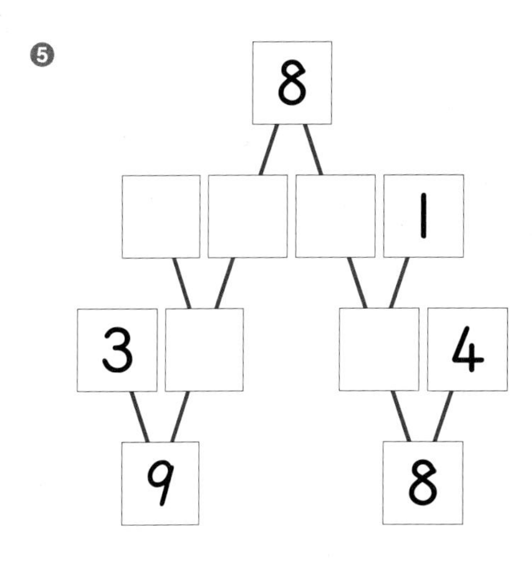

076 사방 가모

◐ 가르기 하여 빈칸에 알맞은 수를 써넣으시오.

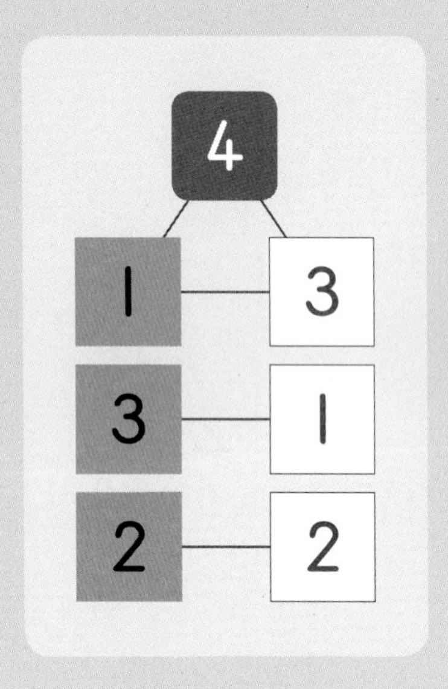

❶

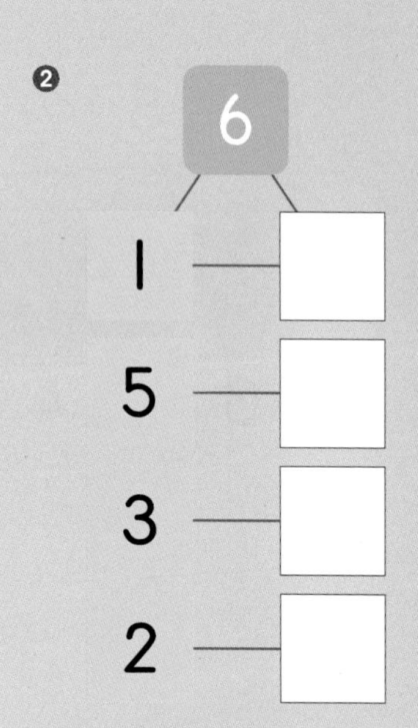

❷

❸
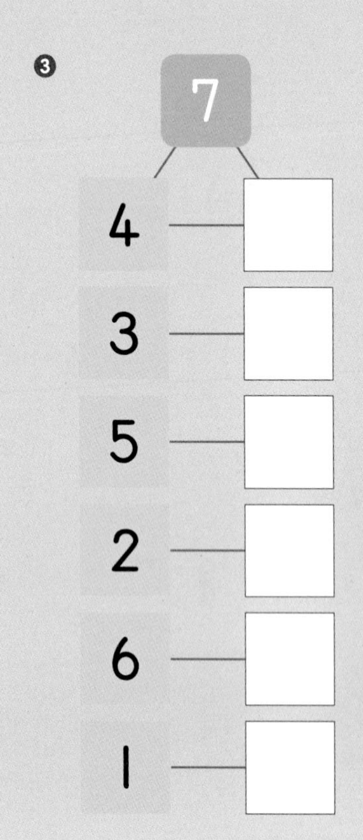

❹
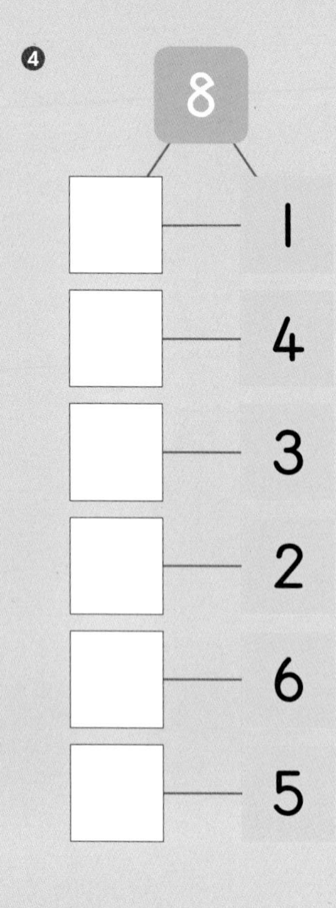

❺
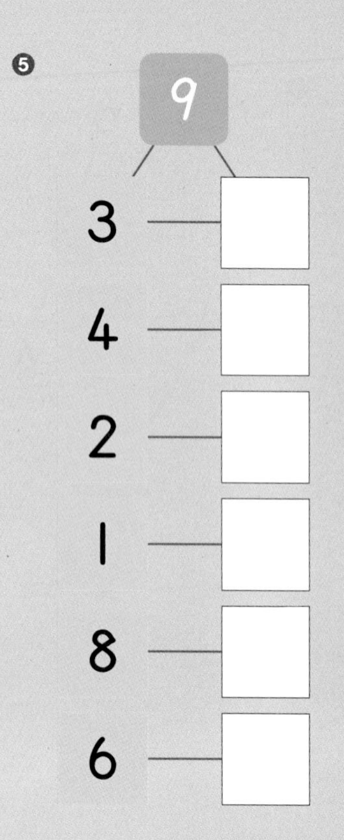

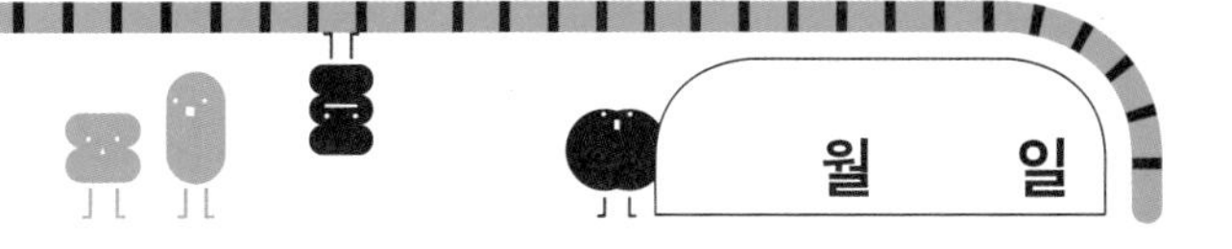

◆ 가르고 모아 빈칸에 알맞은 수를 써넣으시오.

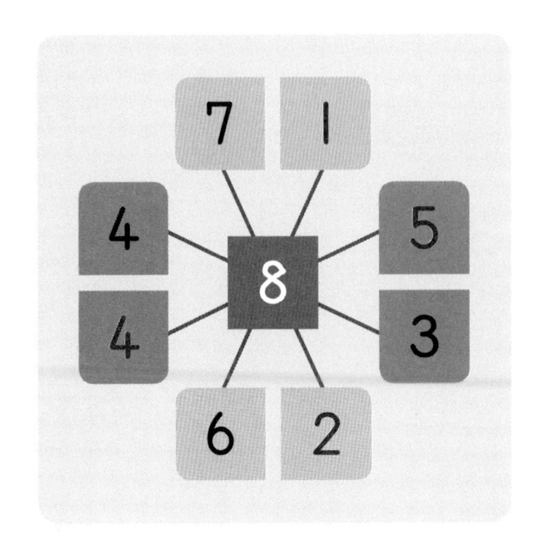

❶

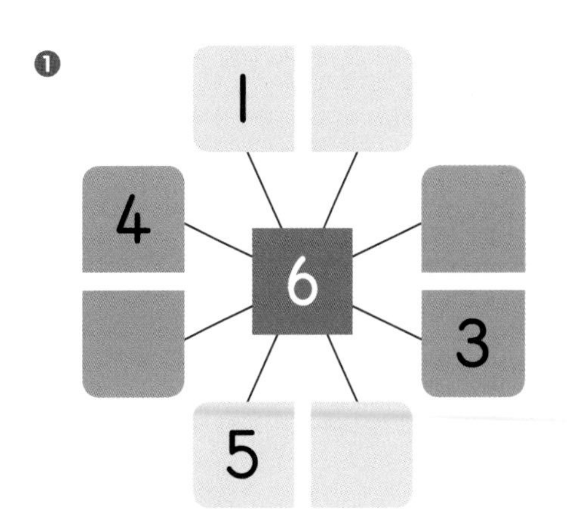

❷

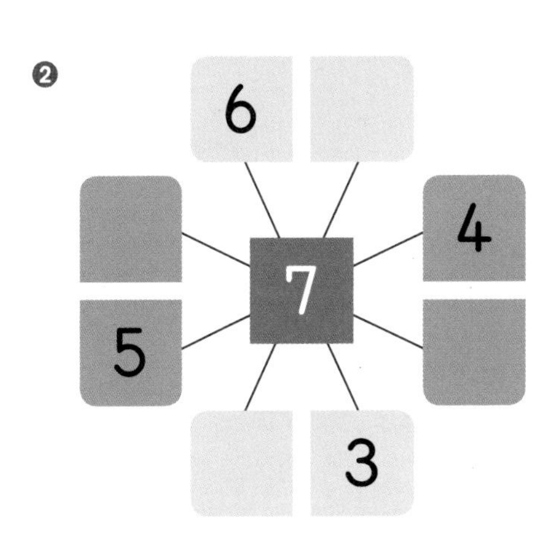

❸

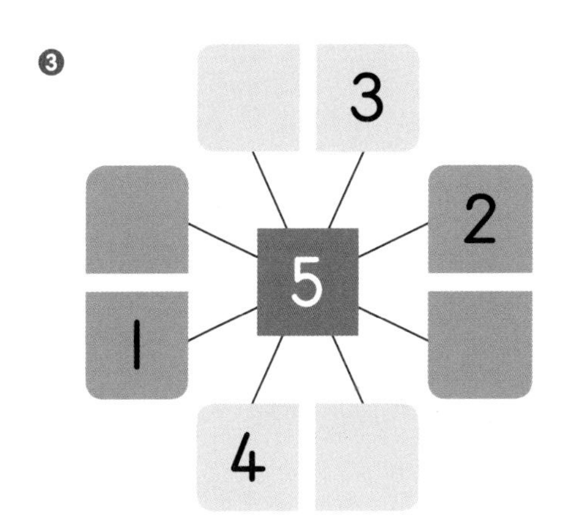

❹

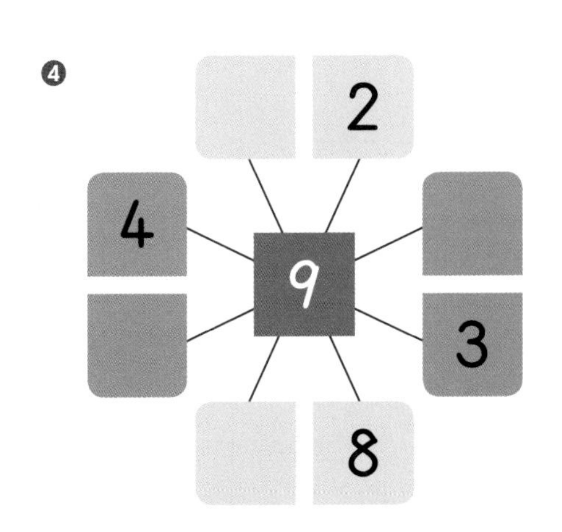

❺

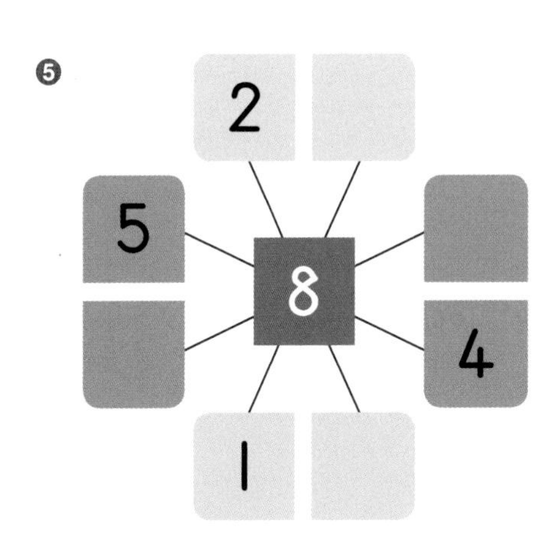

잘 공부했는지 알아봅시다

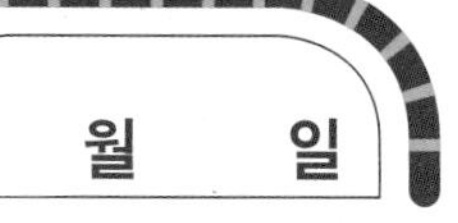

1 가르고 모아 ● 안의 수가 되도록 선으로 이은 것입니다. 빈칸에 알맞은 수를 쓰시오.

❶

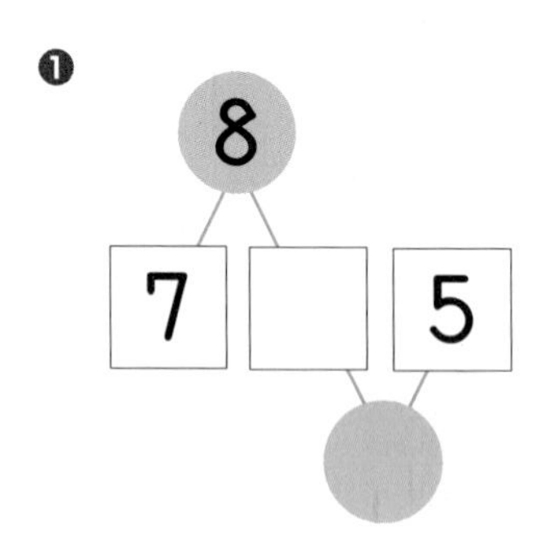

❷

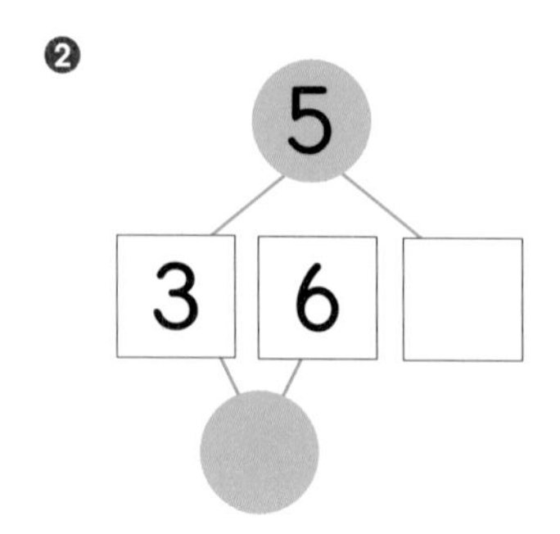

2 가르고 모아 빈칸에 알맞은 수를 써넣으시오.

❶

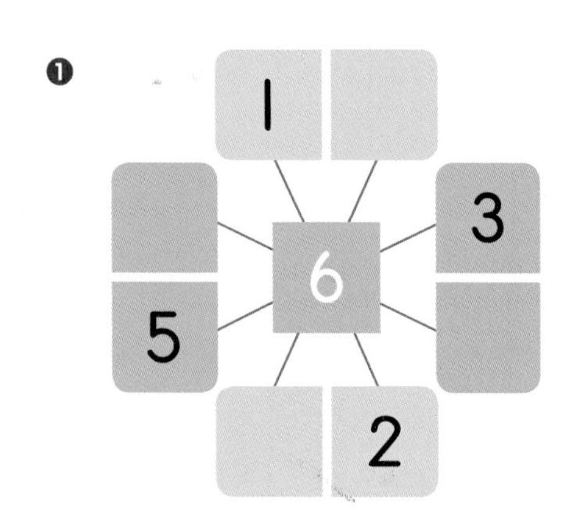

❷

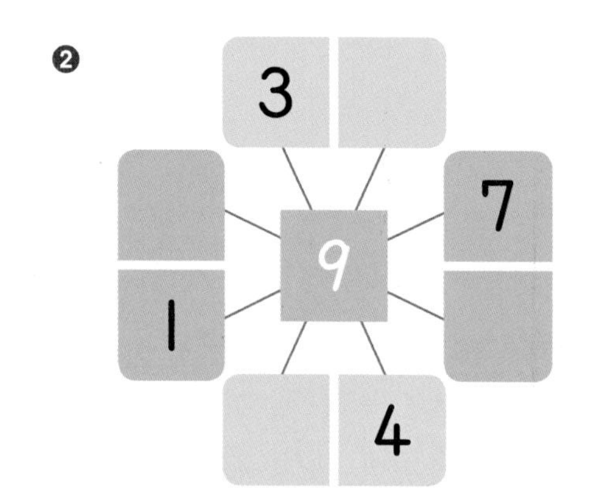

3 가르고 모아 빈칸에 알맞은 수를 써넣으시오.

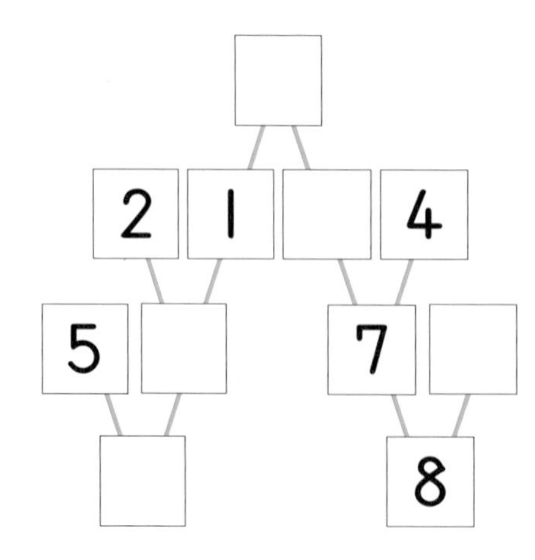

9까지의 덧셈

077 첨가셈

078 병합셈

079 바꾸어 더하기

080 다리 잇기

077 첨가셈

◐ 그림을 보고 빈칸에 알맞은 수를 써넣으시오.

4+3= [7]

4에 3을 더하면 [7] 입니다.

❶

3+2= [ ]

3 더하기 2는 [ ]와 같습니다.

❷

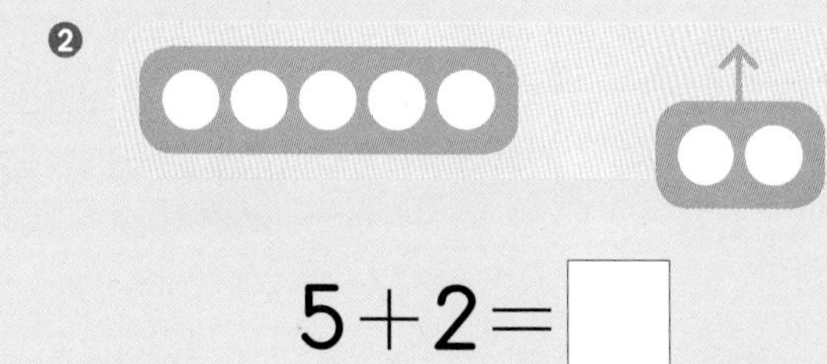

5+2= [ ]

❸

3+6= [ ]

❹

1+3= [ ]

1에 3을 더하면 [ ] 입니다.

❺

2+4= [ ]

2 더하기 4는 [ ]과 같습니다.

❻

1+5= [ ]

❼

7+1= [ ]

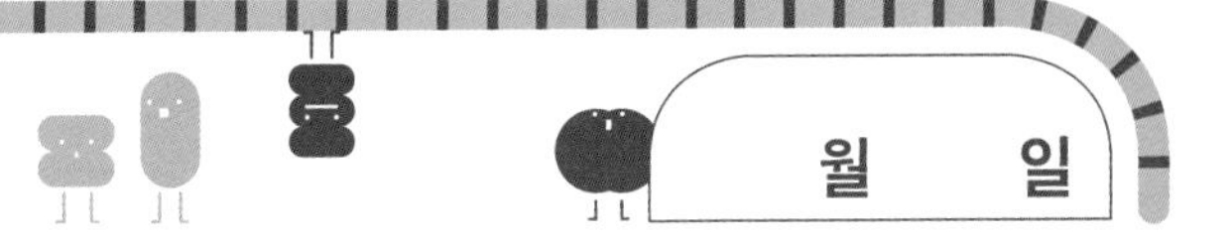

⊕ 그림을 보고 알맞은 덧셈식을 쓰시오.

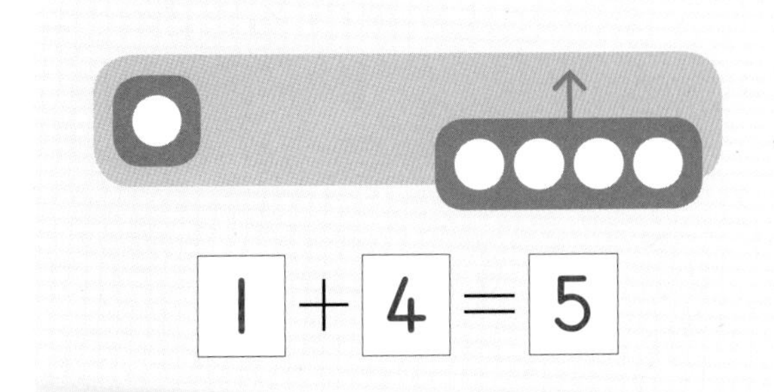

1 + 4 = 5

❶

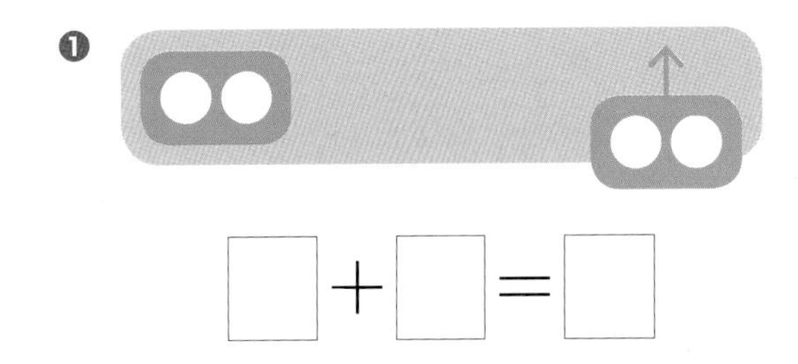

☐ + ☐ = ☐

❷

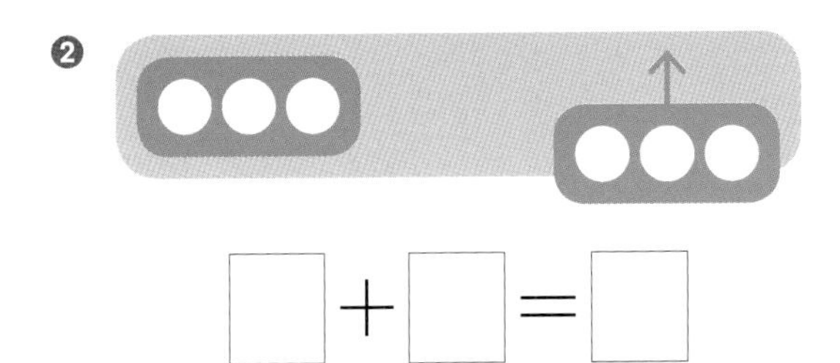

☐ + ☐ = ☐

❸

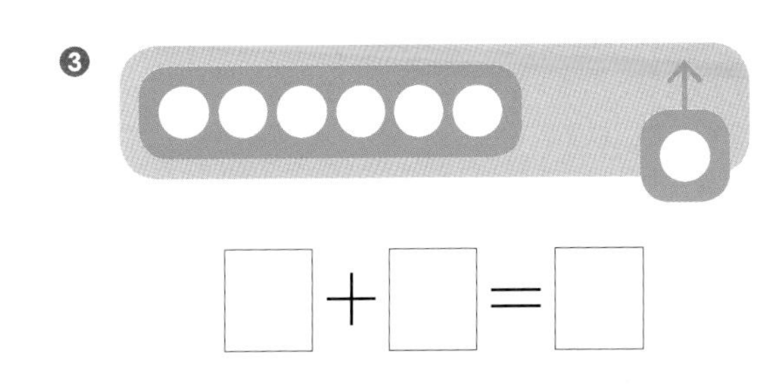

☐ + ☐ = ☐

❹

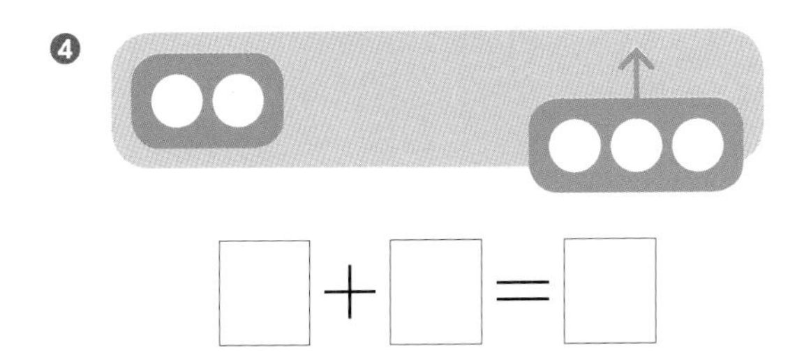

☐ + ☐ = ☐

❺

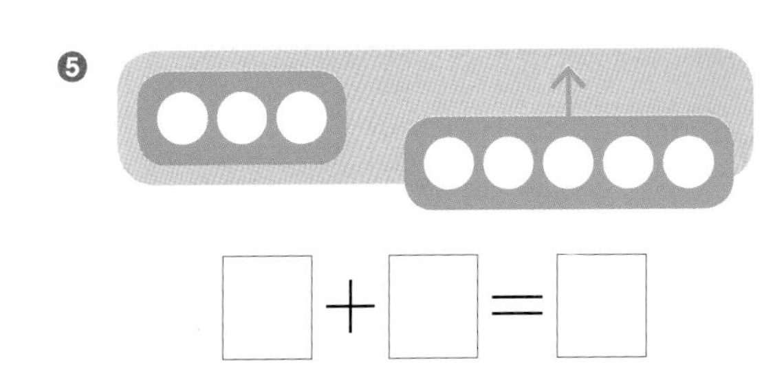

☐ + ☐ = ☐

❻

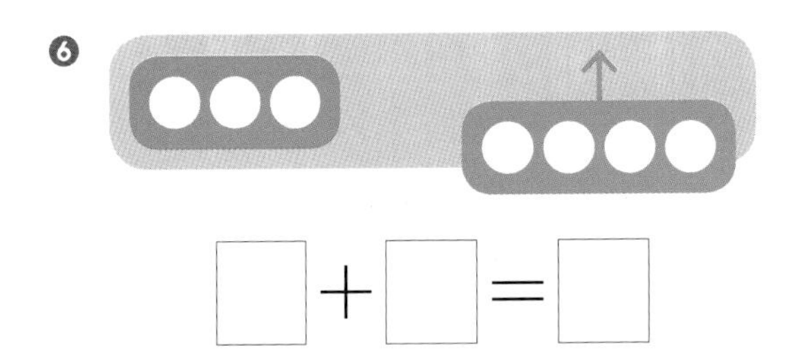

☐ + ☐ = ☐

❼

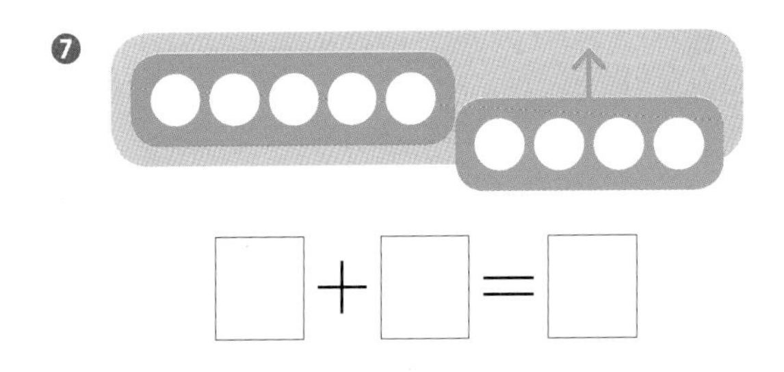

☐ + ☐ = ☐

❽

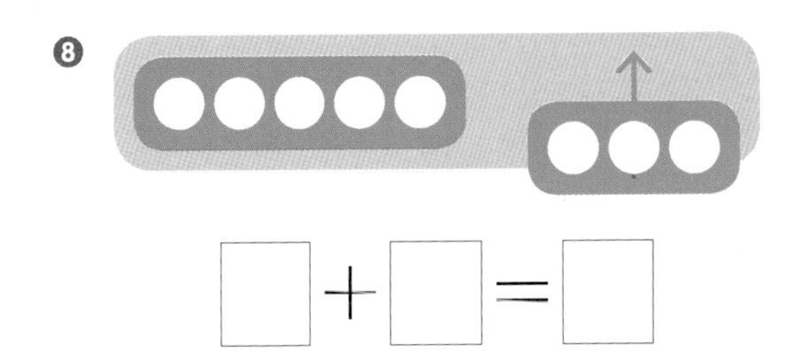

☐ + ☐ = ☐

❾

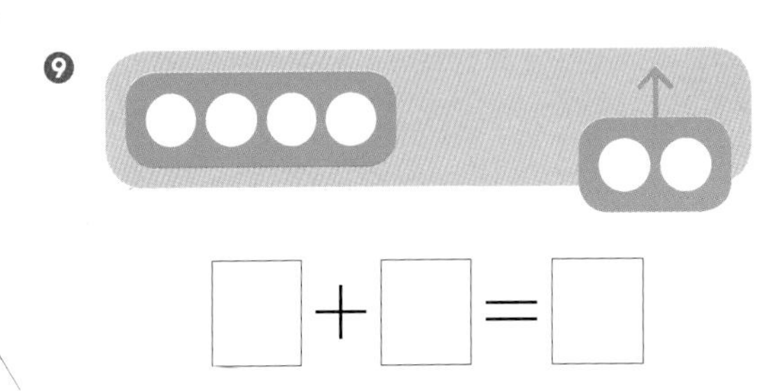

☐ + ☐ = ☐

078 병합셈

◐ 그림을 보고 빈칸에 알맞은 수를 써넣으시오.

2+3= 5

2와 3의 합은 5 입니다.

❶ 

1+6= □

1 더하기 6은 □ 과 같습니다.

❷

2+5= □

❸

4+2= □

❹

4+4= □

4와 4의 합은 □ 입니다.

❺

3+1= □

3 더하기 1은 □ 와 같습니다.

❻

6+3= □

❼

2+7= □

그림을 보고 덧셈식을 쓰시오.

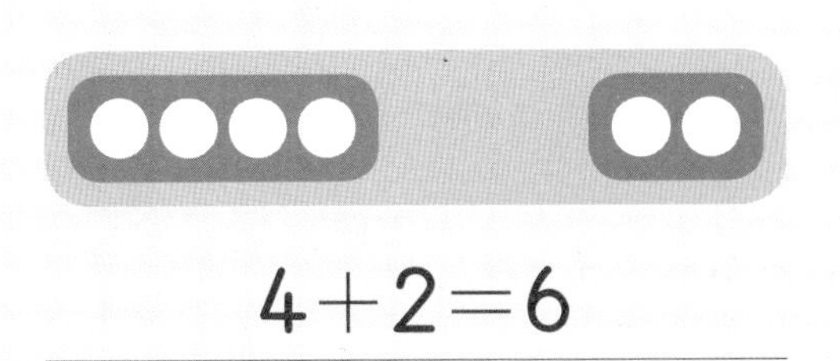

4+2=6

❶ 

❷ 

❸ 

❹ 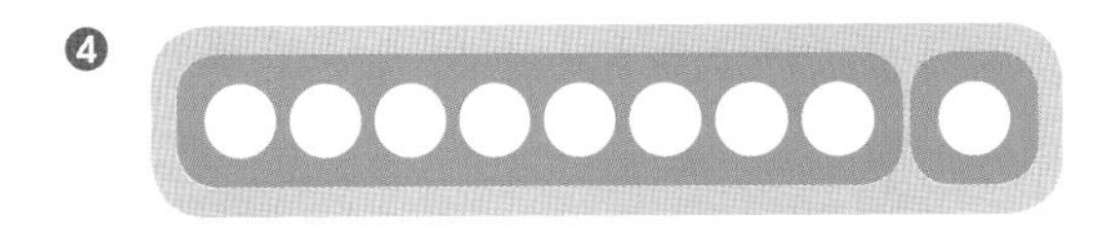

❺ 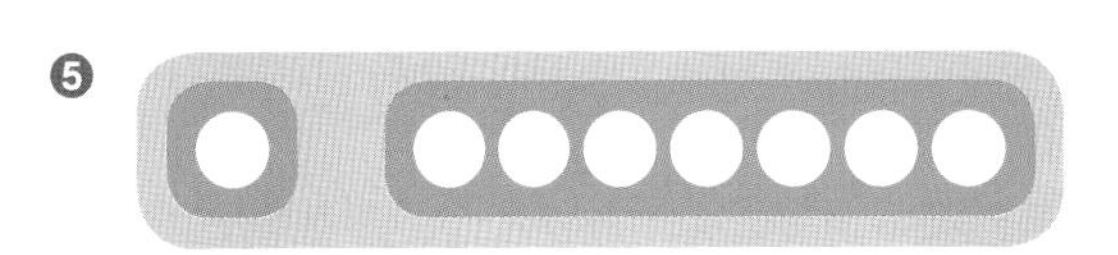

❻ 

❼ 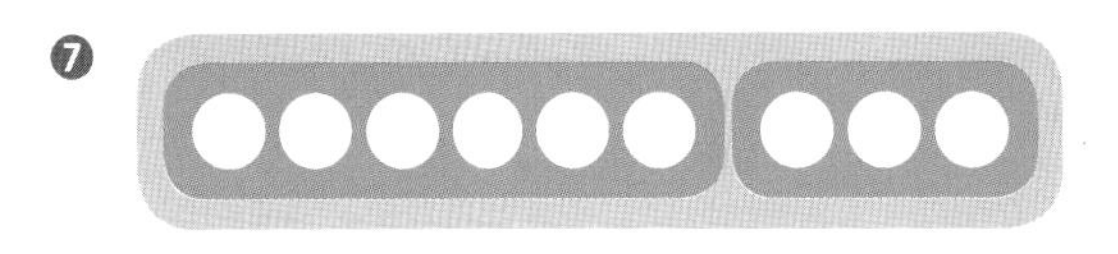

❽ 

❾ 

079 바꾸어 더하기

◐ 두 수를 바꾸어 더한 것입니다. □ 안에 알맞은 수를 써넣으시오.

$2+6=\boxed{8}$
$6+2=\boxed{8}$

❶ $3+4=\square$
$4+3=\square$

❷ $1+2=\square$
$2+1=\square$

❸ $4+2=\square$
$2+4=\square$

❹ $4+1=\square$
$1+4=\square$

❺ $3+6=\square$
$6+3=\square$

❻ $5+3=\square$
$3+5=\square$

❼ $2+5=\square$
$5+2=\square$

❽ $2+3=\square$
$3+2=\square$

❾ $1+3=\square$
$3+1=\square$

❿ $4+5=\square$
$5+4=\square$

⓫ $7+1=\square$
$1+7=\square$

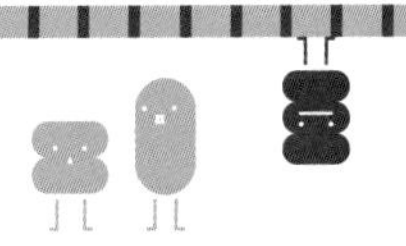

⊕ 주어진 수를 사용하여 덧셈식을 두 개 만드시오.

6 9 3

3 + 6 = 9

6 + 3 = 9

❶ 4 2 6

□ + □ = □

□ + □ = □

❷ 4 7 3

□ + □ = □

□ + □ = □

❸ 4 1 3

□ + □ = □

□ + □ = □

❹ 6 8 2

□ + □ = □

□ + □ = □

❺ 1 5 4

□ + □ = □

□ + □ = □

❻ 8 3 5

□ + □ = □

□ + □ = □

❼ 9 7 2

□ + □ = □

□ + □ = □

❽ 7 2 5

□ + □ = □

□ + □ = □

080 다리 잇기

◐ 계산을 한 다음 알맞게 선으로 이으시오.

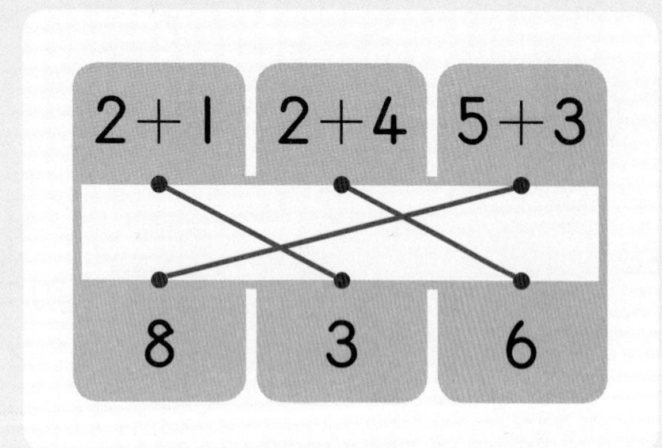

❶

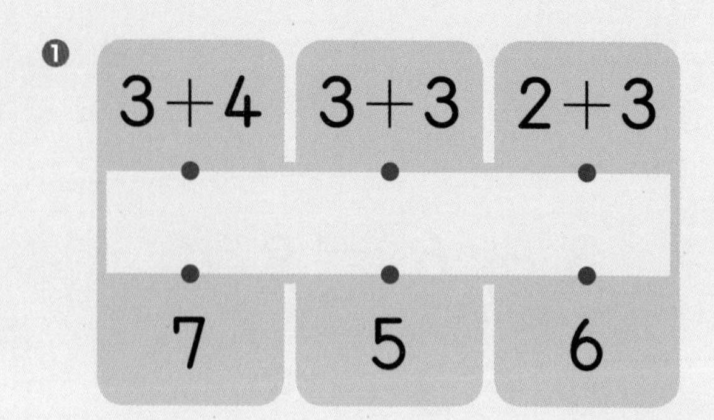

❷

2+6	1+5	1+3
6	4	8

❸

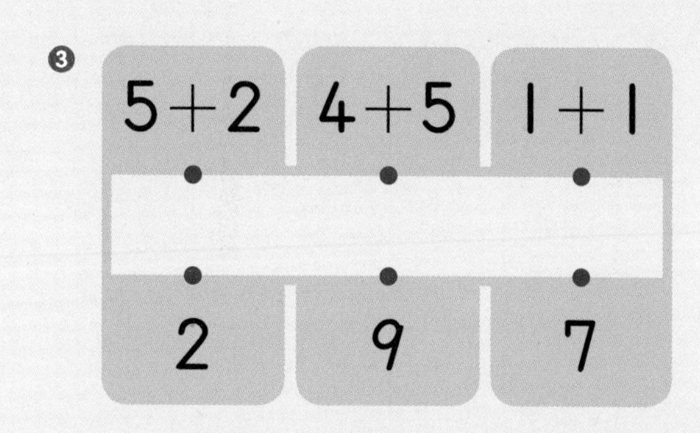

❹

3+1	4+4	3+6
8	4	9

❺

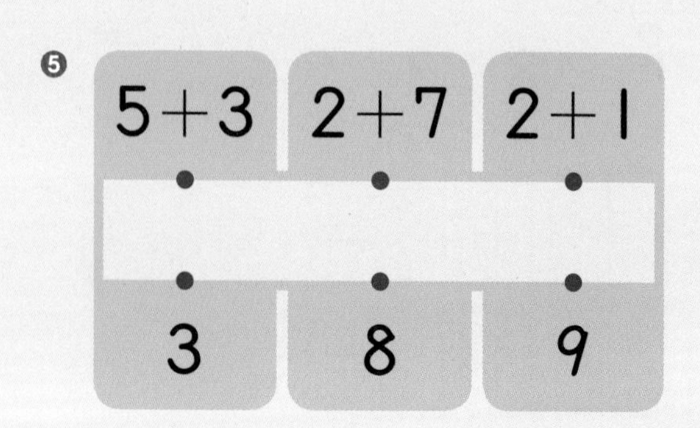

계산 결과가 같은 것끼리 선으로 이으시오.

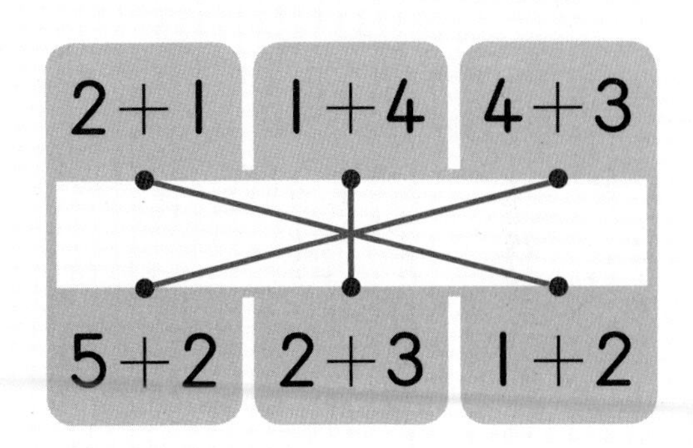

❶

6+1	1+7	2+3
4+4	4+1	3+4

❷

3+5	2+7	1+5
4+5	7+1	5+1

❸

2+4	3+4	8+1
3+6	5+1	1+6

❹

4+5	6+2	2+5
5+2	6+3	4+4

❺

3+3	1+3	4+3
5+2	2+2	5+1

잘 공부했는지 알아봅시다

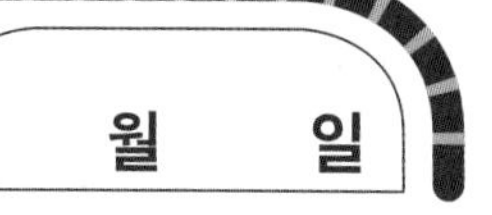

1 그림을 보고 덧셈식을 쓰시오.

❶

$5+1=\square$

❷

$8+\square=\square$

2 그림을 보고 덧셈을 하시오.

❶

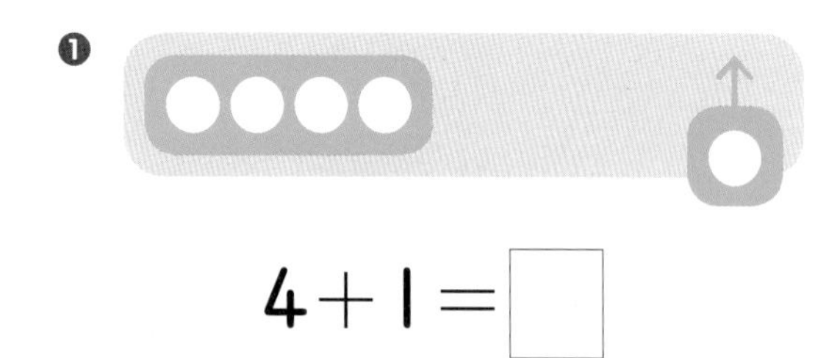

$4+1=\square$

❷

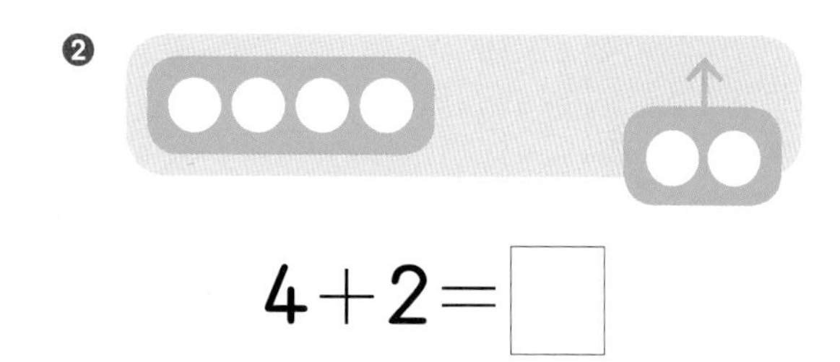

$4+2=\square$

3 그림을 보고 □ 안에 알맞은 수를 써넣으시오.

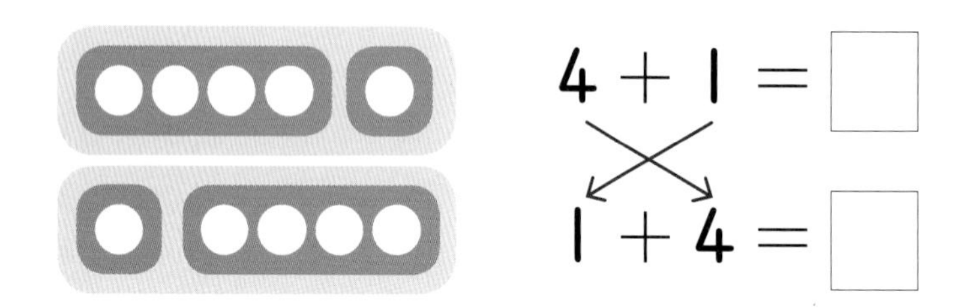

$4+1=\square$

$1+4=\square$

4 계산 결과가 같은 것끼리 선으로 이으시오.

3+2	1+6	4+5
•	•	•
•	•	•
8+1	2+3	5+2

5 두 수의 합

081 계산기
082 무게셈
083 막대셈
084 과녁셈

081 계산기

◐ 칠해진 자판을 눌러 덧셈한 것입니다. 계산 결과를 빈칸에 써넣으시오.

8		
7	8	9
4	**5**	6
1	2	**3**
+	**=**	−

❶

7	8	9
4	5	6
1	**2**	**3**
+	**=**	−

❷

7	8	9
4	5	6
1	2	**3**
+	**=**	−

❸

7	8	9
4	5	6
1	2	**3**
+	**=**	−

❹

7	8	9
4	**5**	6
1	2	3
+	**=**	−

❺

7	8	9
4	5	**6**
1	**2**	3
+	**=**	−

❻

7	8	9
4	5	6
1	**2**	3
+	**=**	−

❼

7	8	9
4	5	**6**
1	2	3
+	**=**	−

❽

7	8	9
4	5	6
1	**2**	3
+	**=**	−

⊕ 계산 결과를 보고 숫자 두 개를 □ 안에 써넣으시오. 단 작은 수부터 씁니다.

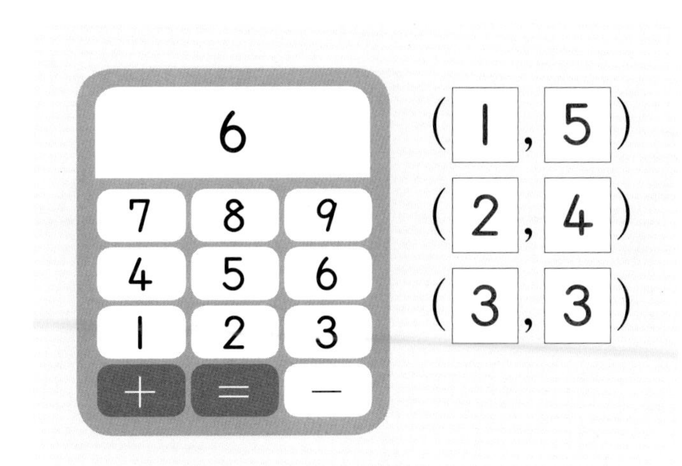

❶

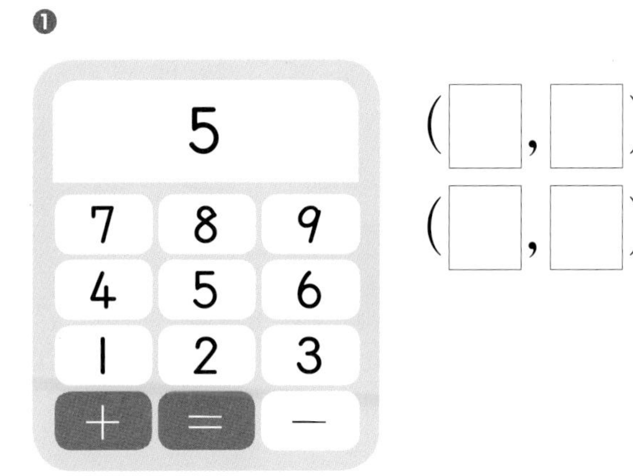

(□ , □)
(□ , □)

❷

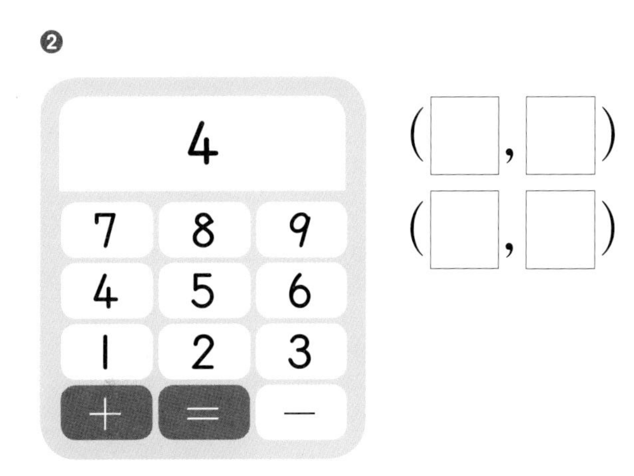

(□ , □)
(□ , □)

❸

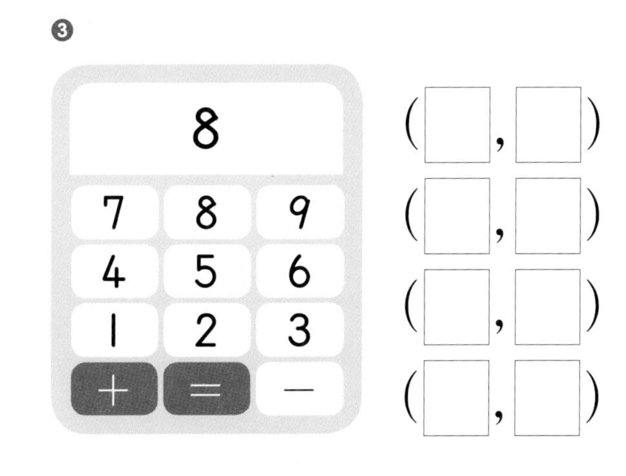

(□ , □)
(□ , □)
(□ , □)
(□ , □)

❹

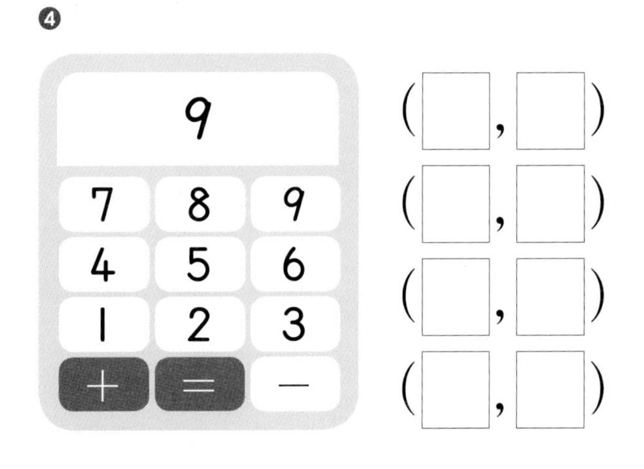

(□ , □)
(□ , □)
(□ , □)
(□ , □)

❺

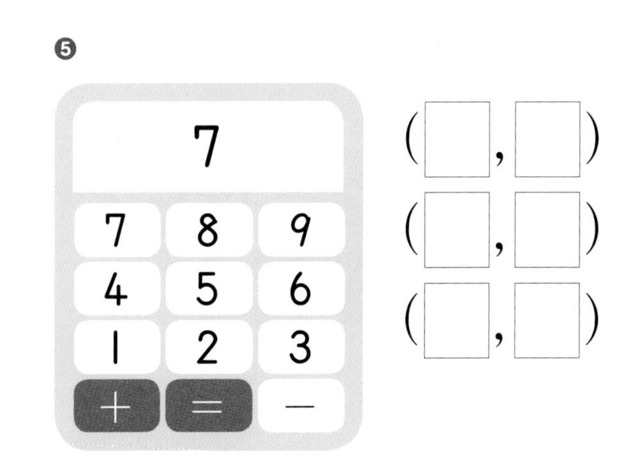

(□ , □)
(□ , □)
(□ , □)

무게셈

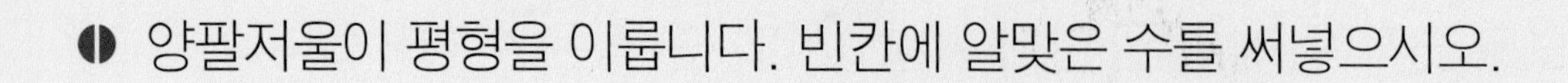

◐ 양팔저울이 평형을 이룹니다. 빈칸에 알맞은 수를 써넣으시오.

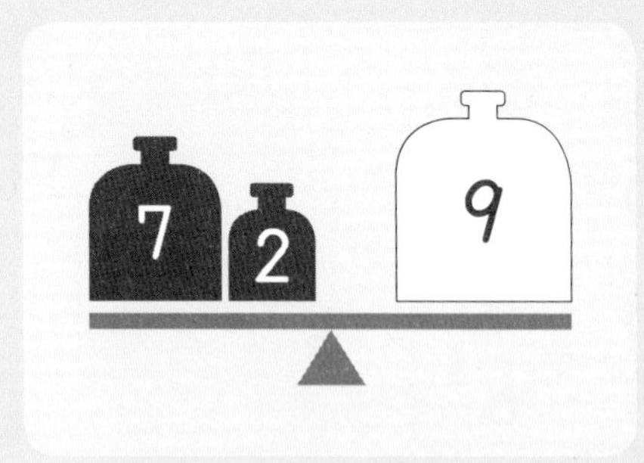

❶ 

❷ 

❸ 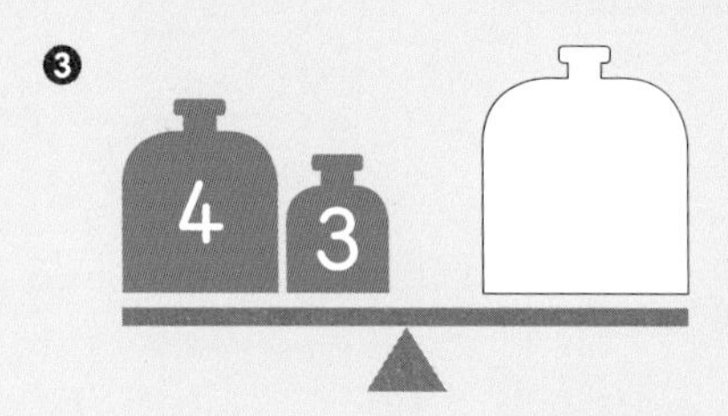

❹ 

❺ 

❻ 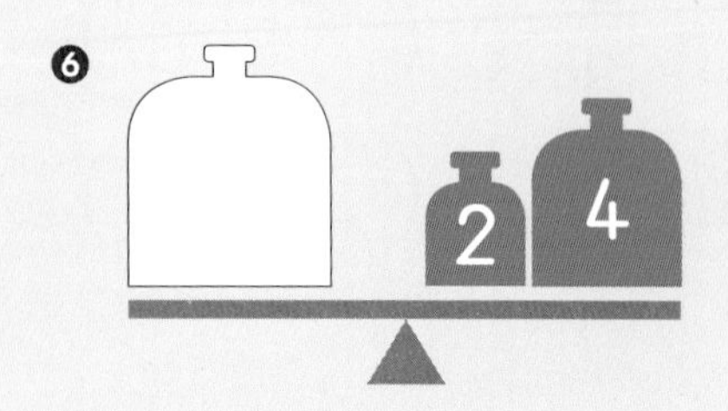

❼ 

❽ 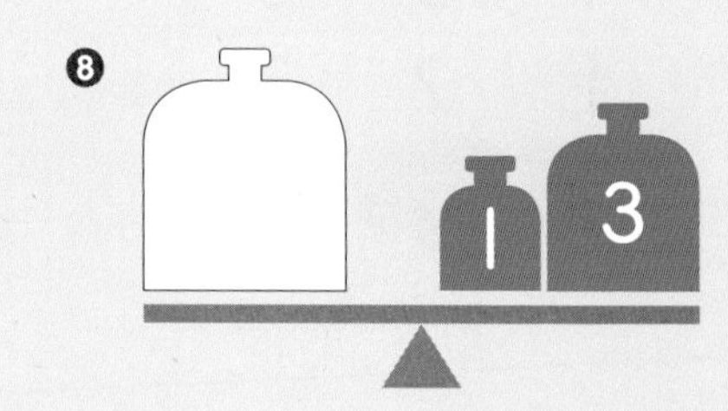

❾ 

❿ 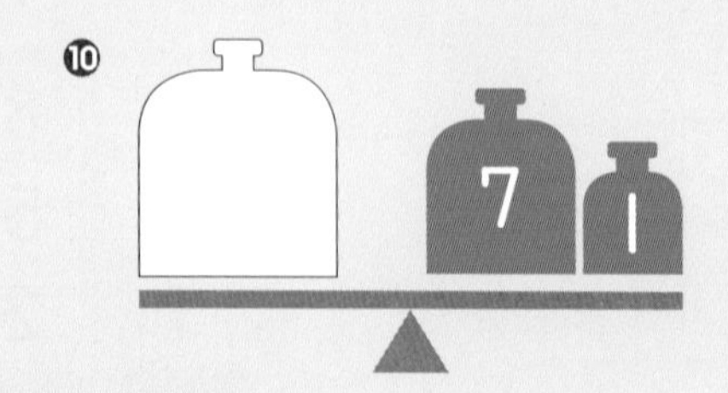

⓫ 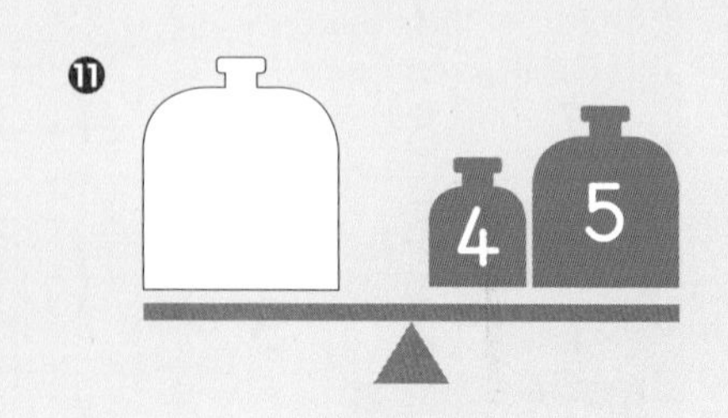

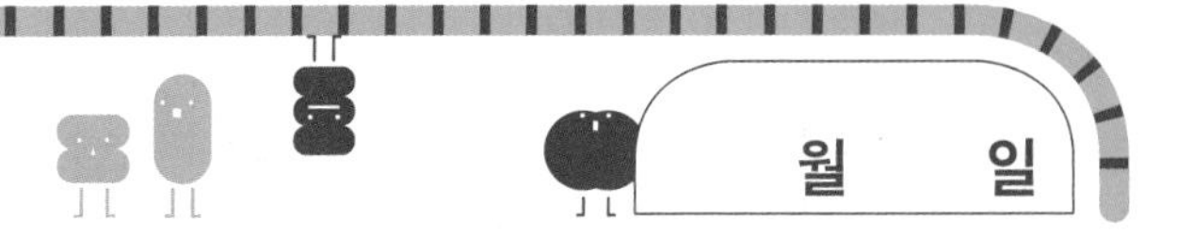

안의 세 수를 빈칸에 써넣으시오. 사용하지 않는 수는 ×표 합니다.

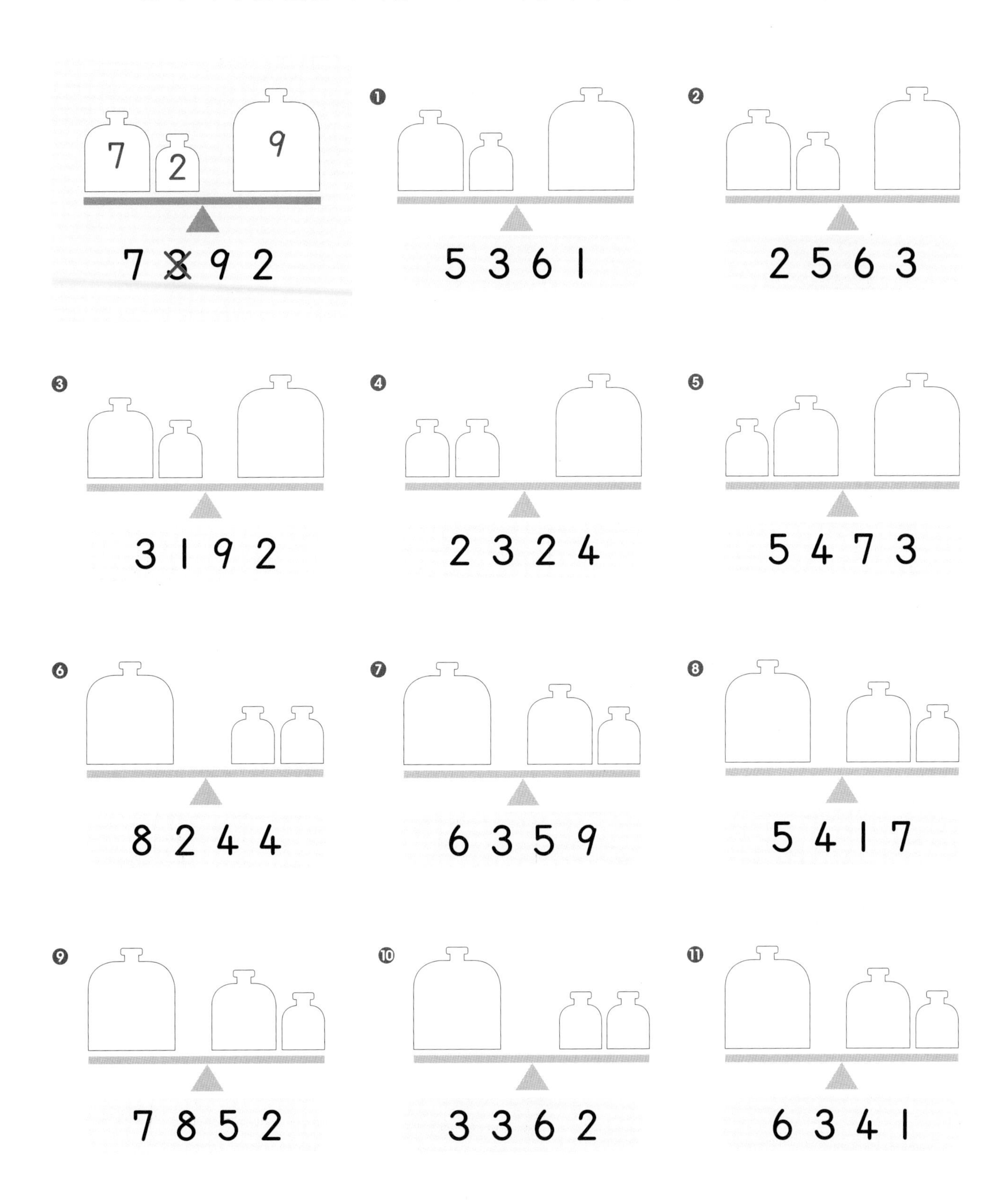

083 막대셈

◐ 선으로 이어진 두 수의 합을 구하시오.

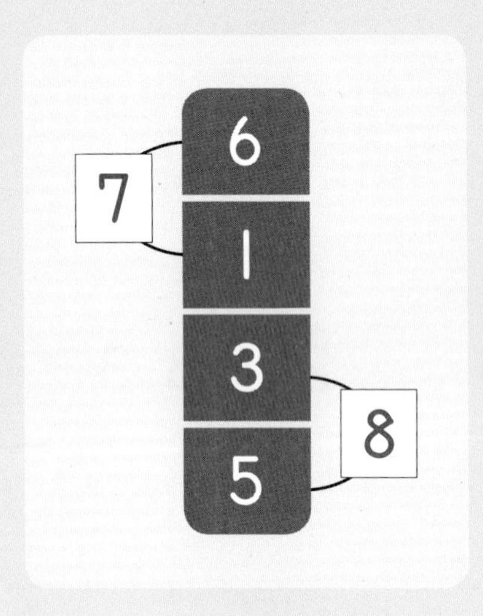

❶
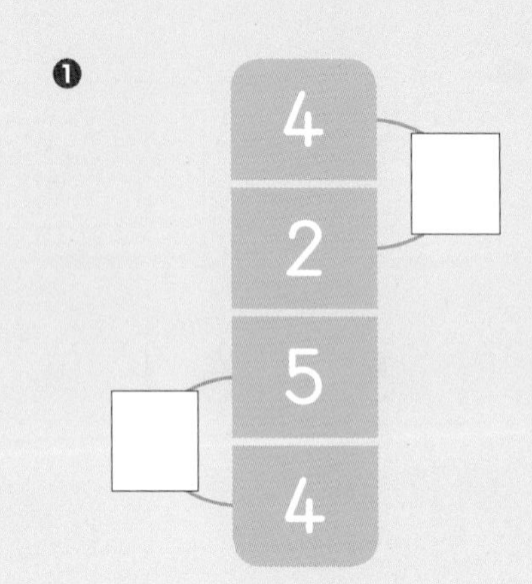

❷
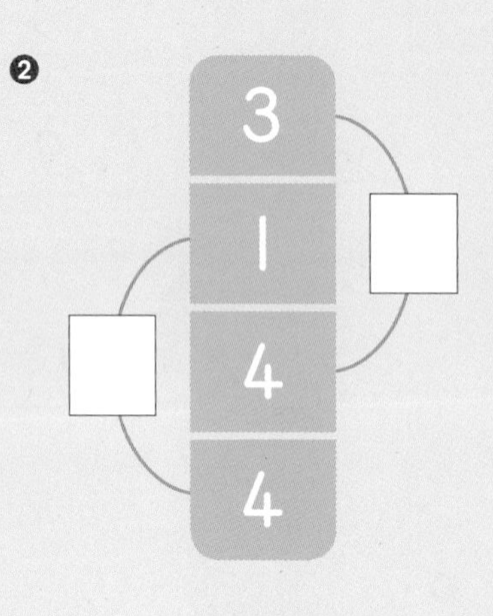

❸
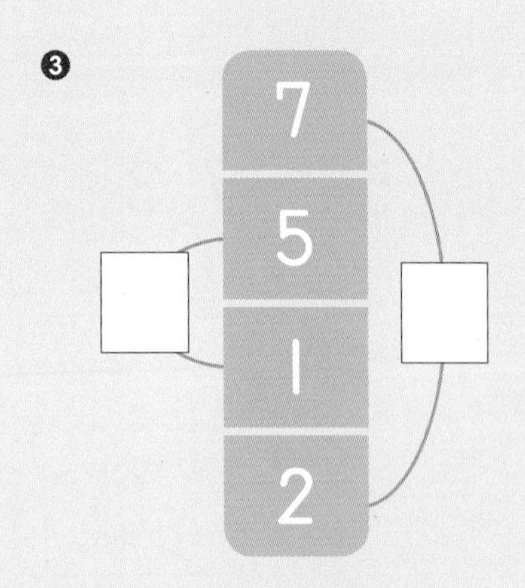

❹
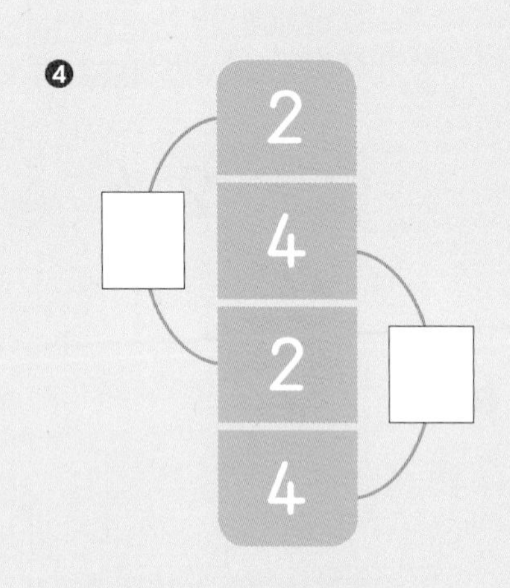

❺
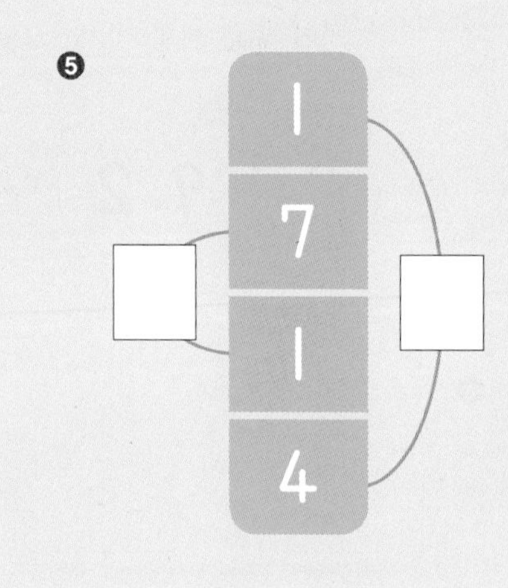

❻
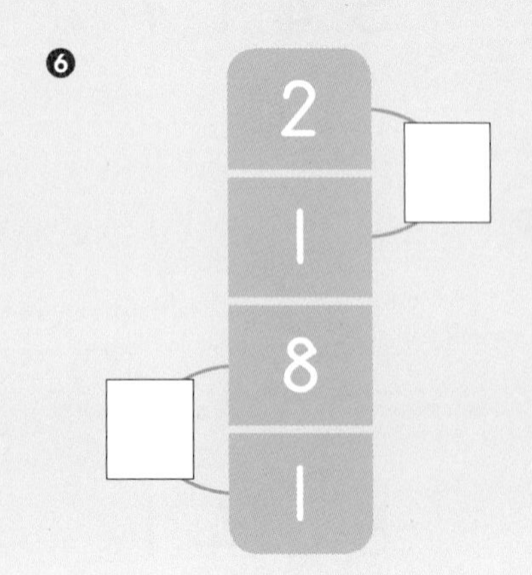

❼
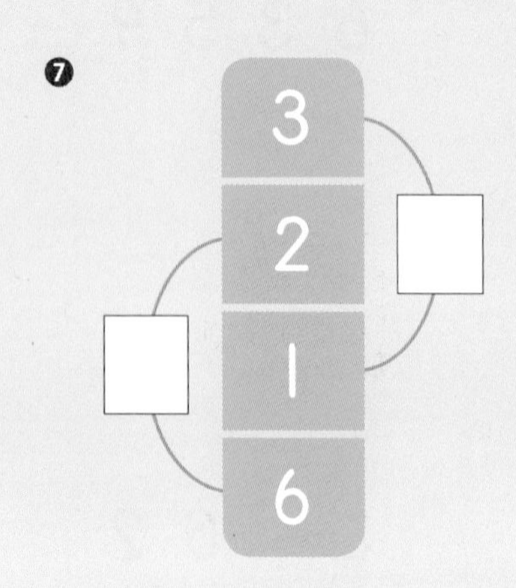

❽
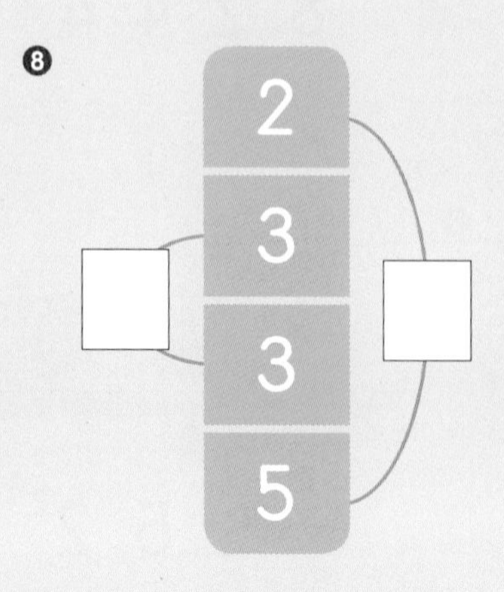

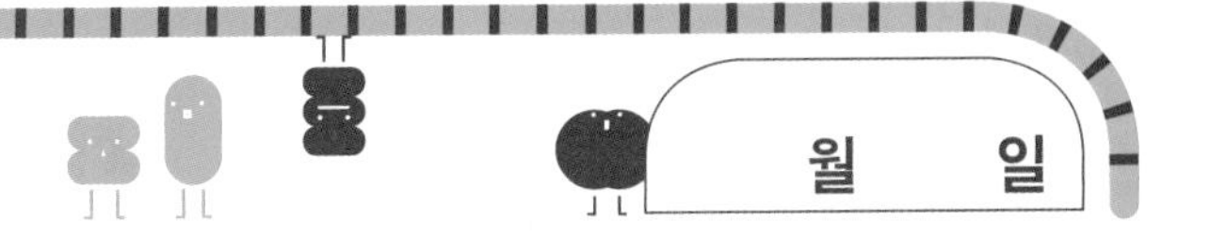

⊕ 합이 같도록 두 수를 선으로 잇고, 합을 쓰시오.

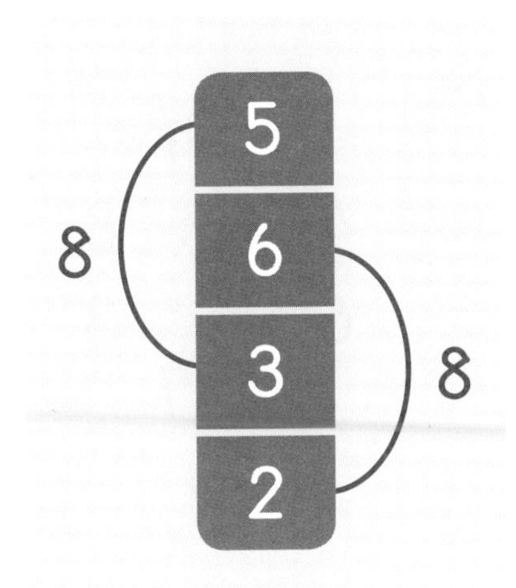

❶
3
5
2
4

❷

❸
3
1
5
3

❹
6
2
7
3

❺
1
2
3
2

❻

❼
3
7
1
5

❽
5
3
6
4

084 과녁셈

◐ 화살이 꽂힌 부분의 수의 합을 가운데 ○ 안에 써넣으시오.

❶

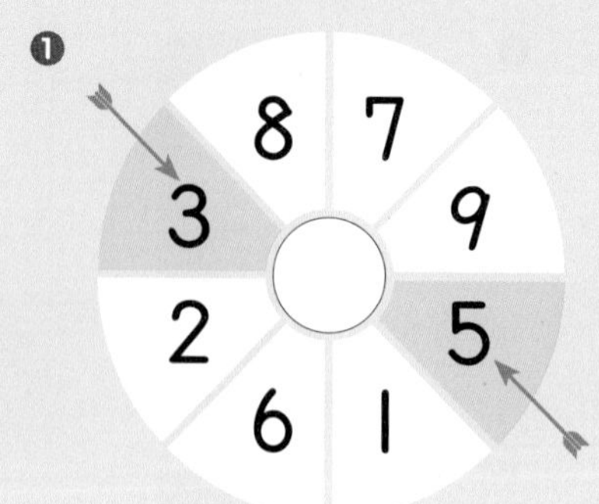

❷

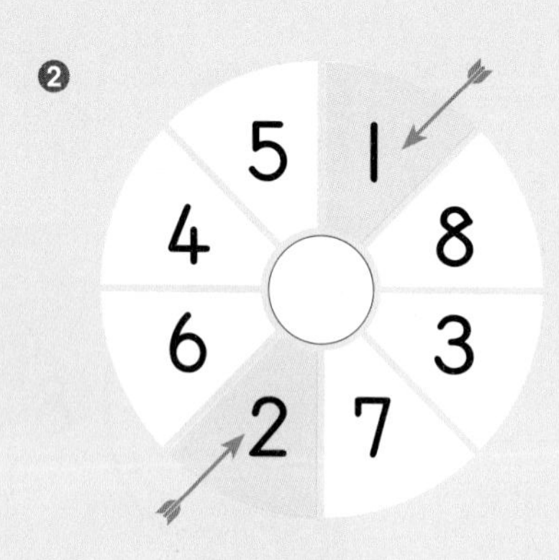

❸

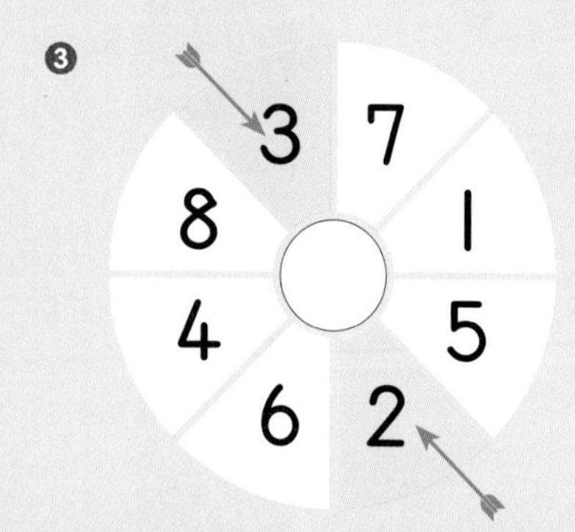

❹

1 7
8 3
6 5
4 2

❺

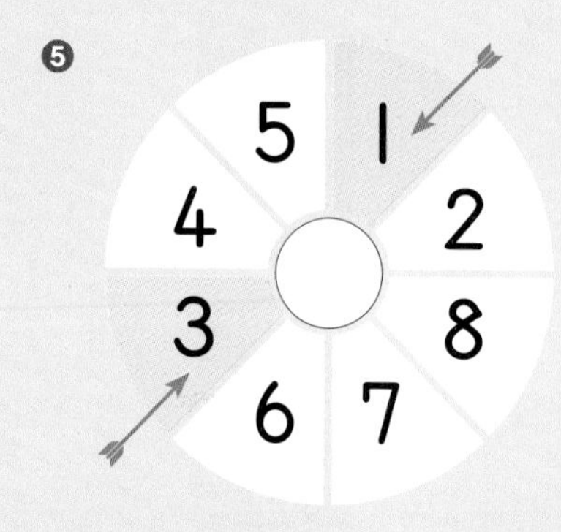

❻

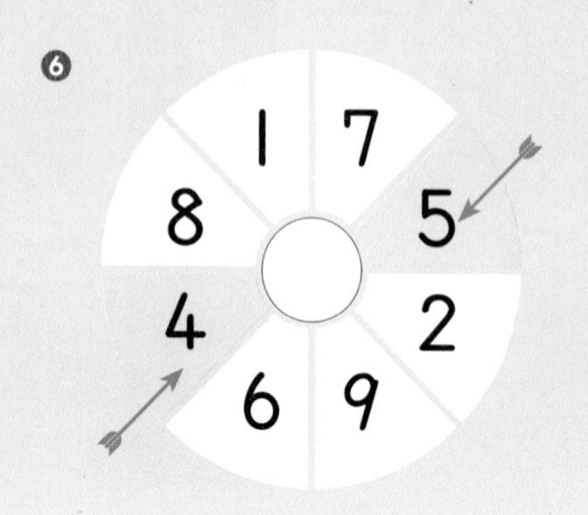

❼

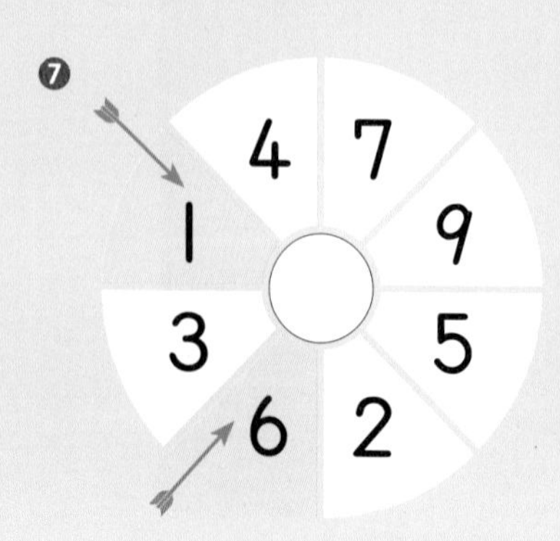

❽

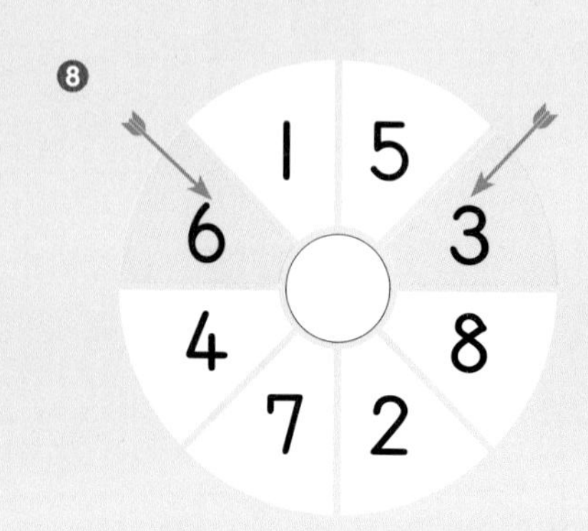

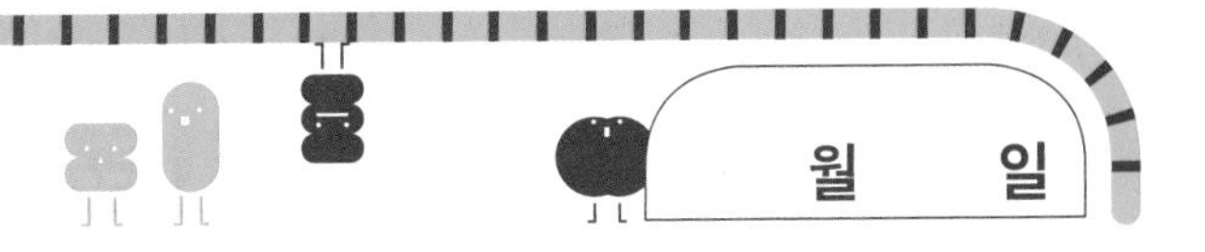

⊕ 수의 합이 가운데 수가 되도록 두 수에 ○표 하시오.

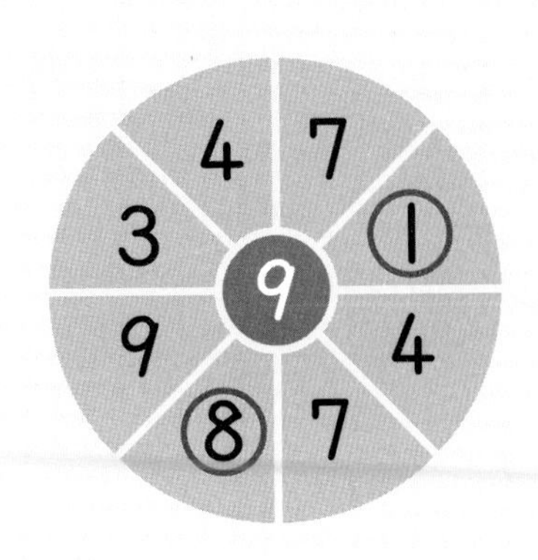

❶

1 2
6 5
5
8 7
9 4

❷

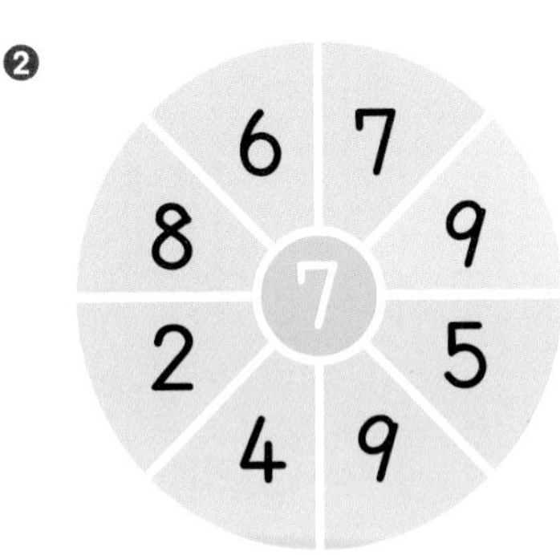

❸

2 8
6 3
6
5 4
9 7

❹

3 4
4 7
8
6 3
7 6

❺

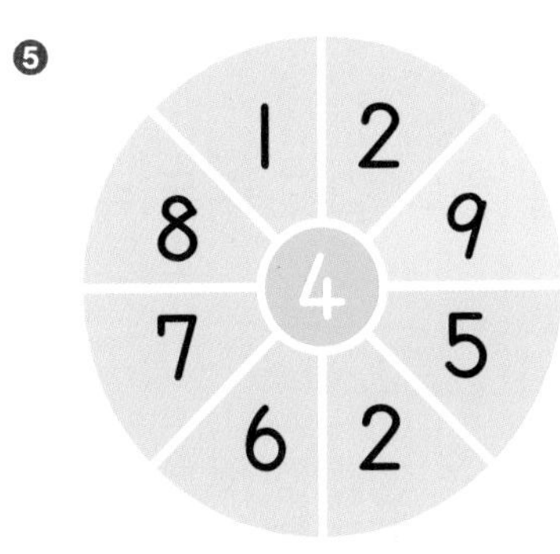

❻

4 7
8 6
5
3 2
5 8

❼

2 8
7 3
7
4 2
8 6

❽

4 9
2 2
9
6 6
5 8

잘 공부했는지 알아봅시다

1 합이 **6**인 덧셈식을 **4**개 만드시오. 단, 큰 수를 앞에 씁니다.

□+□=6 □+□=6 □+□=6 □+□=6

2 두 수의 합을 구한 것입니다. 계산 결과를 보고 두 수를 찾아 빈칸에 쓰시오.

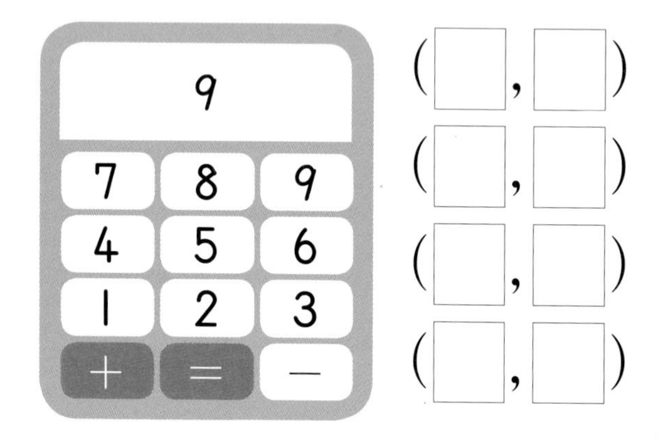

3 합이 같도록 두 수를 선으로 잇고 합을 쓰시오.

❶

1 2 2 3

❷

1 5 7 3

4 수의 합이 가운데 수가 되도록 두 수에 ○표 하시오.

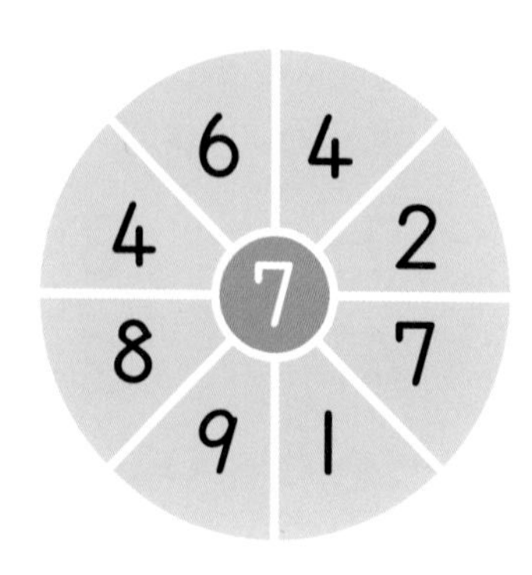

□가 있는 덧셈 (1)

085 그림 네모셈

086 네모셈

087 도미노 연산

088 비행기

085 그림 네모셈

◐ □ 안에 들어갈 수만큼 ○표 하고, 알맞은 수를 써넣으시오.

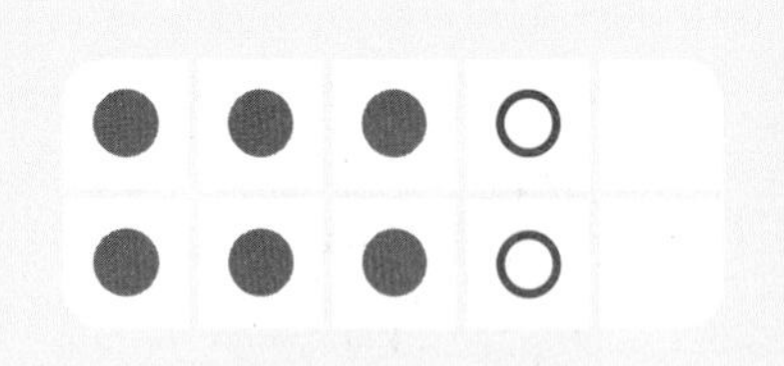

$6 + \boxed{2} = 8$

❶

$4 + \square = 7$

❷

$1 + \square = 6$

❸

$3 + \square = 4$

❹

$2 + \square = 6$

❺

$7 + \square = 8$

❻

$1 + \square = 3$

❼

$5 + \square = 8$

❽

$2 + \square = 5$

❾

$3 + \square = 9$

❿

$2 + \square = 7$

⓫

$8 + \square = 9$

□ 안에 들어갈 수만큼 ⬭표 하고, 알맞은 수를 써넣으시오.

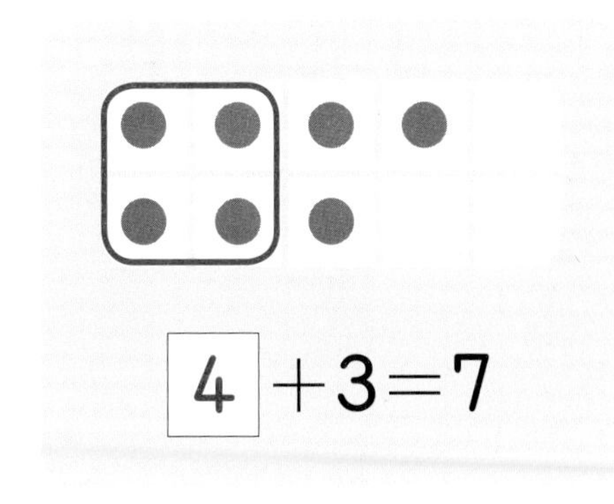

[4] $+3=7$

❶ 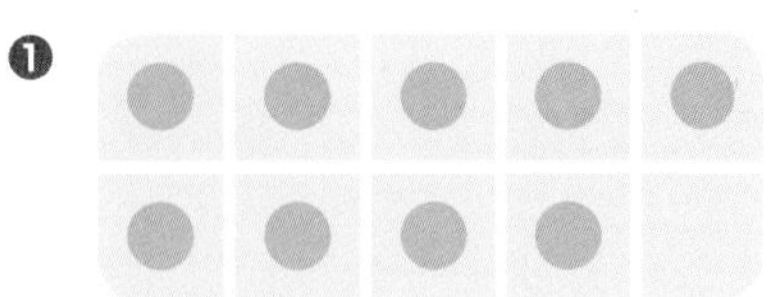

□ $+4=9$

❷ 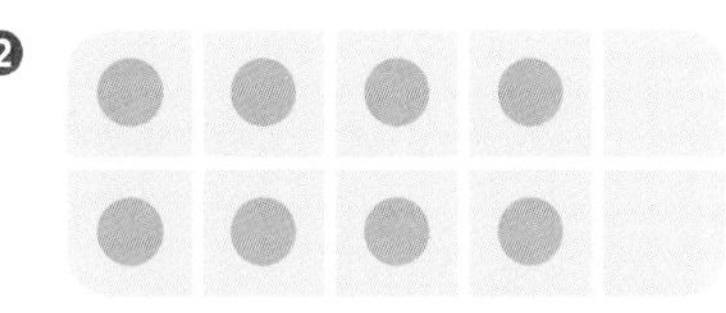

□ $+2=8$

❸ 

□ $+2=4$

❹ 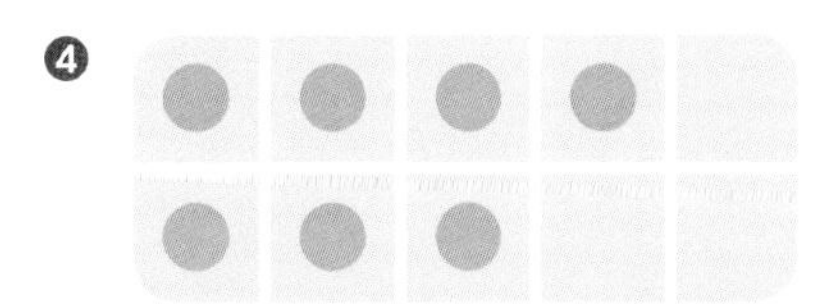

□ $+1=7$

❺ 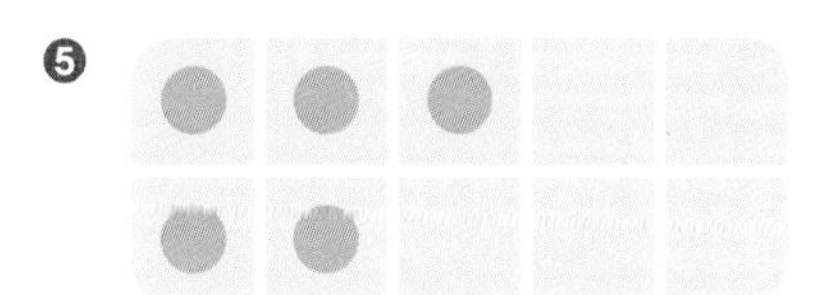

□ $+4=5$

❻

□ $+7=8$

❼

□ $+1=6$

❽

□ $+5=7$

❾ 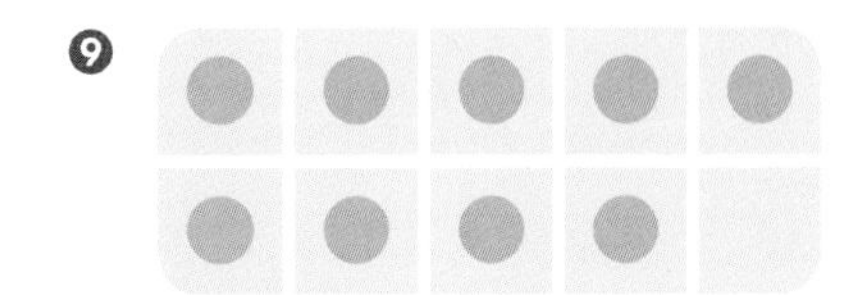

□ $+2=9$

❿ 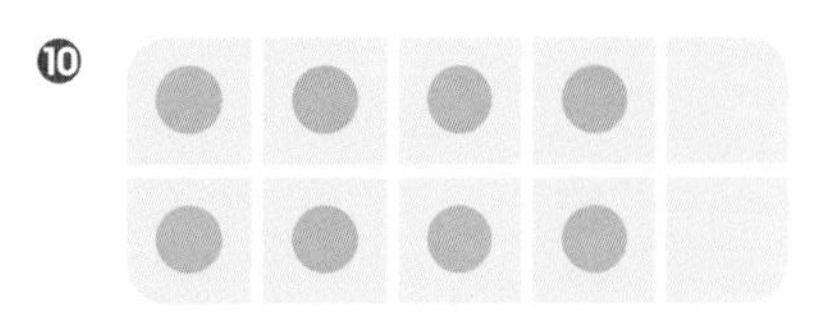

□ $+3=8$

⓫ 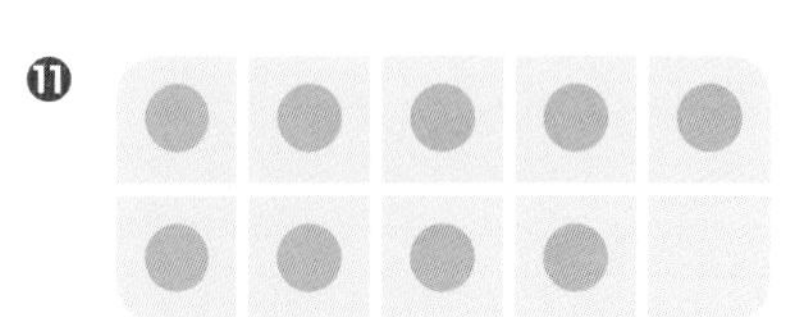

□ $+5=9$

네모셈

◐ □ 안에 들어갈 수에 ○표 하고, 알맞은 수를 써넣으시오.

$5+\boxed{2}=7$

1 3 ②

❶ $6+\square=9$

3 4 2

❷ $4+\square=5$

2 1 3

❸ $\square+2=8$

6 7 5

❹ $\square+2=7$

6 5 4

❺ $\square+4=6$

4 3 2

$\boxed{4}+4=8$

6 5 ④

❻ $\square+6=8$

4 3 2

❼ $\square+2=7$

5 7 6

❽ $7+\square=8$

2 1 3

❾ $2+\square=5$

3 1 2

❿ $2+\square=9$

6 5 7

□ 안에 알맞은 수를 써넣으시오.

$6+\boxed{2}=8$

$\boxed{2}+6=8$

❶ $3+\square=5$

$\square+3=5$

❷ $1+\square=7$

$\square+1=7$

❸ $4+\square=9$

$\square+4=9$

❹ $2+\square=3$

$\square+2=3$

❺ $1+\square=4$

$\square+1=4$

$$\begin{array}{r} 5 \\ +\ \boxed{2} \\ \hline 7 \end{array} \qquad \begin{array}{r} \boxed{2} \\ +\ 5 \\ \hline 7 \end{array}$$

❻
$$\begin{array}{r} 2 \\ +\ \square \\ \hline 6 \end{array} \qquad \begin{array}{r} \square \\ +\ 2 \\ \hline 6 \end{array}$$

❼
$$\begin{array}{r} 1 \\ +\ \square \\ \hline 9 \end{array} \qquad \begin{array}{r} \square \\ +\ 1 \\ \hline 9 \end{array}$$

❽
$$\begin{array}{r} 5 \\ +\ \square \\ \hline 9 \end{array} \qquad \begin{array}{r} \square \\ +\ 5 \\ \hline 9 \end{array}$$

❾
$$\begin{array}{r} 3 \\ +\ \square \\ \hline 8 \end{array} \qquad \begin{array}{r} \square \\ +\ 3 \\ \hline 8 \end{array}$$

❿
$$\begin{array}{r} 6 \\ +\ \square \\ \hline 7 \end{array} \qquad \begin{array}{r} \square \\ +\ 6 \\ \hline 7 \end{array}$$

087 도미노 연산

◐ □ 안에 알맞은 수를 써넣으시오.

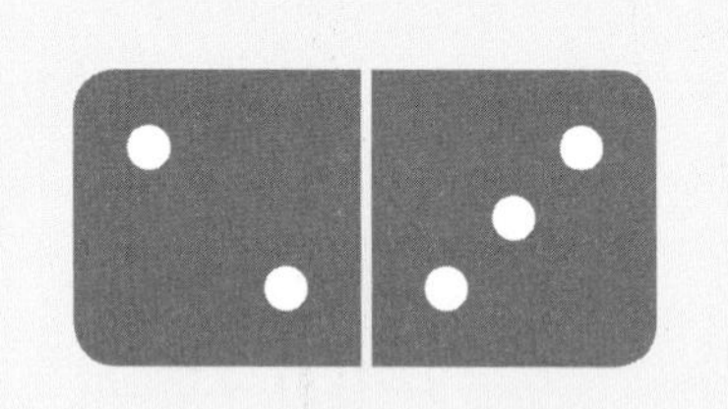

2+3= 5

❶ 

4+5=□

❷ 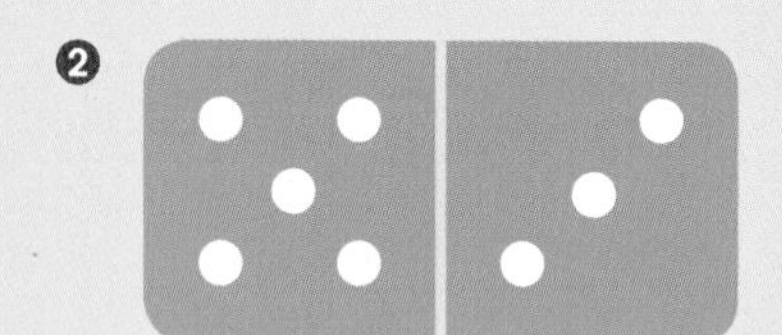

5+3=□

❸ 3+4=□

❹ 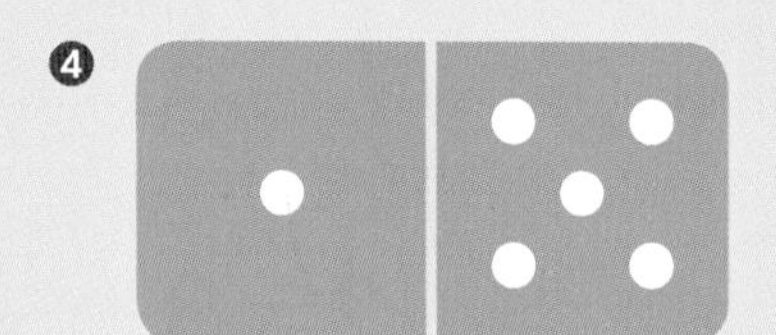

1+5=□

❺ 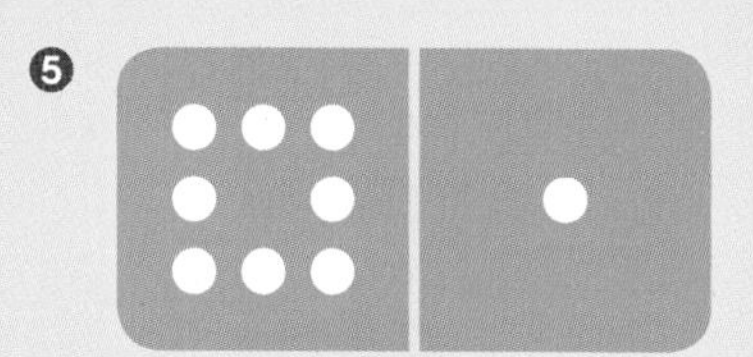

8+1=□

❻ 

4+4=□

❼ 2+7=□

❽ 6+2=□

❾ 5+2=□

❿ 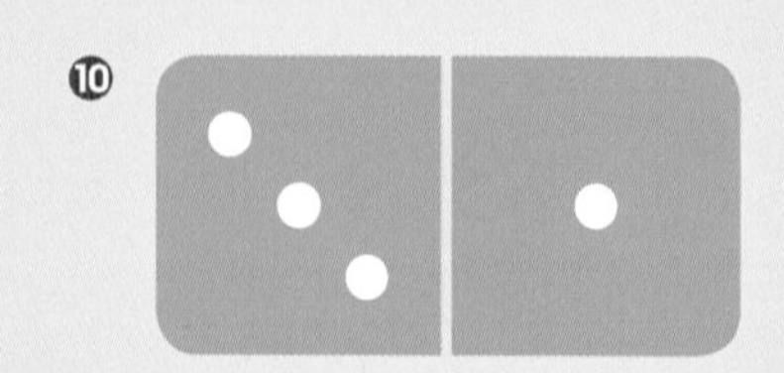

3+1=□

⓫ 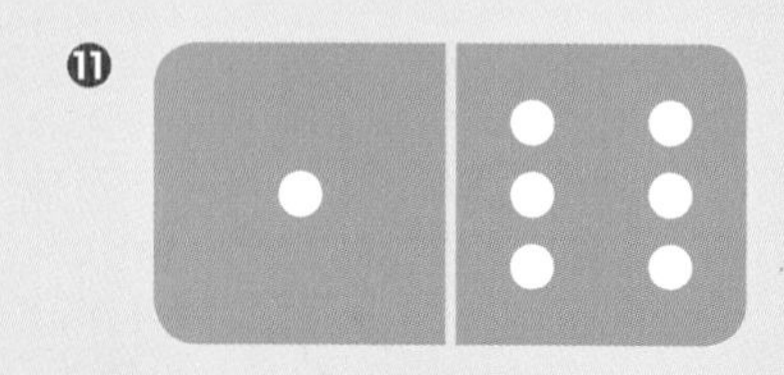

1+6=□

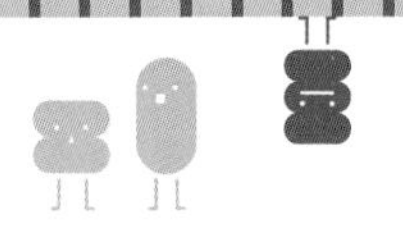

❖ 도미노에 ○를 알맞게 그리고, □ 안에 알맞은 수를 써넣으시오.

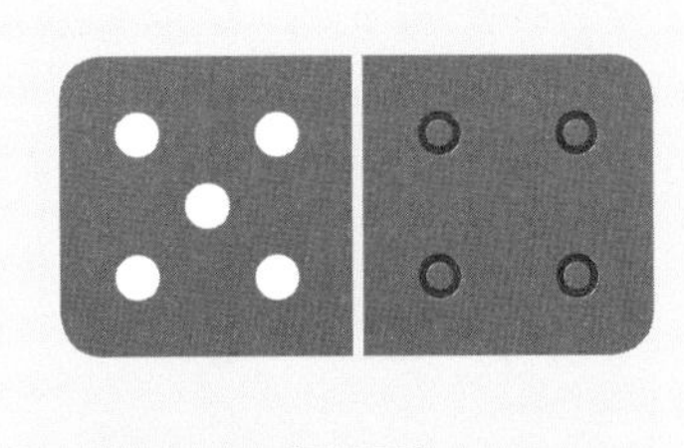

$5+\boxed{4}=9$

❶ 

$\square+2=7$

❷ 

$3+\square=6$

❸ 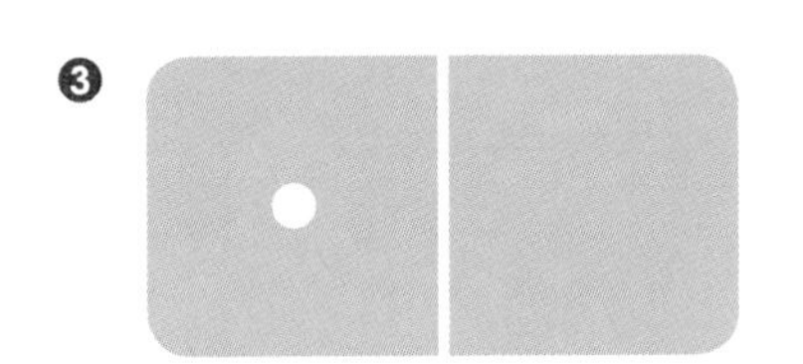

$1+\square=8$

❹ 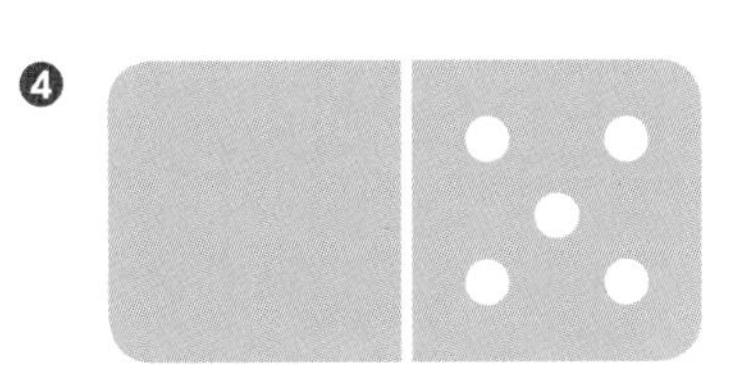

$\square+5=7$

❺ 

$2+\square=3$

❻ 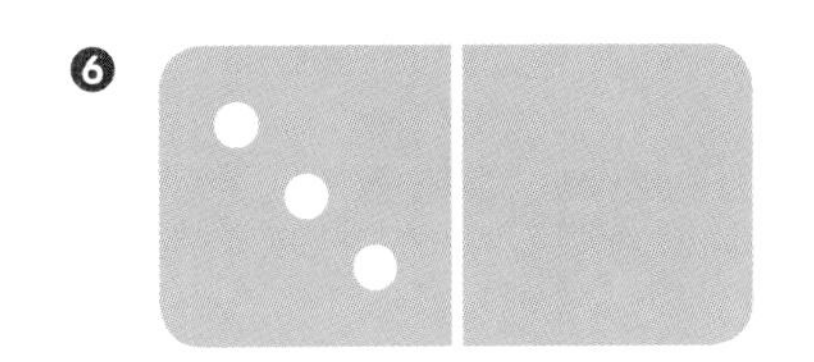

$3+\square=5$

❼ 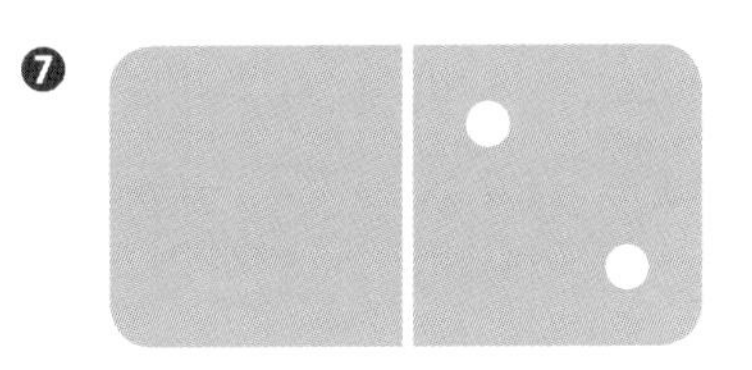

$\square+2=6$

❽ 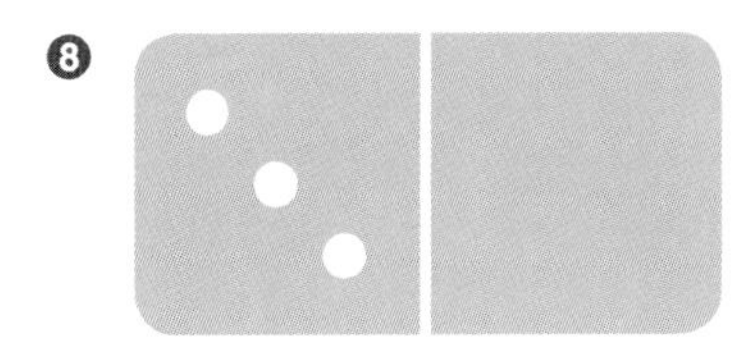

$3+\square=9$

❾ 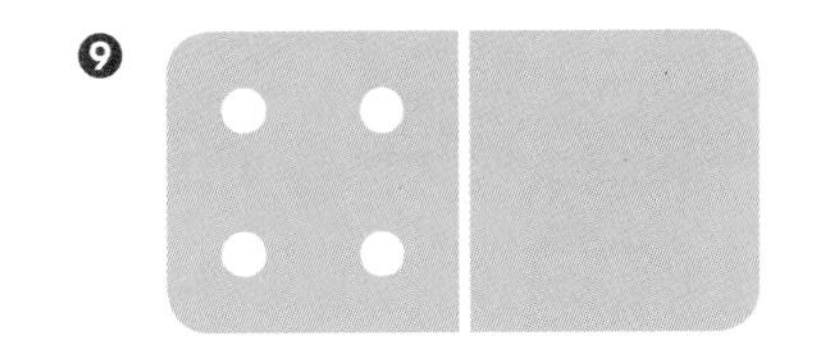

$4+\square=8$

❿ 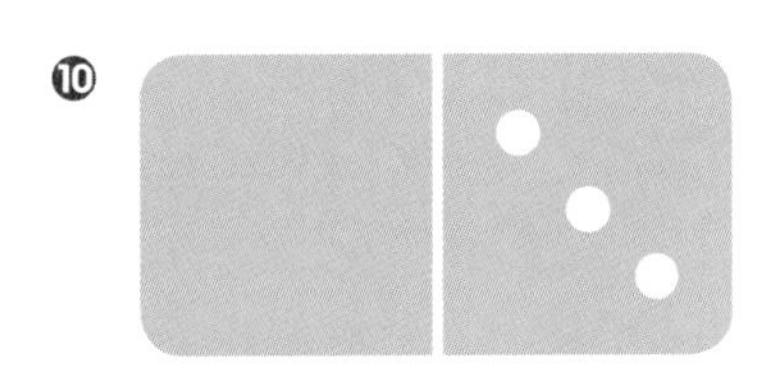

$\square+3=9$

⓫ 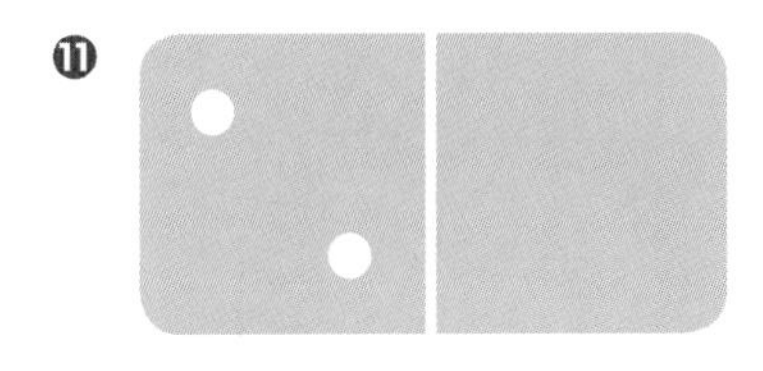

$2+\square=7$

비행기

◐ 덧셈식에 맞게 ○표 하시오.

(예시)

2

3 + ④ = 7

3

❶

3

2 + 2 = 5

4

❷

6

3 + 4 = 8

5

❸

2

5 + 4 = 9

3

❹

7

2 + 8 = 9

6

❺

4

2 + 6 = 7

5

❻

2

5 + 3 = 6

1

❼

3

7 + 1 = 9

2

빈칸에 알맞은 수를 써넣으시오.

(예시)
$5 + 3 = 8$
$5 + 1 = 6$
$5 + 4 = 9$

❶
$3 + \square = 5$
$3 + \square = 9$
$3 + \square = 6$

❷
$4 + \square = 5$
$4 + \square = 7$
$4 + \square = 8$

❸
$2 + \square = 3$
$2 + \square = 4$
$2 + \square = 7$

❹
$1 + \square = 4$
$1 + \square = 2$
$1 + \square = 9$

❺
$4 + \square = 8$
$4 + \square = 6$
$4 + \square = 5$

❻
$3 + \square = 6$
$3 + \square = 8$
$3 + \square = 4$

❼
$6 + \square = 9$
$6 + \square = 7$
$6 + \square = 8$

잘 공부했는지 알아봅시다

1 □ 안에 들어갈 수 만큼 ○표 하고, 알맞은 수를 써넣으시오.

❶ 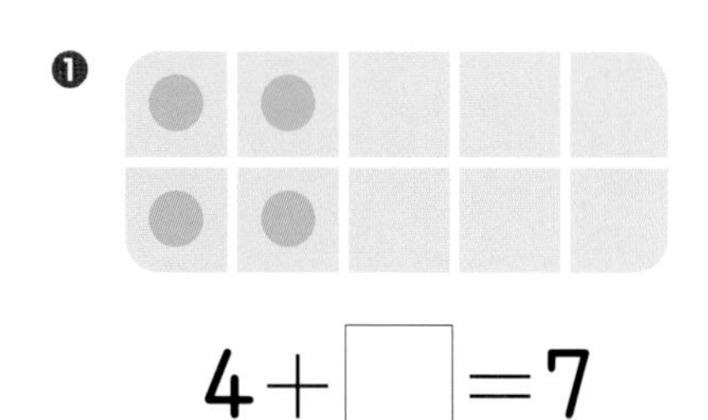

$4+\square=7$

❷ 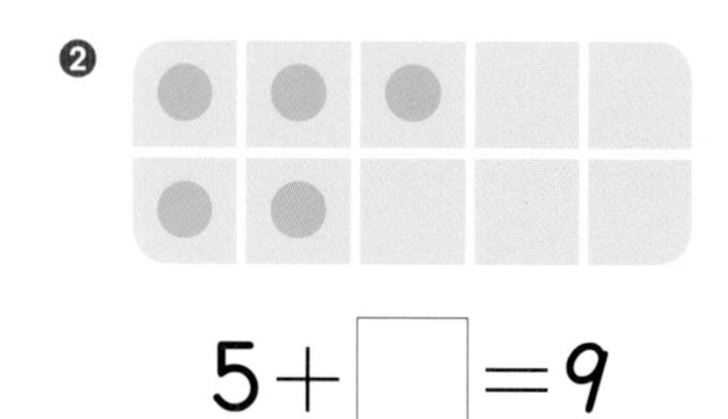

$5+\square=9$

2 □ 안에 알맞은 수를 써넣으시오.

❶ $6+\square=8$

$\square+6=8$

❷ $1+\square=3$

$\square+1=3$

❸ $1+\square=8$

$\square+1=8$

3 도미노에 ○를 알맞게 그리고, □ 안에 알맞은 수를 써넣으시오.

❶ $\square+3=4$

❷ $\square+4=8$

4 빈칸에 알맞은 수를 써넣으시오.

7

5 + = 8

6

□가 있는 덧셈 (2)

089 상자셈

090 두 막대

091 계단셈

092 원형셈

089 상자셈

◐ □ 안에 알맞은 수를 써넣으시오.

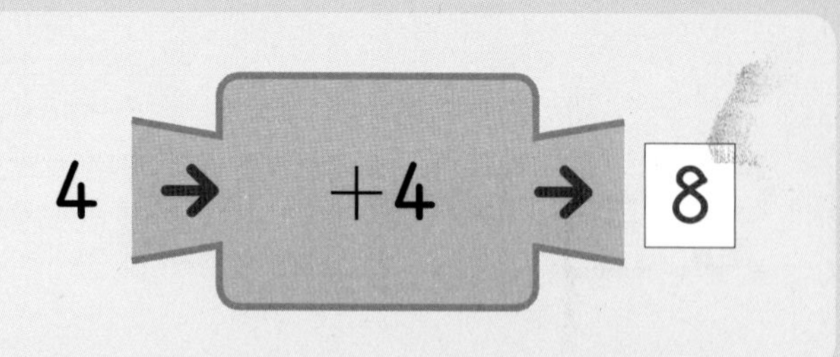

❶ 3 → +2 → □

❷ 2 → +1 → □

❸ 1 → +5 → □

❹ 5 → +2 → □

❺ 2 → +2 → □

❻ 3 → +5 → □

❼ 5 → +4 → □

❽ 2 → +4 → □

❾ 4 → +3 → □

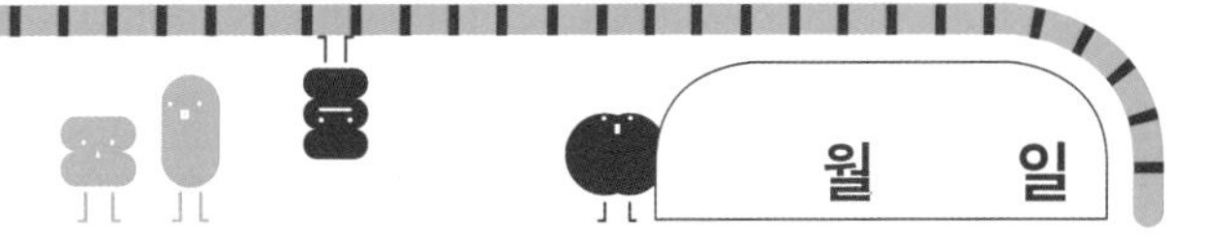

⊕ □ 안에 알맞은 수를 써넣으시오.

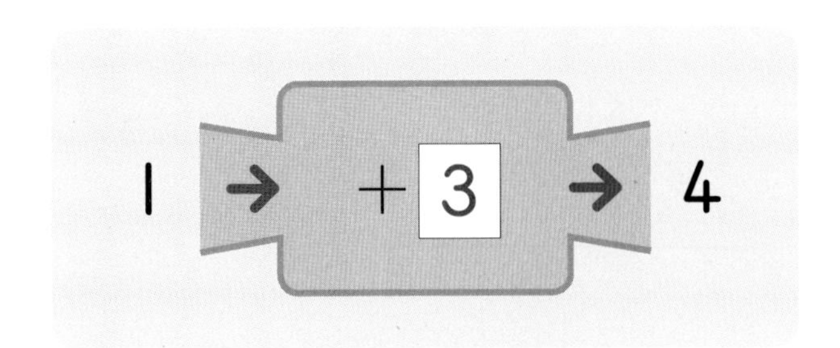

❶

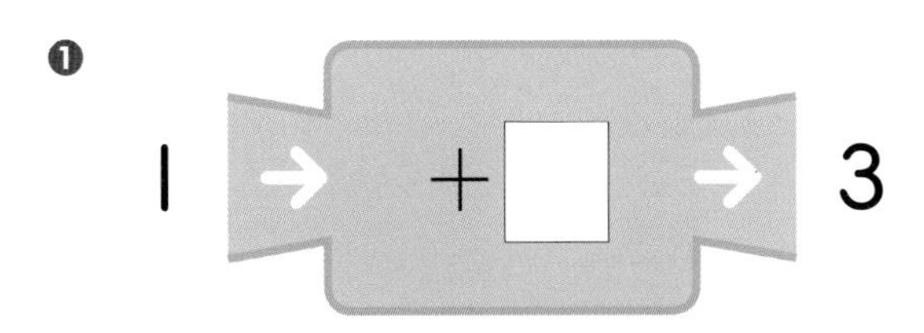

❷ 6 → + □ → 8

❸ 2 → + □ → 5

❹ 4 → + □ → 9

❺ 3 → + □ → 7

❻ 5 → + □ → 6

❼ 2 → + □ → 9

❽ 1 → + □ → 7

❾ 5 → + □ → 8

090 두 막대

◐ 빈칸에 알맞은 수를 써넣으시오.

$3+\boxed{5}=8$

❶
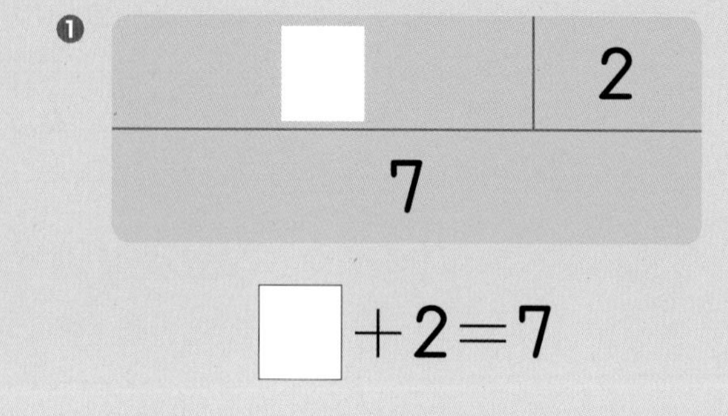

$\square+2=7$

❷
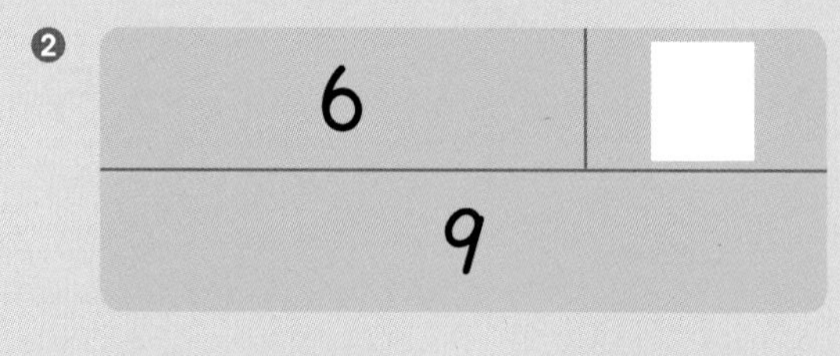

$6+\square=9$

❸
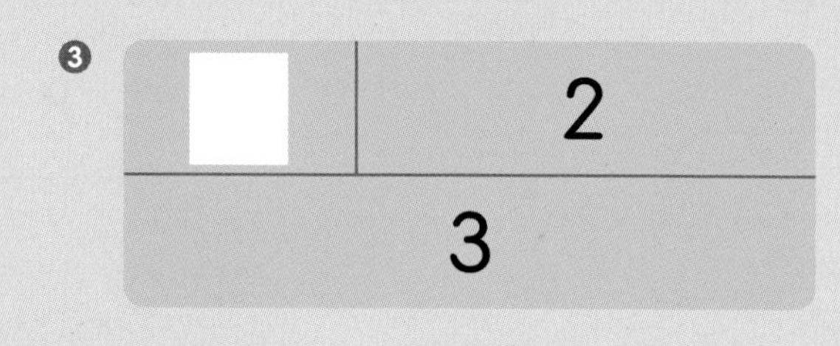

$\square+2=3$

❹
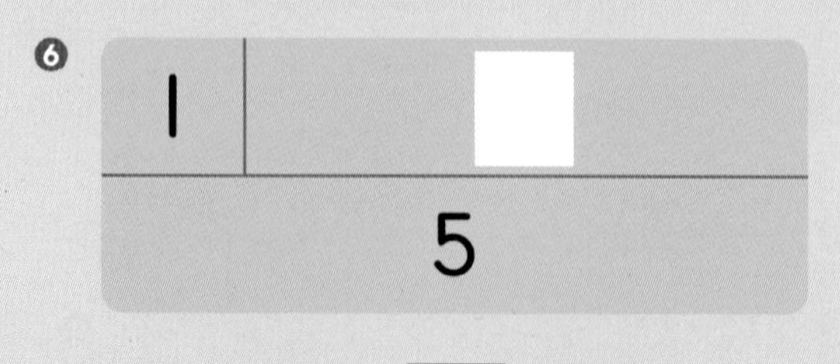

$4+\square=8$

❺

$\square+3=6$

❻

$1+\square=5$

❼

$\square+2=9$

빈칸에 알맞은 수를 써넣으시오.

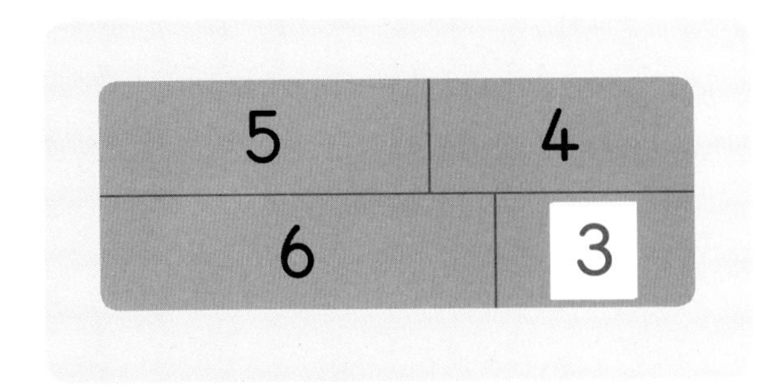

❶

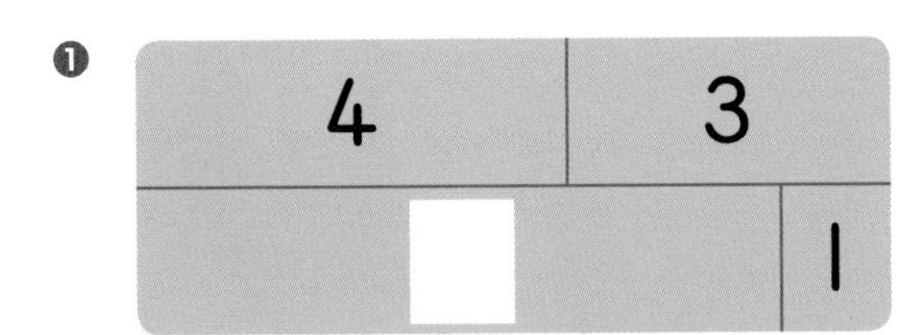

❷

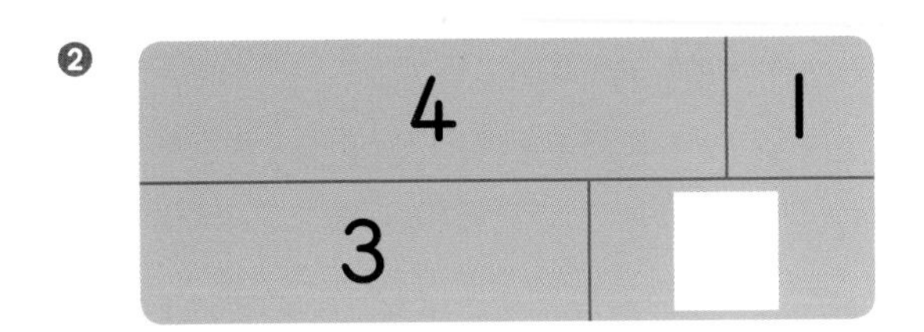

❸

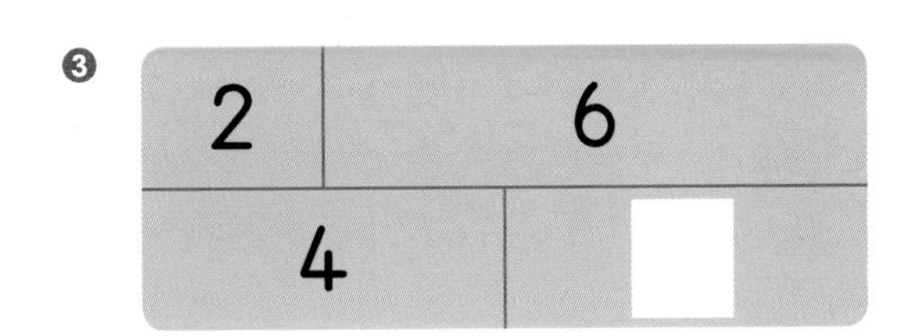

❹

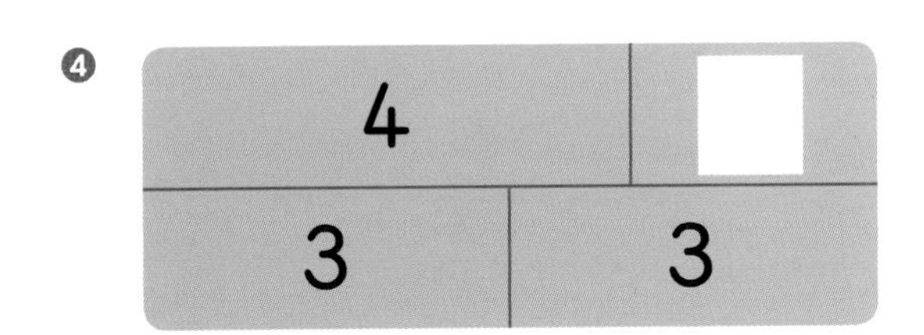

❺

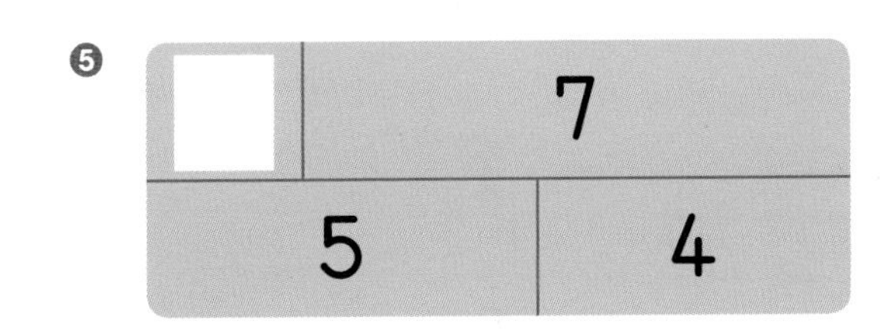

❻

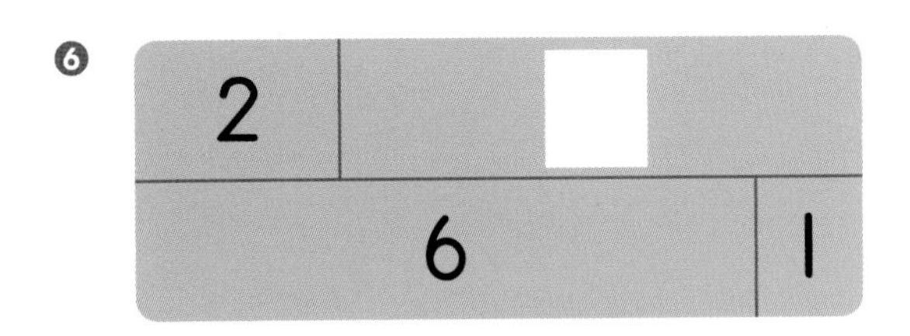

❼

6 2
3

❽

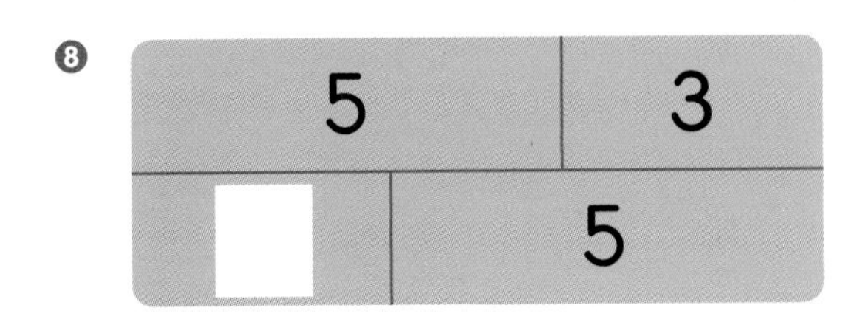

❾

3
7 2

091 계단셈

◐ 빈칸에 알맞은 수를 써넣으시오.

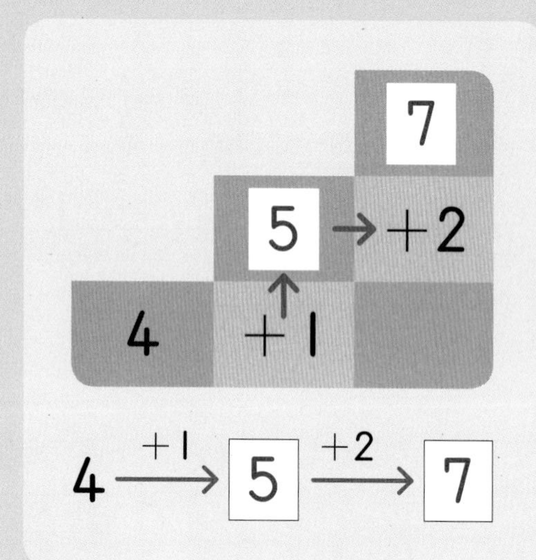

❶

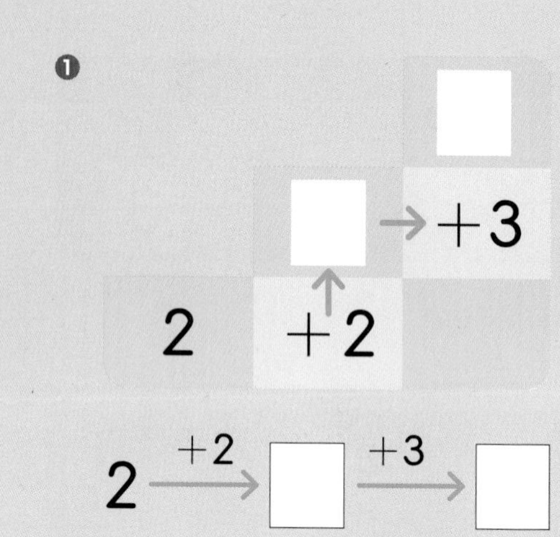

❷

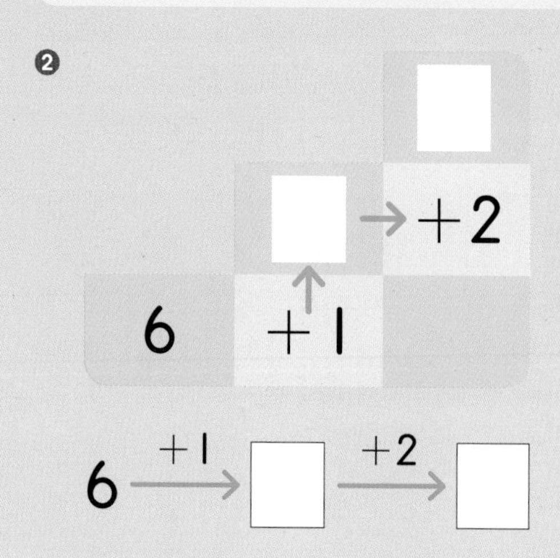

❸

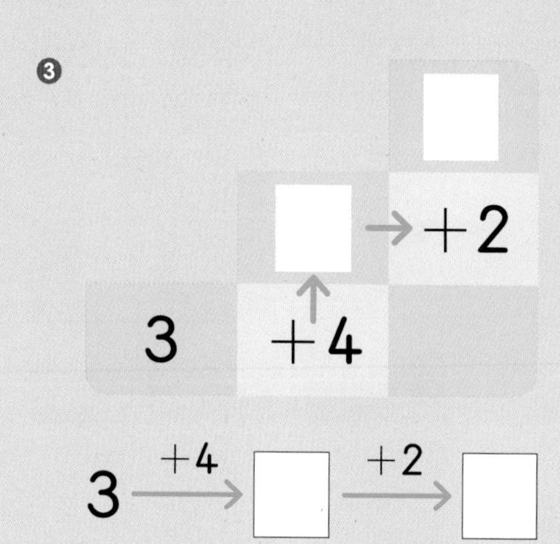

❹

→ +4

1 +3

1 →(+3) □ →(+4) □

❺

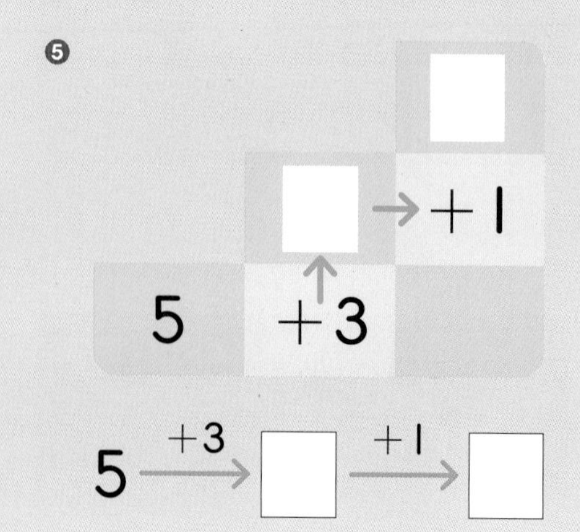

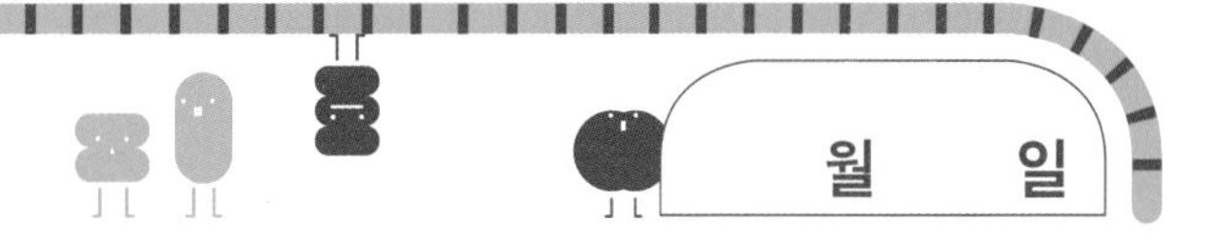

빈칸에 알맞은 수를 써넣으시오.

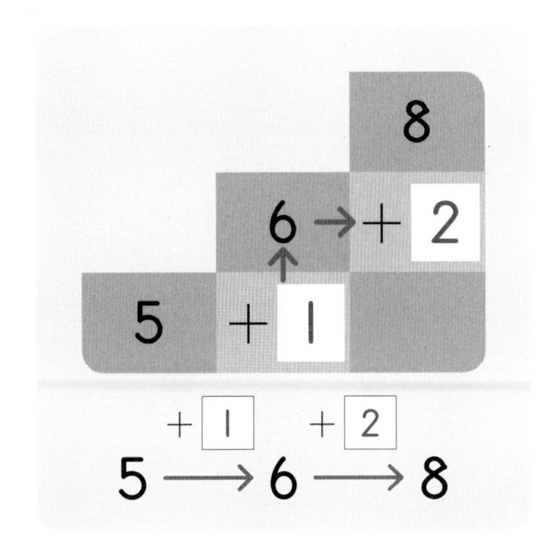

❶

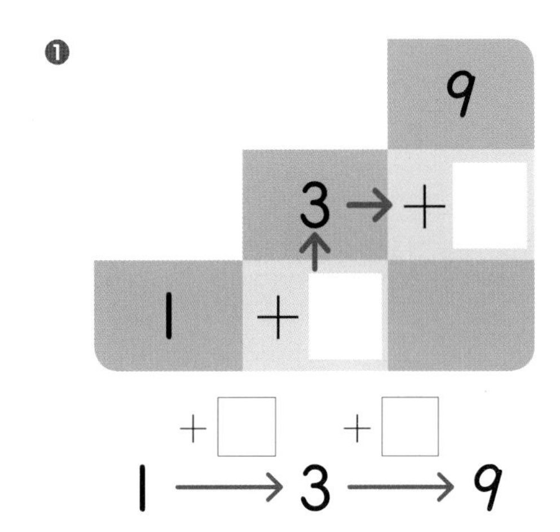

❷

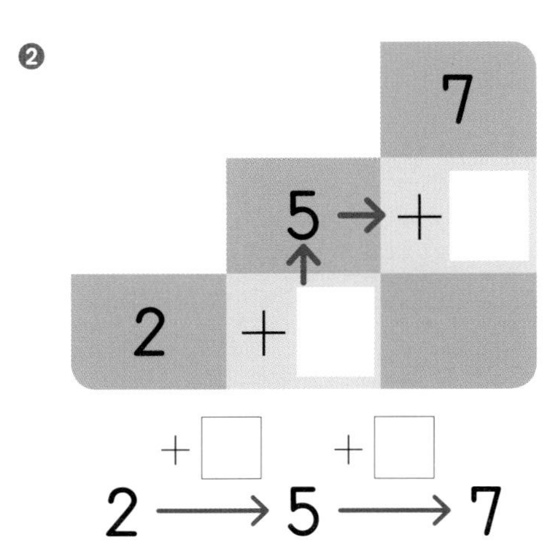

❸

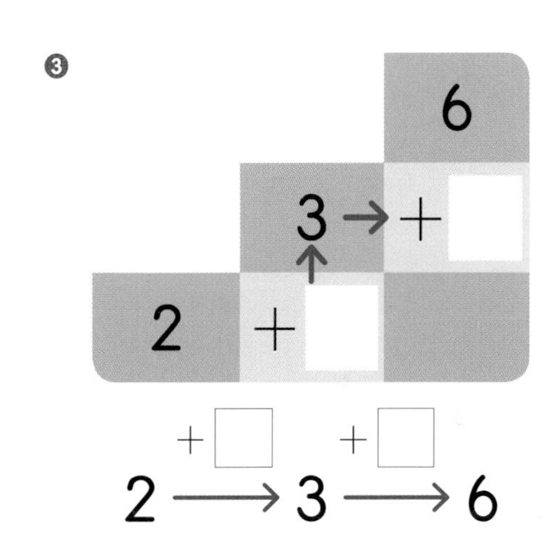

❹

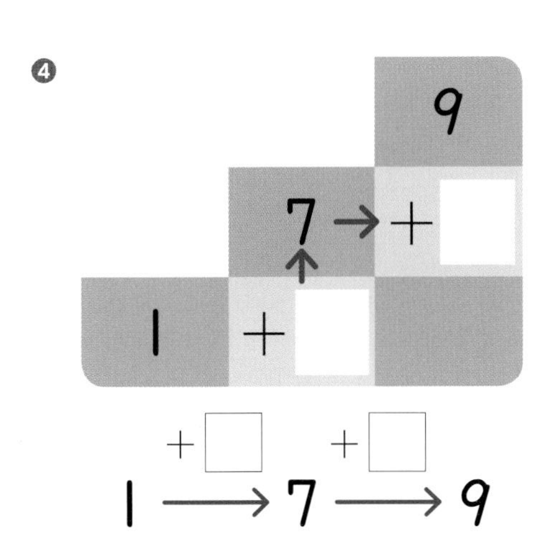

❺

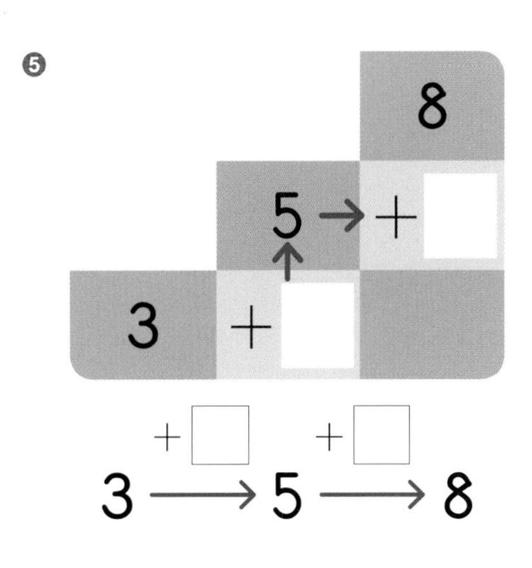

092 원형셈

◐ 두 수의 합을 빈칸에 써넣으시오.

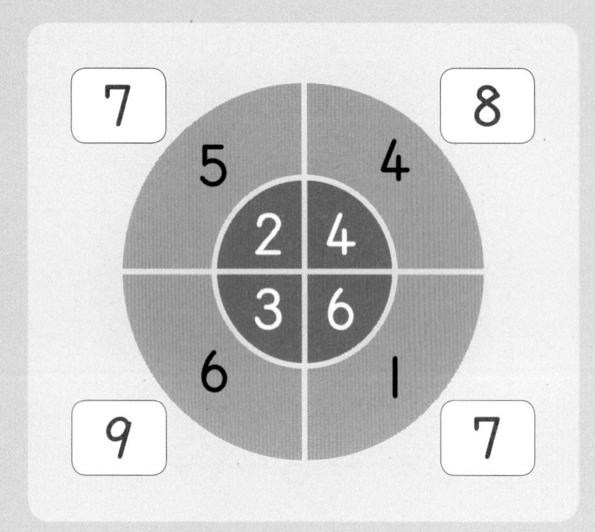

❶
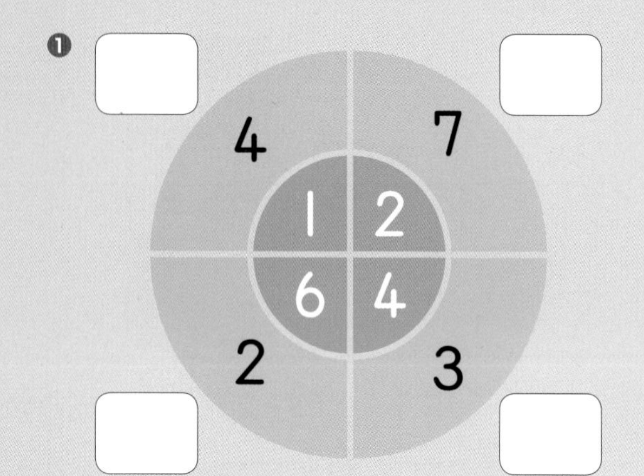

❷
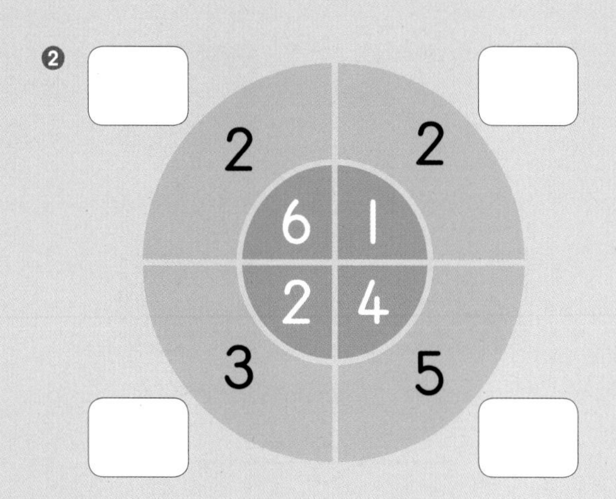

❸
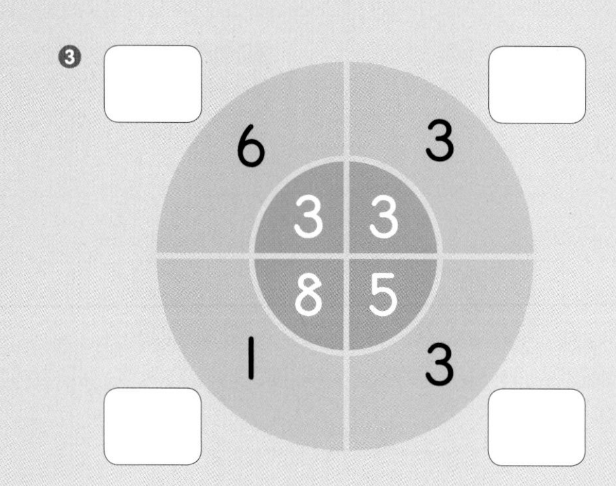

❹
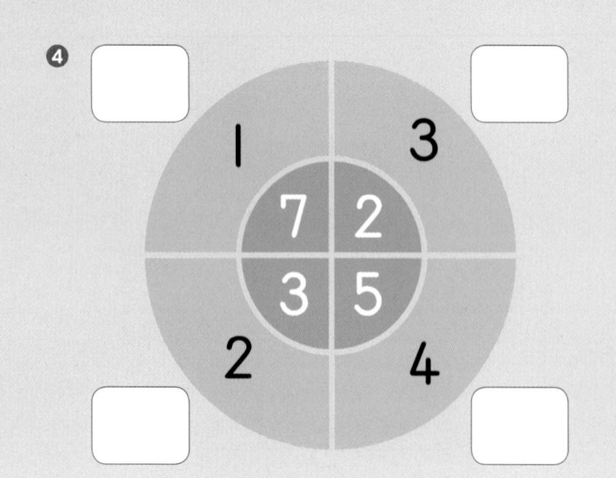

❺
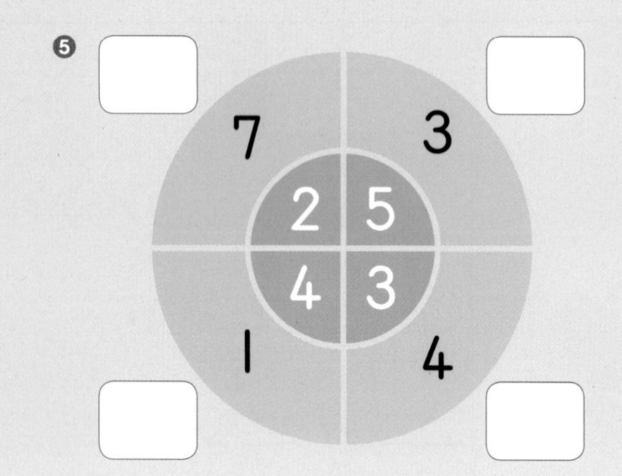

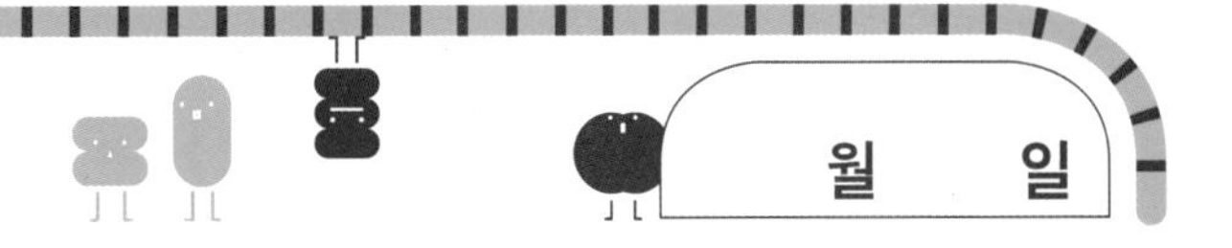

빈칸에 알맞은 수를 써넣으시오.

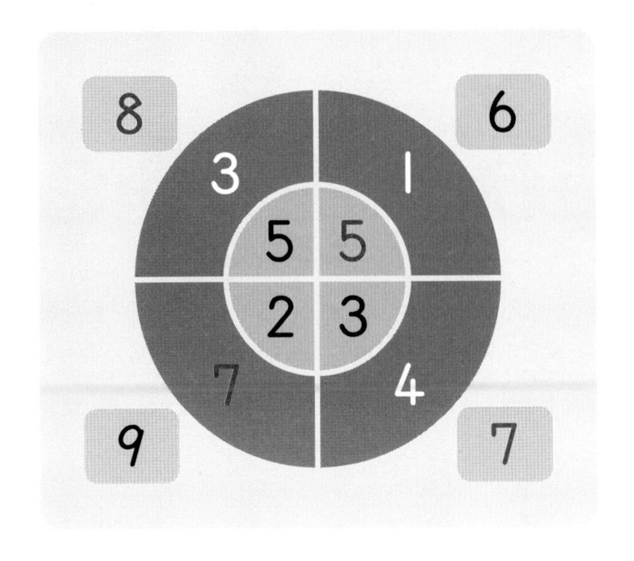

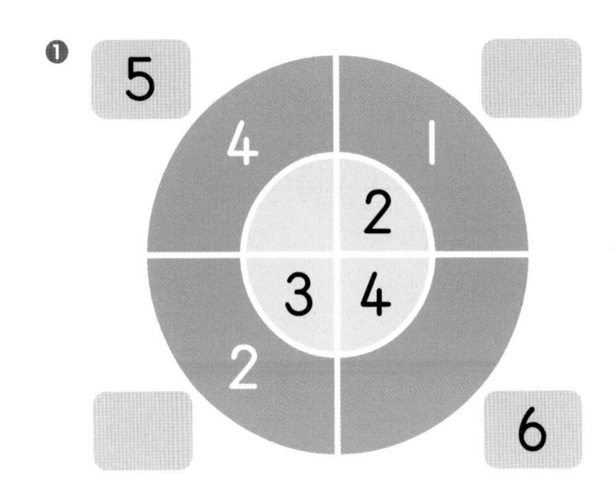

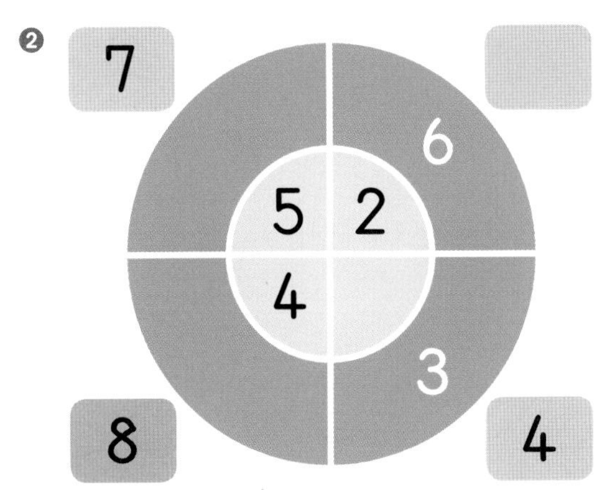

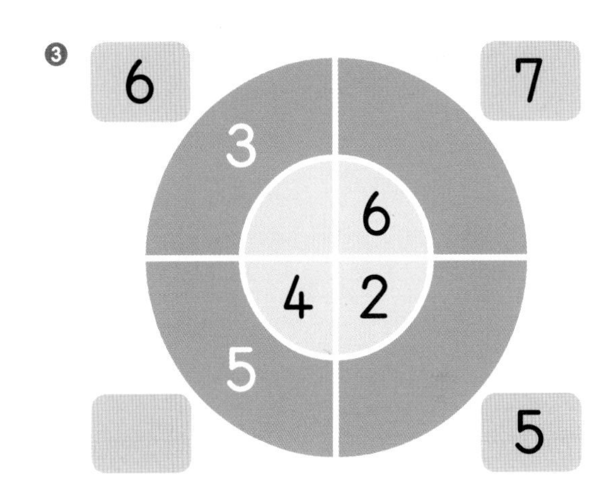

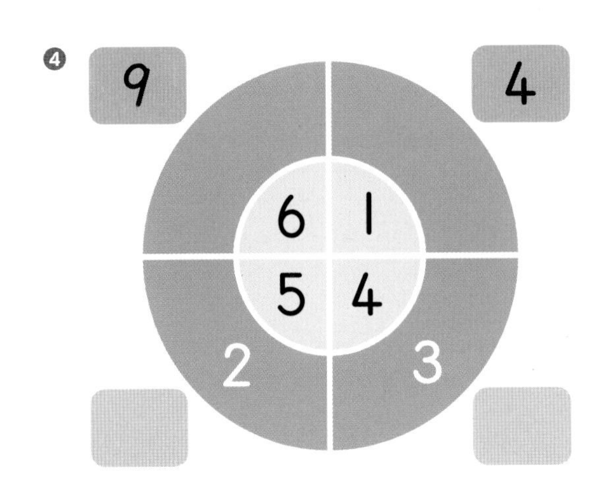

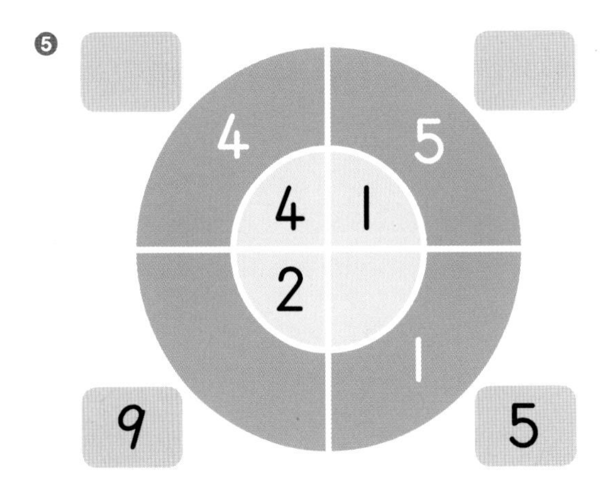

잘 공부했는지 알아봅시다

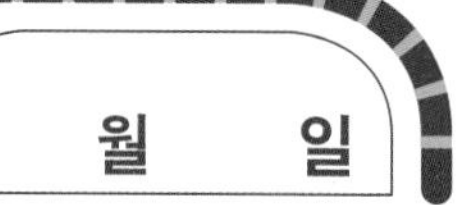

1 상자의 빈칸에 알맞은 수를 써넣으시오.

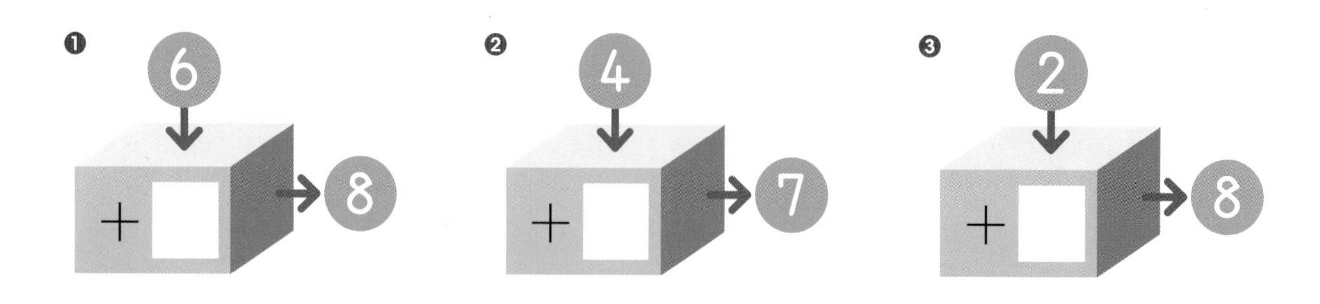

2 빈칸에 알맞은 수를 써넣으시오.

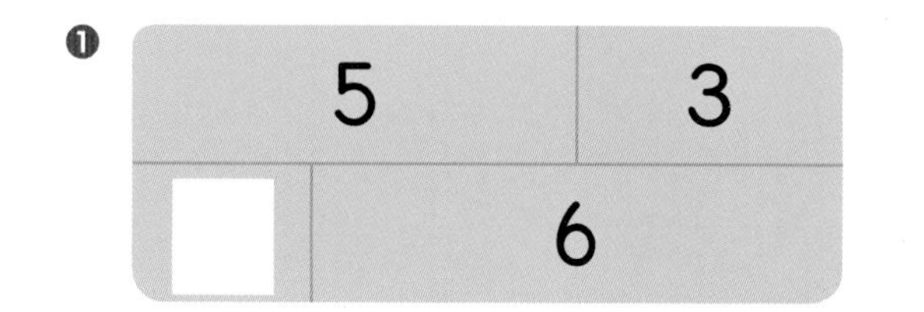

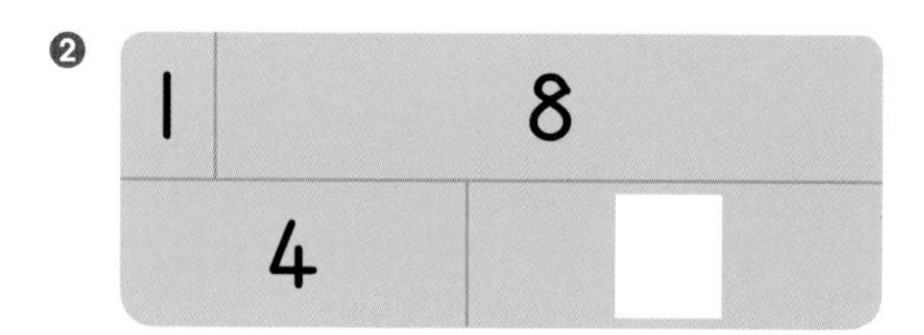

3 빈칸에 알맞은 수를 써넣으시오.

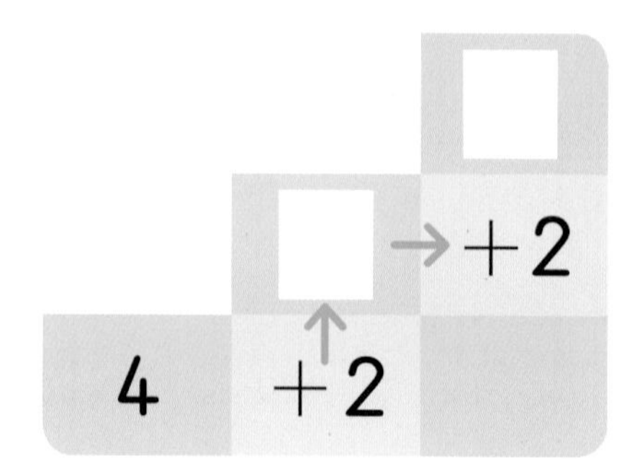

문제 해결 덧셈

093 다이아몬드

094 매트릭스

095 수 묶기

096 미로 통과

093 다이아몬드

◐ 선으로 연결된 두 수의 합을 빈칸에 써넣으시오.

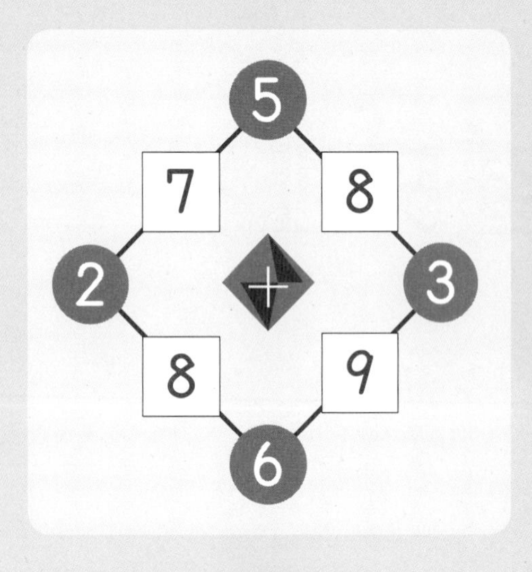

❶

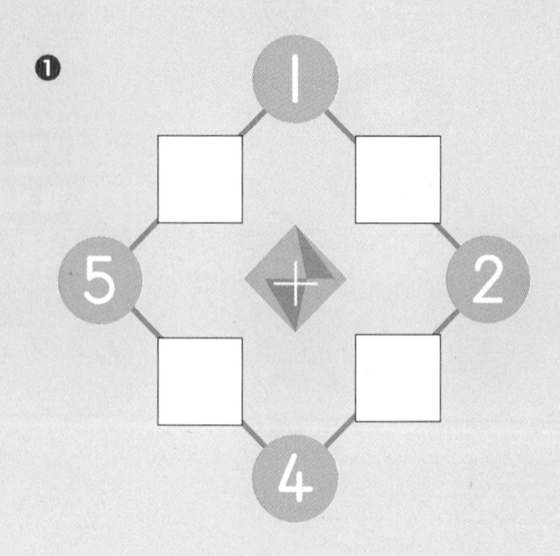

❷

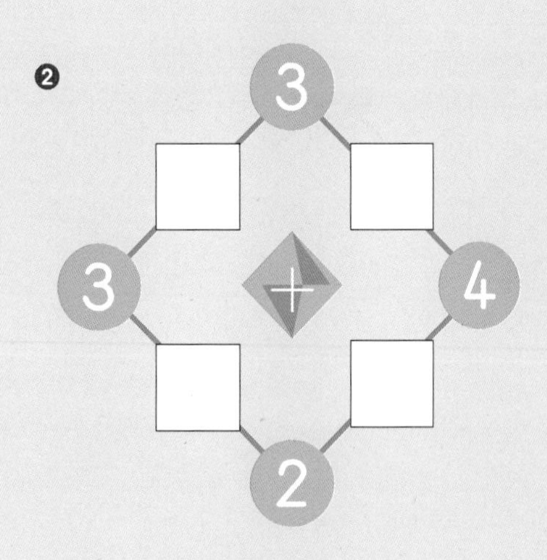

❸

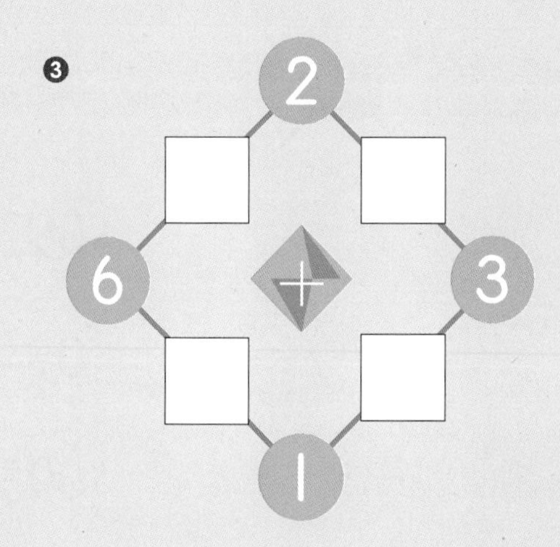

❹

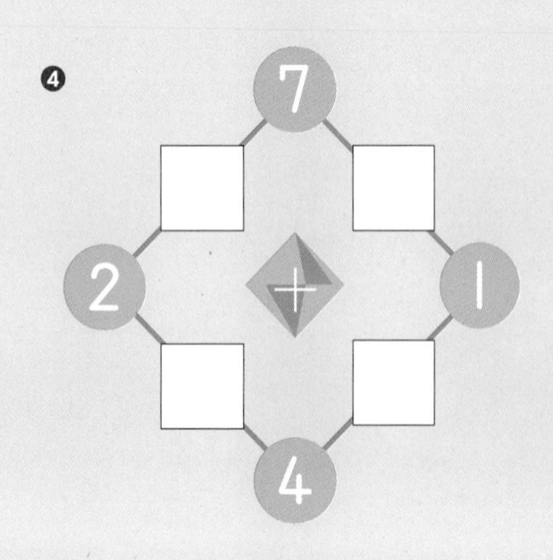

❺

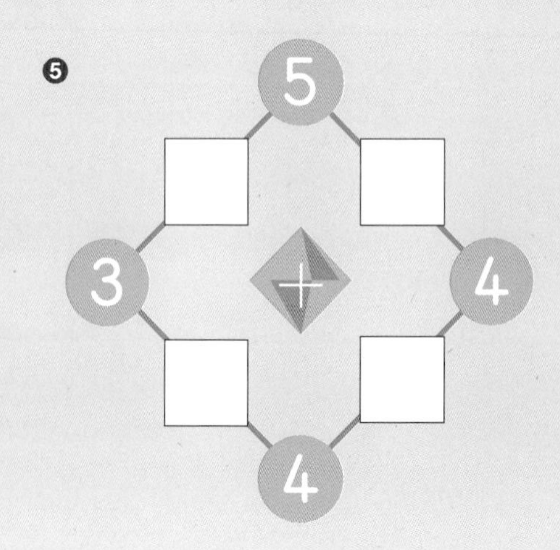

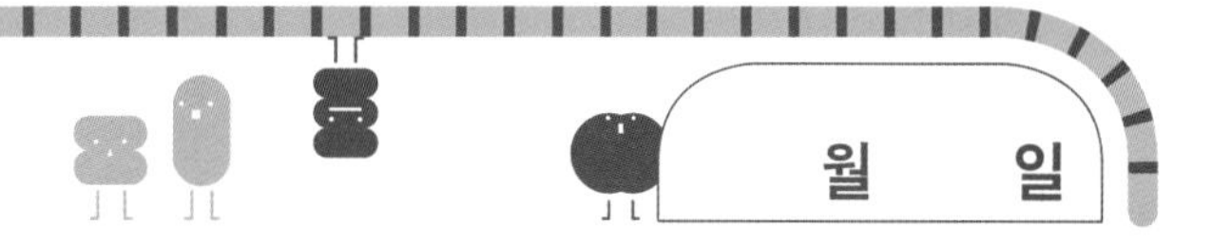

⊕ 두 수의 합이 선 위의 수가 되도록 빈칸에 알맞은 수를 써넣으시오.

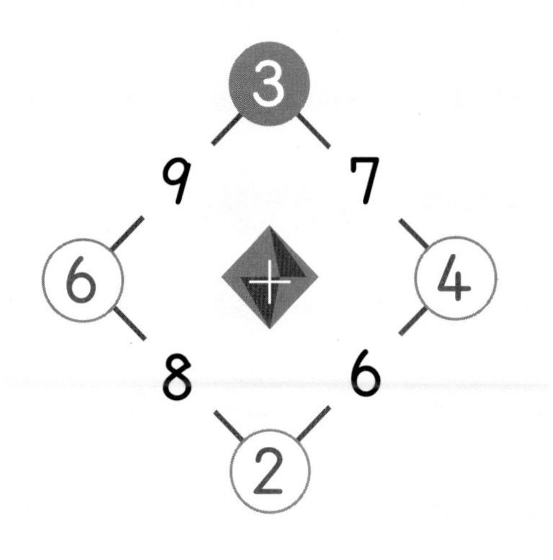

❶

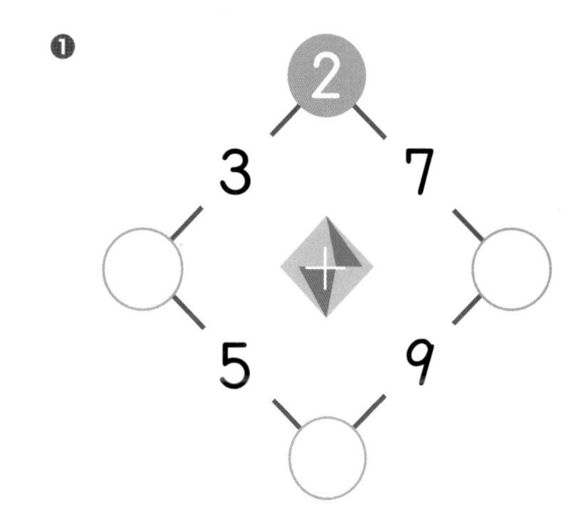

❷

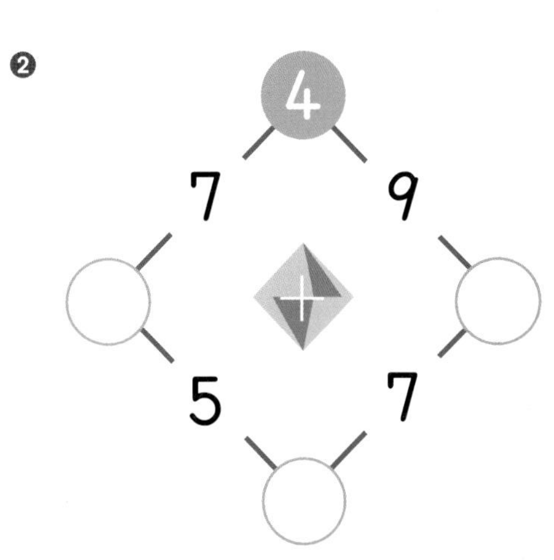

❸

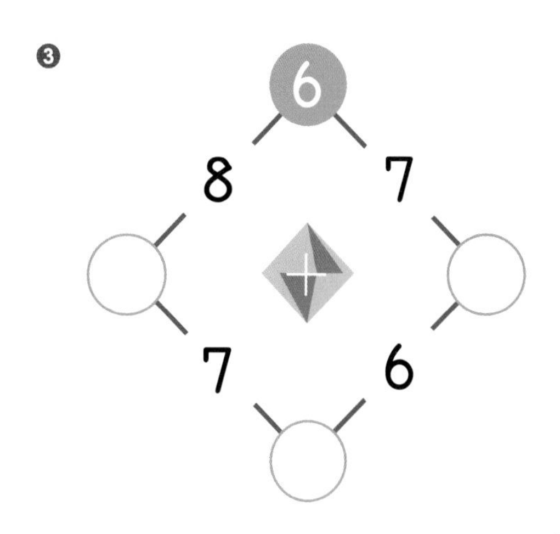

❹

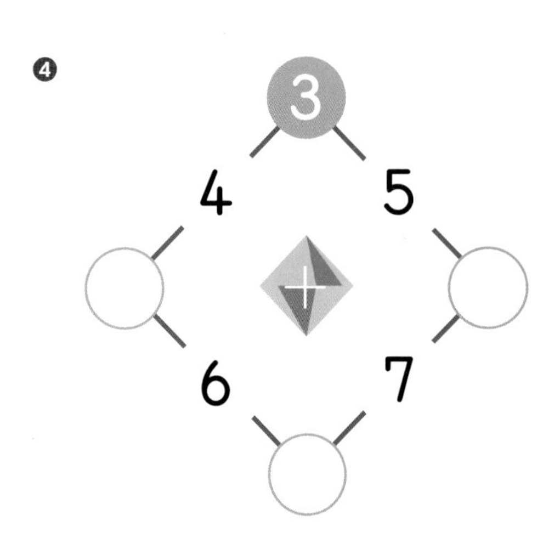

❺

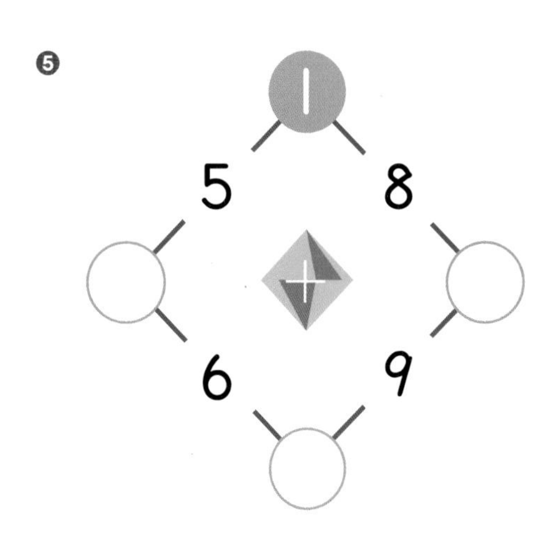

094 매트릭스

◐ 가로, 세로로 두 수씩 더하여 빈칸을 채우시오.

4	3		7
5		1	6
	6	2	8
9	9	3	+

❶

7	1		
	4	3	
2		1	
			+

❷

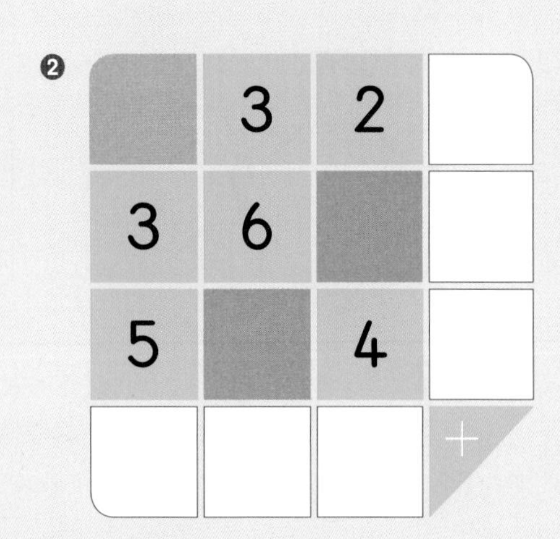

	3	2	
3	6		
5		4	
			+

❸

	5	1	
2		7	
3	3		
			+

❹

2		6	
	8	1	
3	1		
			+

❺

5		2	
3	4		
	5	1	
			+

가로, 세로로 두 수씩 더하여 빈칸을 채우시오.

5		2	7
4	1		5
	3	6	9
9	4	8	+

❶

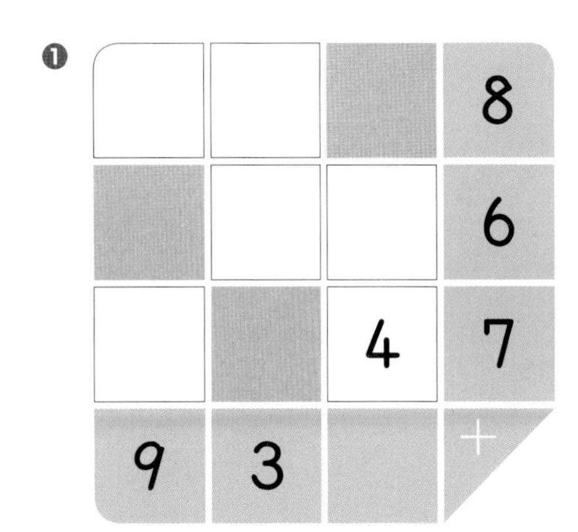

❷

			5
		3	
			8
7	4	7	+

❸

	7		9
			7
9	8	6	+

❹

		3	4
			3
			8
6	5		+

❺

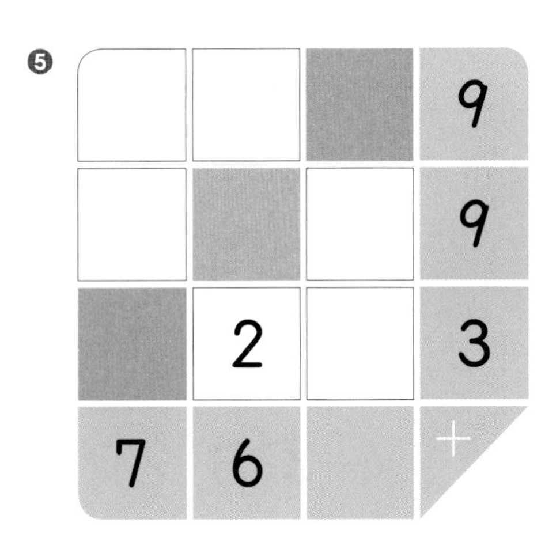

095 수 묶기

◐ 이웃한 두 수의 합이 ● 안의 수가 되도록 ⬭로 묶으시오.

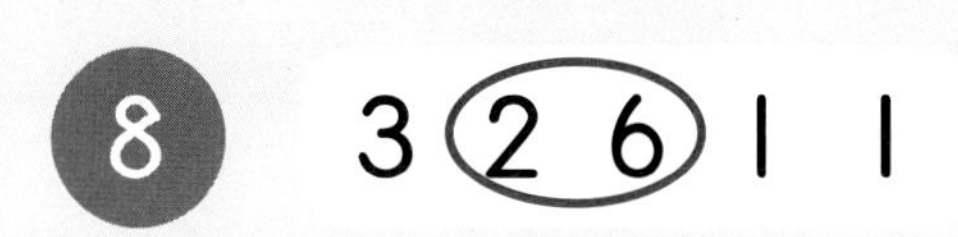

❶ 6 | 1 2 1 3 3

❷ 7 | 5 1 2 4 3

❸ 4 | 1 3 2 1 2

❹ 5 | 4 3 2 2 1

❺ 8 | 5 2 4 5 3

❻ 9 | 2 7 4 1 2

❼ 7 | 2 1 3 3 4

❽ 6 | 5 3 1 2 4

❾ 9 | 1 6 3 5 1

❿ 8 | 4 3 3 2 6

⓫ 7 | 5 2 3 2 4

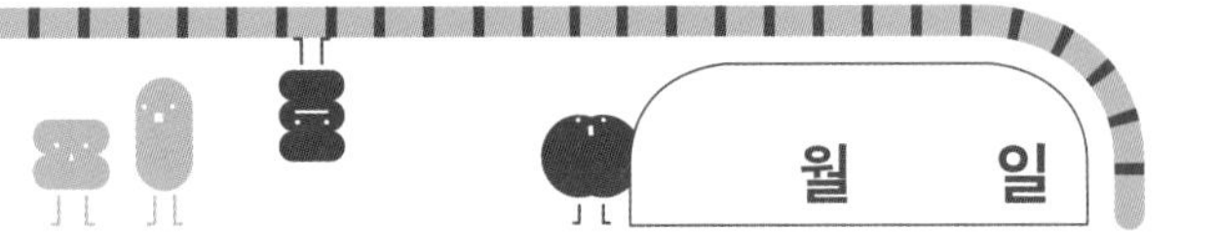

이웃한 두 수의 합이 (반원) 안의 수가 되도록 (타원)로 묶으시오.

보기: 6

4	2	3
3	1	1
6	2	5

❶ 7

1	3	4
8	5	1
7	2	4

❷ 5

2	6	3
1	4	2
3	5	7

❸ 8

4	3	5
7	2	1
1	4	8

❹ 6

4	3	3
1	2	5
6	3	1

❺ 4

1	3	2
1	4	2
1	2	3

❻ 7

1	6	2
3	5	1
6	2	7

❼ 9

4	4	6
6	5	5
6	3	7

❽ 8

3	4	5
7	4	6
2	6	3

096 미로 통과

◐ 계산에 맞게 선을 그어 미로를 통과하시오.

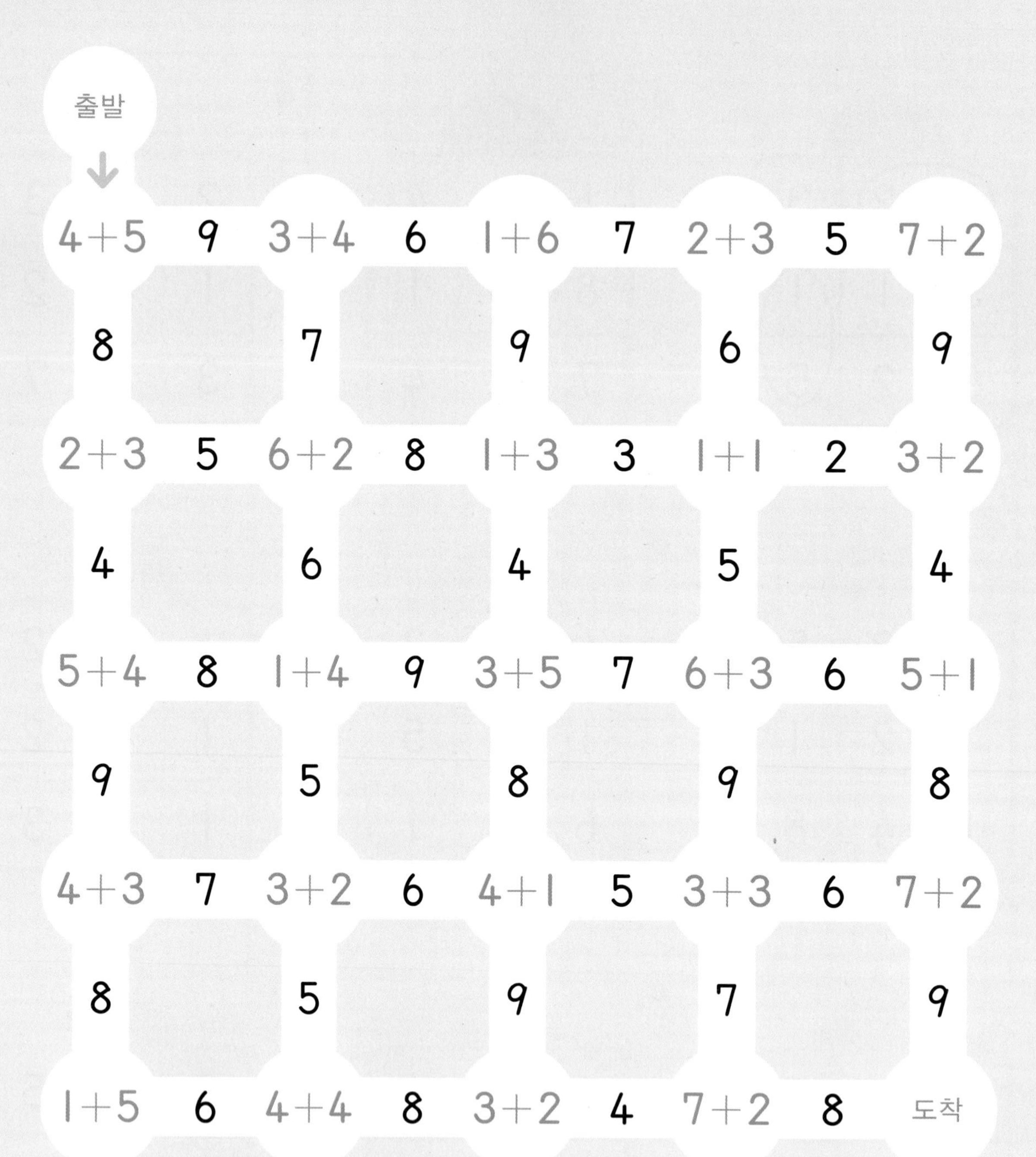

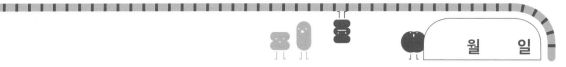

⊕ 사자, 여우, 너구리, 곰이 먹이 창고에 도착하도록 계산에 맞게 길을 그리시오.

3+2	6	4+3	3	2+7	8	3+3	5	1+4
5		7		5		6		7
4+4	8	2+7	6	1+3	3	2+1	8	5+3
4		9		4		2		4
2+1	6	3+4	7		7	5+2	5	3+2
3		8		5		9		6
4+3	7	5+2	6	4+1	7	3+6	8	5+1
6		5		9		4		9
3+5	8	4+2	6	5+4	7	1+8	8	3+6

잘 공부했는지 알아봅시다

월 일

1 선으로 연결된 두 수의 합을 빈칸에 써넣으시오.

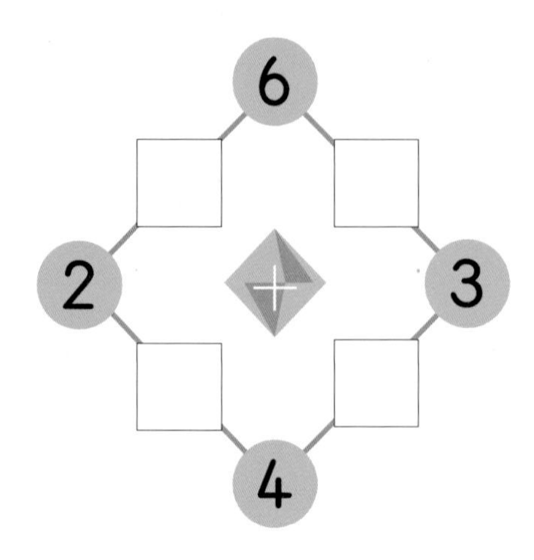

2 이웃한 두 수의 합이 ● 안의 수가 되도록 ⬭로 묶으시오.

❶ 8 : 7 2 5 3 4

❷ 9 : 2 8 1 7 6

3 합이 8이 되는 칸을 색칠해 보고 어떤 숫자가 보이는지 쓰시오.

3+2	7+1	6+5	6+3	1+2
8+1	5+3	4+2	4+4	6+0
2+2	8+0	2+6	1+7	3+5
9+9	1+4	5+4	6+2	4+3

MEMO

MEMO

사고셈

정답 및 해설
Guide Book

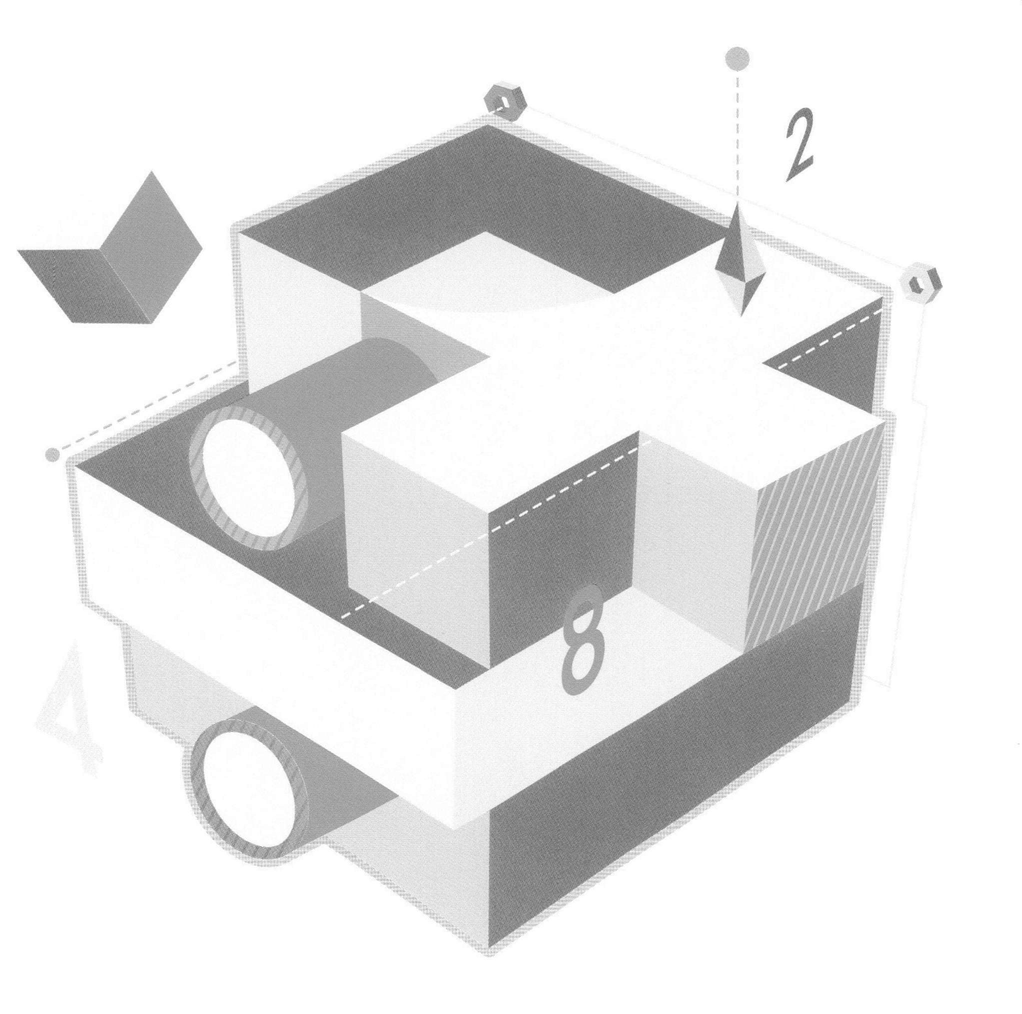

6세 3호

합이 9까지인 덧셈

NE 능률

065 모으기

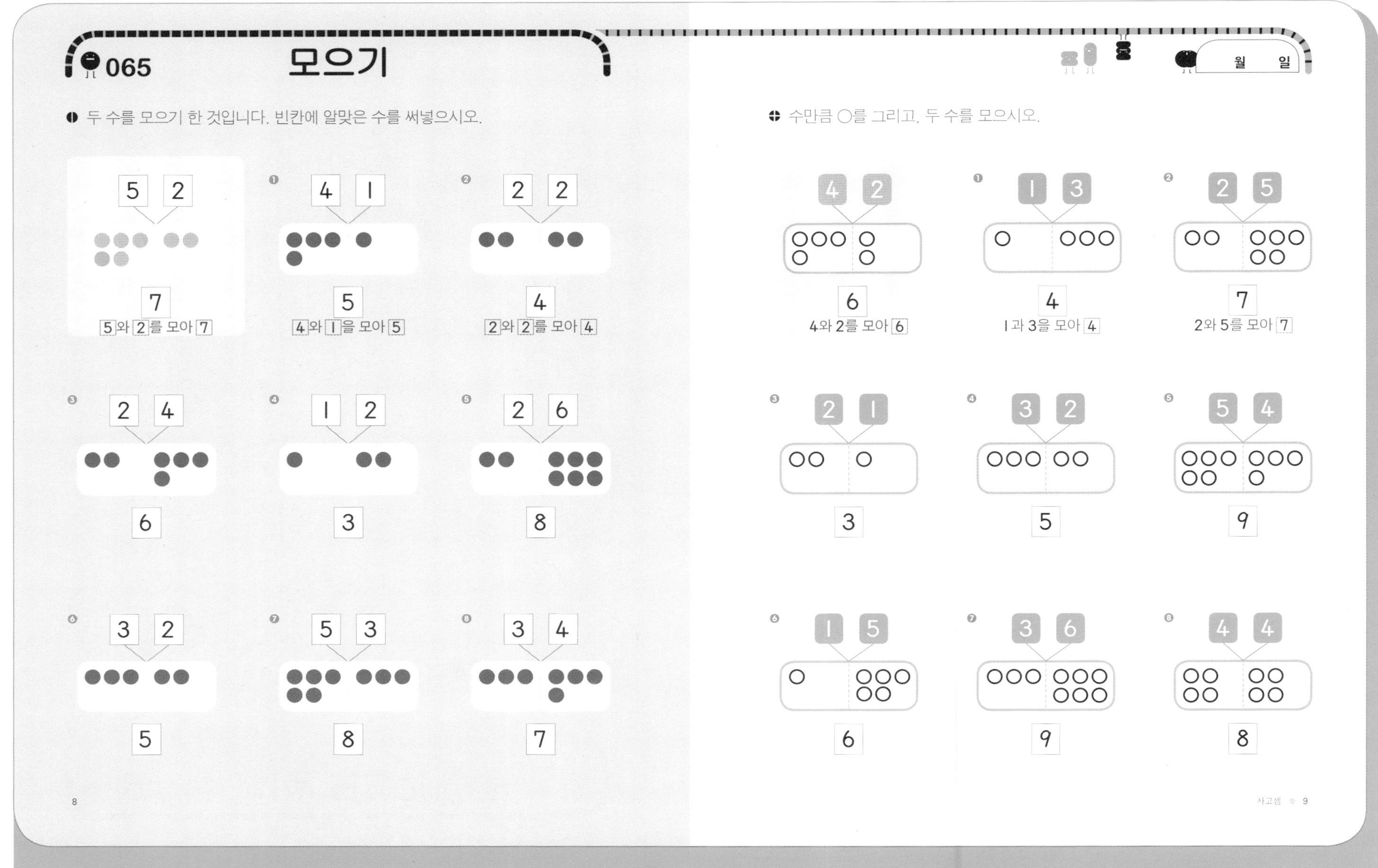

두 수를 모으기 한 것입니다. 빈칸에 알맞은 수를 써넣으시오.
5 2
7
5와 2를 모아 7
① 4 1
5
4와 1을 모아 5
② 2 2
4
2와 2를 모아 4
③ 2 4
6
④ 1 2
3
⑤ 2 6
8
⑥ 3 2
5
⑦ 5 3
8
⑧ 3 4
7
수만큼 ○를 그리고, 두 수를 모으시오.
4 2
6
4와 2를 모아 6
① 1 3
4
1과 3을 모아 4
② 2 5
7
2와 5를 모아 7
③ 2 1
3
④ 3 2
5
⑤ 5 4
9
⑥ 1 5
6
⑦ 3 6
9
⑧ 4 4
8

066 사방 모으기

월 일

◐ 세 방향으로 두 수를 모으시오.

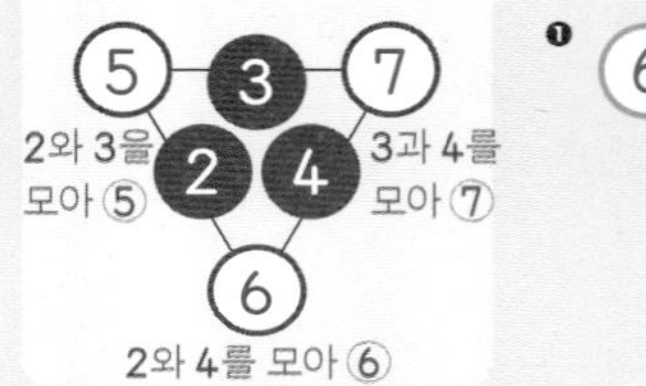

❶ 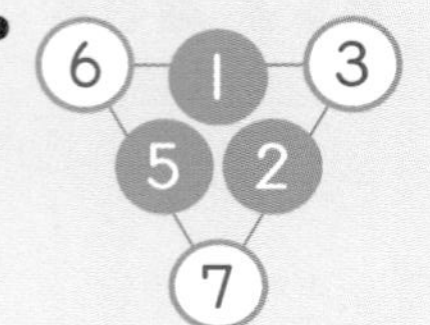

❷ 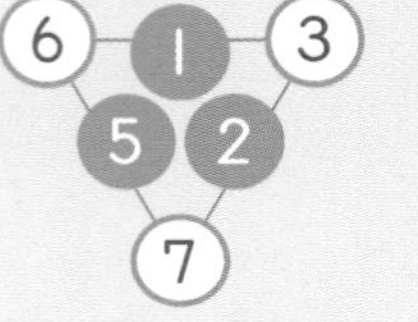

❸ 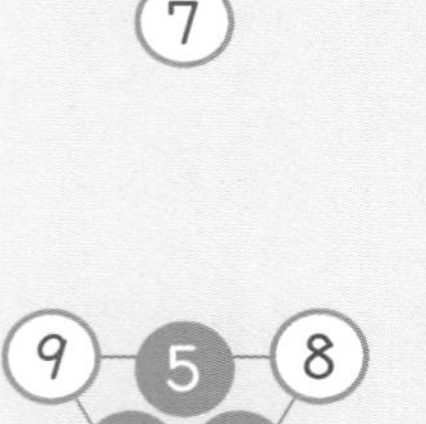

❹ 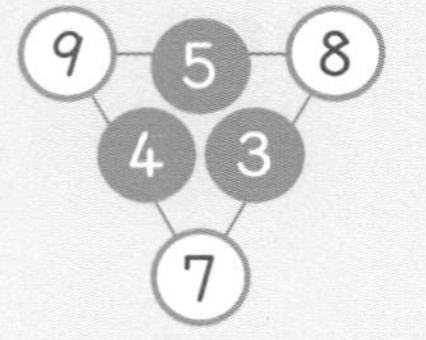

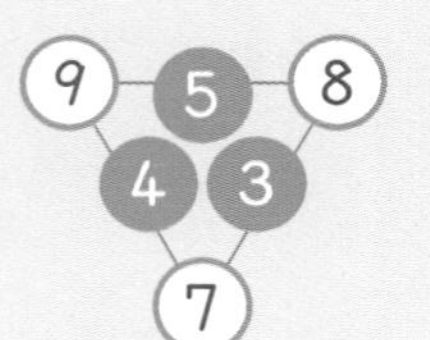

❺ 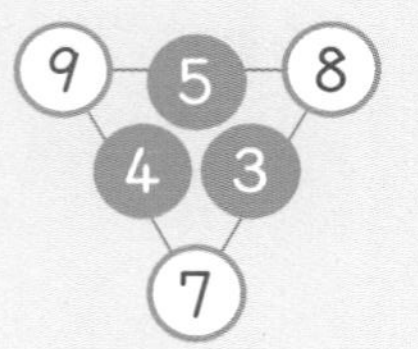

❻ 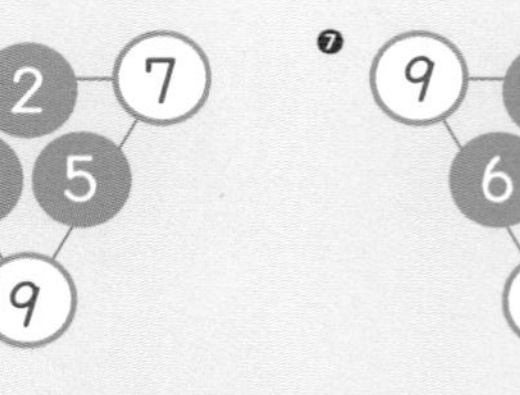

❼ 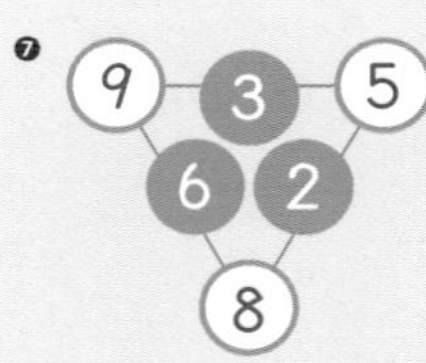

❽ 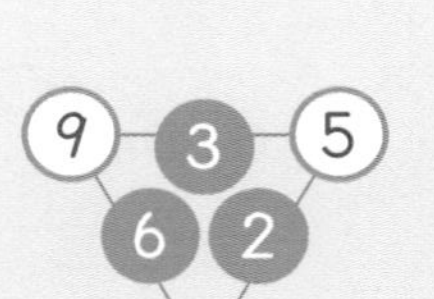

◐ 네 방향으로 두 수를 모으시오.

2와 3을 모아 ⑤
2와 1을 모아 ③
3과 4를 모아 ⑦
1과 4를 모아 ⑤

❶

❷

❸ 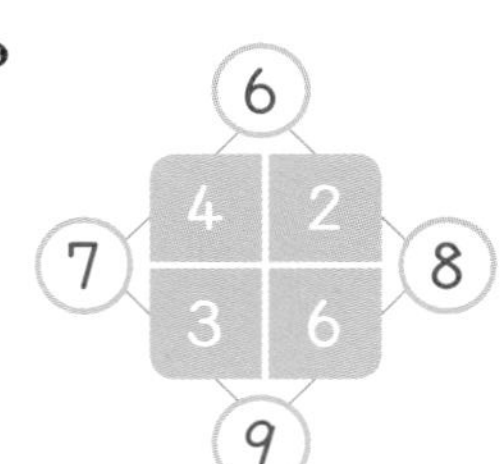

❹ 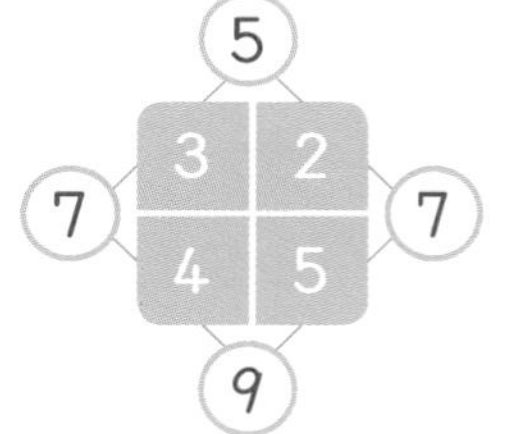

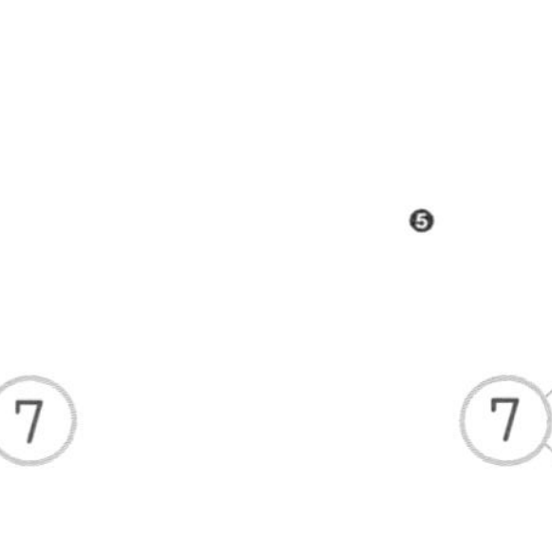

❺ 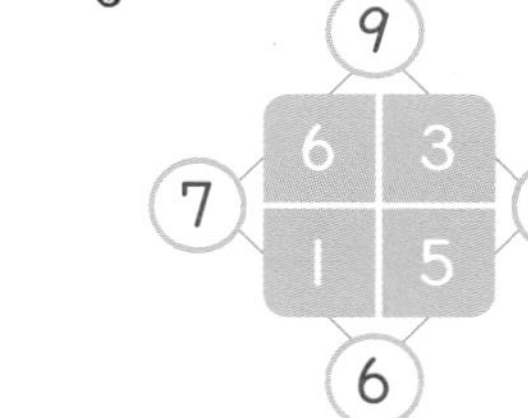

067 양방 모으기

◐ 모으기 하여 ◯ 안에 알맞은 수를 써넣으시오.

예: 3, 2, 4 — 3과 2를 모아 ⑤, 2와 4를 모아 ⑥

❶ 2, 3, 5 — (5), (8)

❷ 3, 4, 1 — (7), (5)

❸ 4, 2, 2 — (6), (4)

❹ 1, 2, 6 — (3), (8)

❺ 8, 1, 3 — (9), (4)

❻ 3, 5, 4 — (8), (9)

❼ 5, 2, 4 — (7), (6)

❽ 1, 2, 7 — (3), (9)

◐ 빈칸에 알맞은 수를 써넣으시오.

예: 2, 3, 5 — ②와 3을 모아 5, 3과 ⑤를 모아 8

❶ 2, 5, 4 — 7, 9

❷ 2, 3, 3 — 5, 6

❸ 1, 3, 5 — 4, 8

❹ 1, 2, 4 — 3, 6

❺ 3, 5, 4 — 8, 9

❻ 4, 5, 2 — 9, 7

❼ 3, 2, 7 — 5, 9

❽ 2, 6, 3 — 8, 9

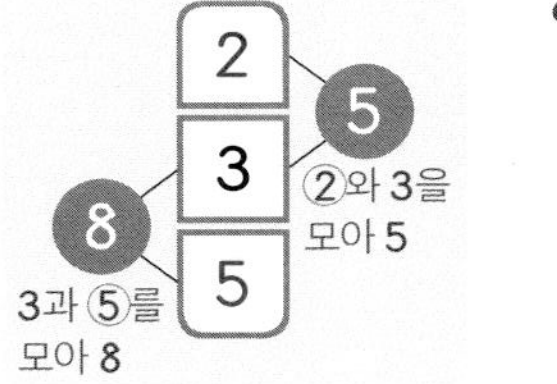

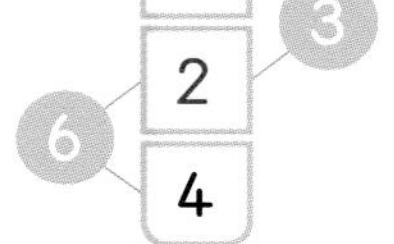
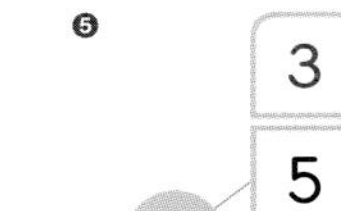
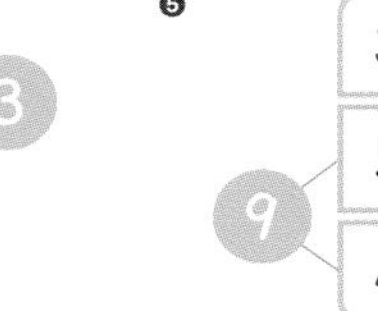
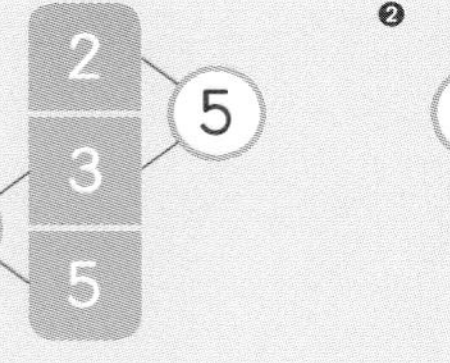
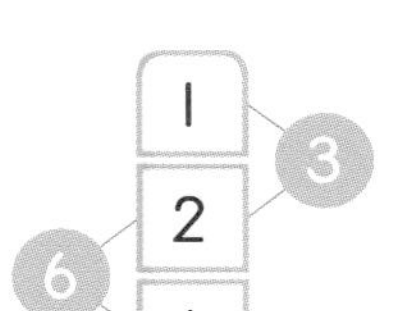
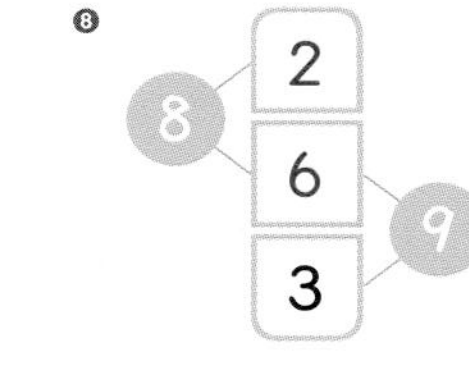
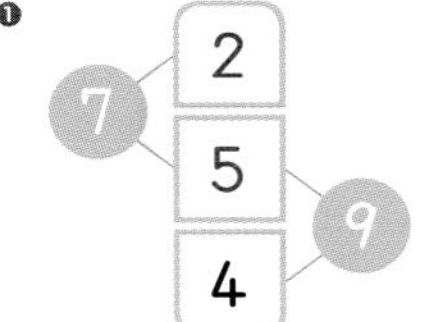
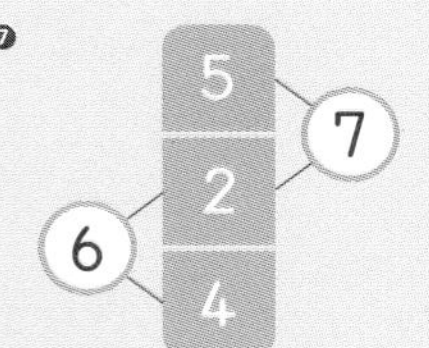
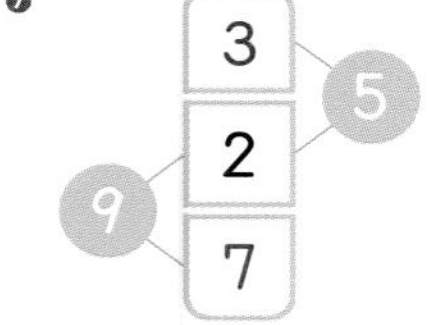
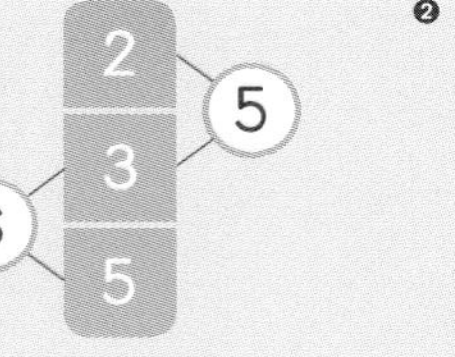

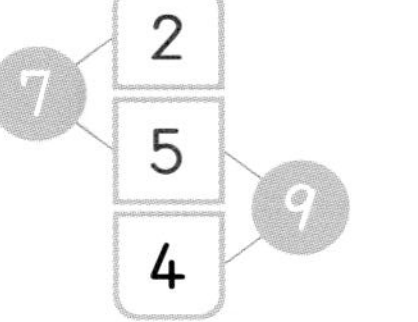
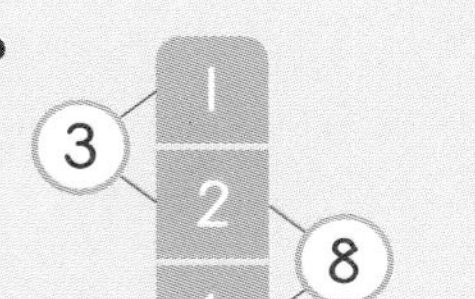
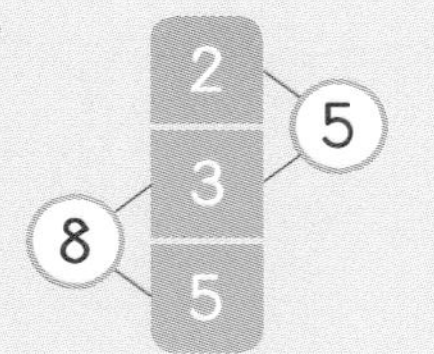
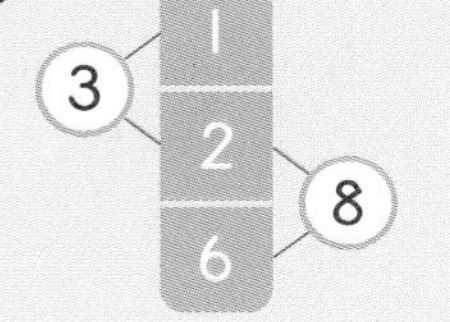

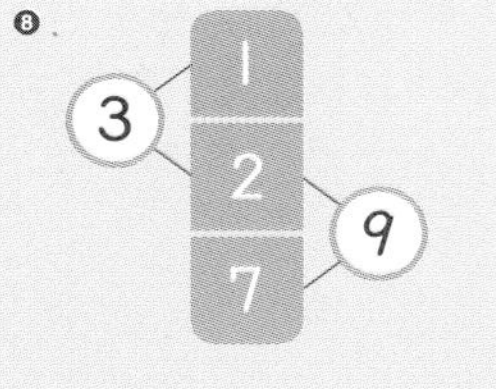
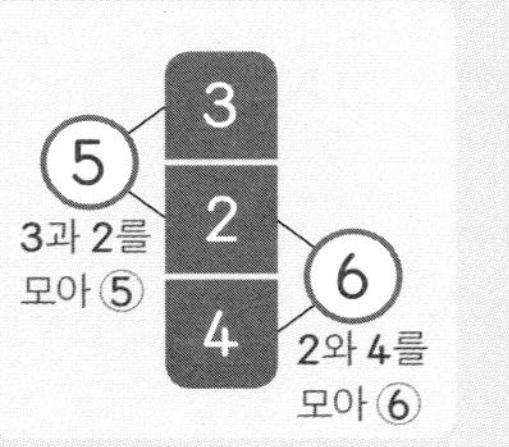

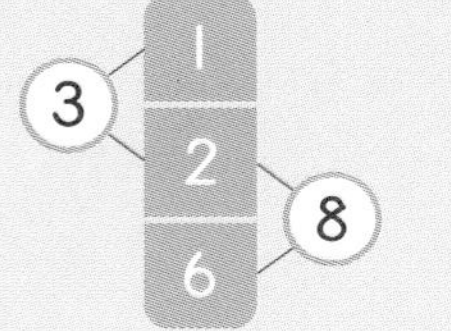
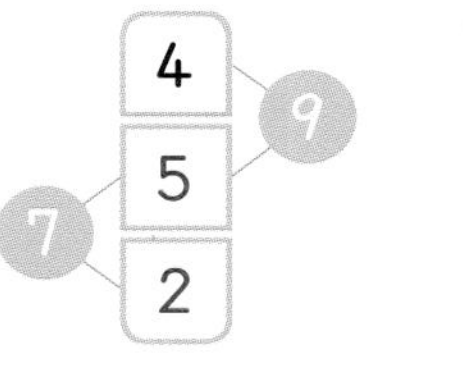

068 이중 모으기

월 일

◐ 모으기 하여 빈칸에 알맞은 수를 써넣으시오.

3 1 4 → 4 5 → 9

3과 1을 모아 ④　1과 4를 모아 ⑤　4와 5를 모아 ⑨

❶ 1 2 3 → 3 5 → 8

❷ 6 1 1 → 7 2 → 9

❸ 1 2 2 → 3 4 → 7

❹ 2 1 5 → 3 6 → 9

❺ 1 3 1 → 4 4 → 8

❻ 1 2 4 → 3 6 → 9

❼ 1 1 5 → 2 6 → 8

❽ 2 2 1 → 4 3 → 7

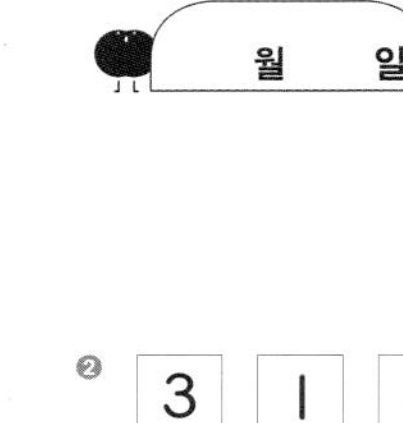
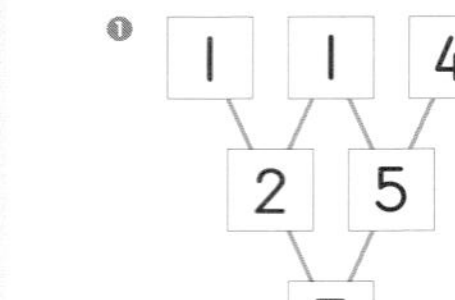
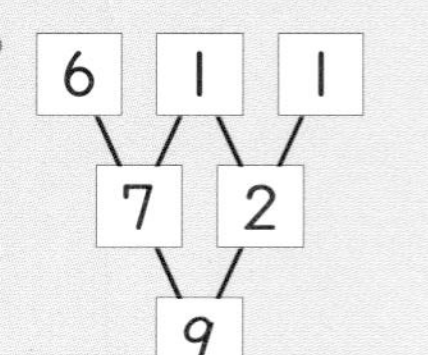
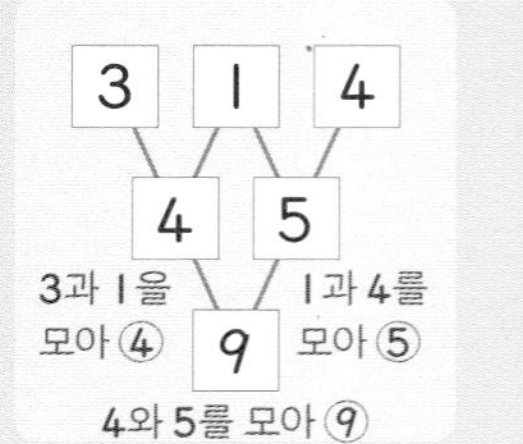

◐ 모으기 한 것입니다. 빈칸에 알맞은 수를 써넣으시오.

2 ②1 ③5 → ①3 6 → 9

① 6과 모아서 9가 되는 수 ③을 구합니다.
② 2와 모아서 3이 되는 수 ①을 구합니다.
③ 1과 모아서 6이 되는 수 ⑤를 구합니다.

❶ 1 1 4 → 2 5 → 7

❷ 3 1 4 → 4 5 → 9

❸ 1 3 2 → 4 5 → 9

❹ 5 1 1 → 6 2 → 8

❺ 3 2 2 → 5 4 → 9

❻ 1 2 2 → 3 4 → 7

❼ 6 1 1 → 7 2 → 9

❽ 3 1 4 → 4 5 → 9

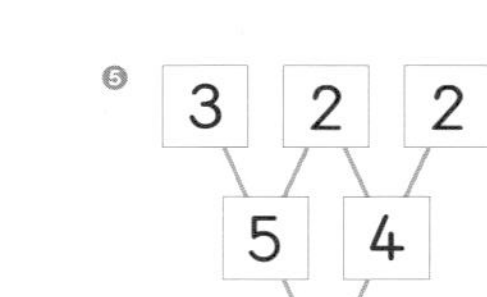
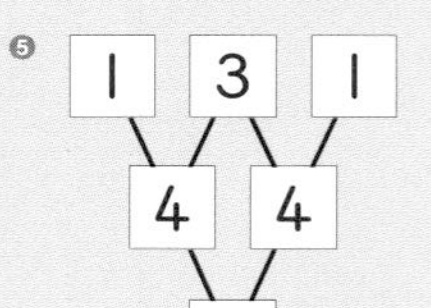
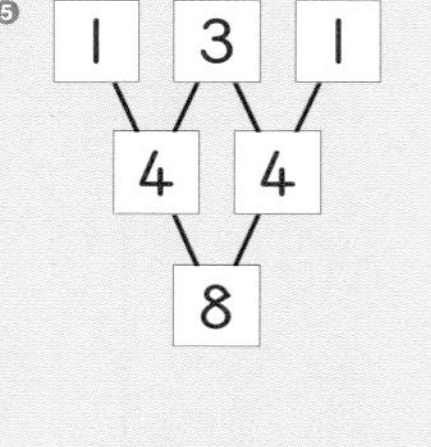
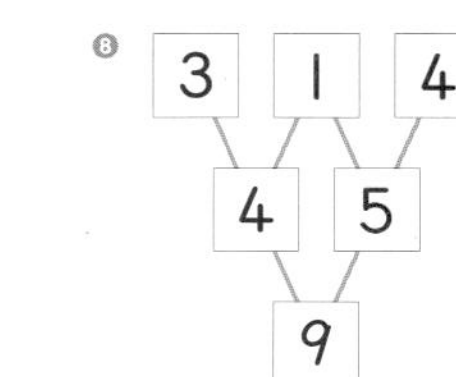
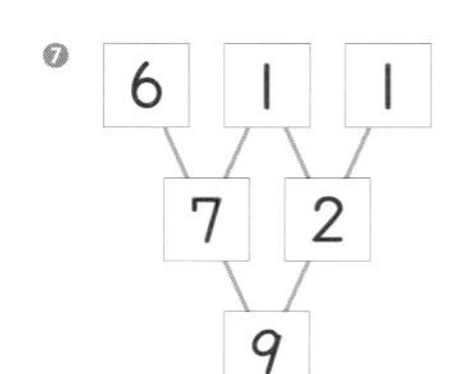
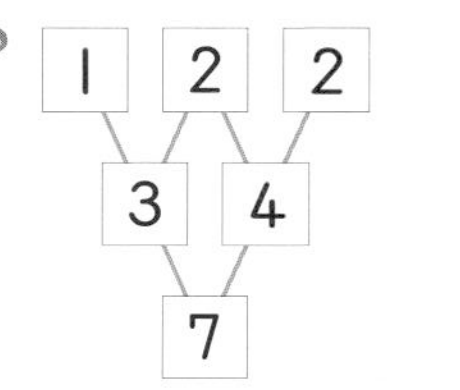
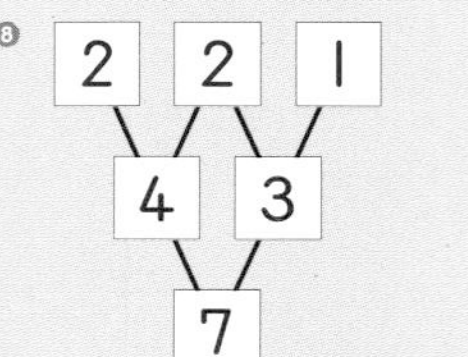
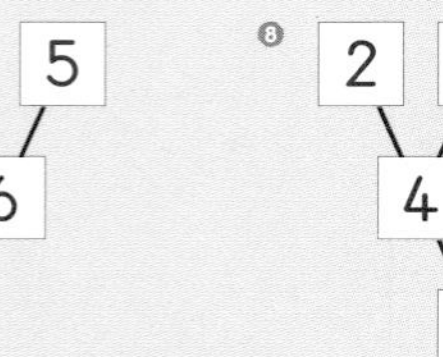

잘 공부했는지 알아봅시다

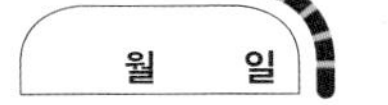

1 그림을 보고 빈칸에 알맞은 수를 써넣으시오.

❶

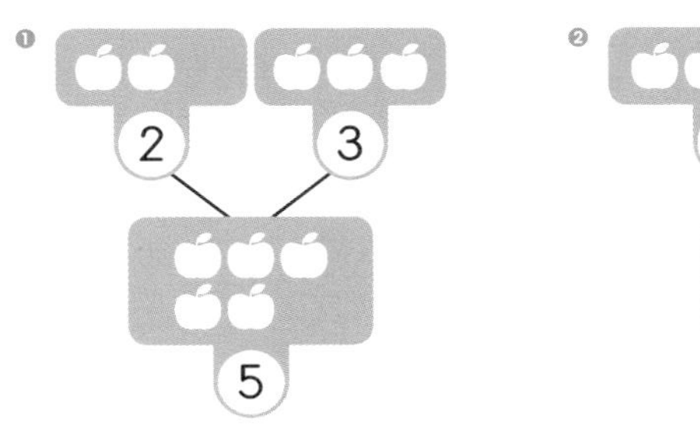

❷

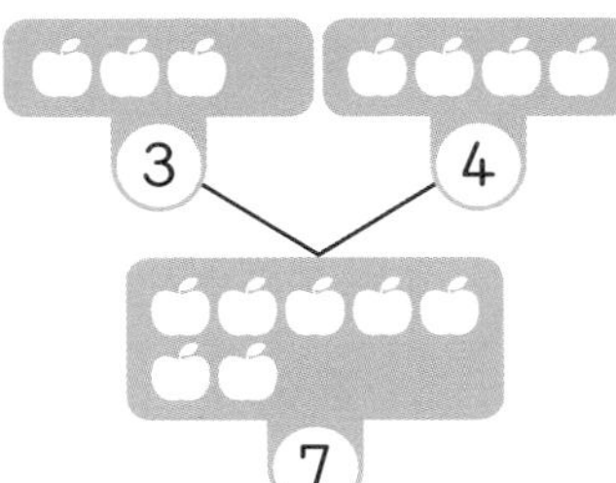

2 빈칸에 알맞은 수를 써넣으시오.

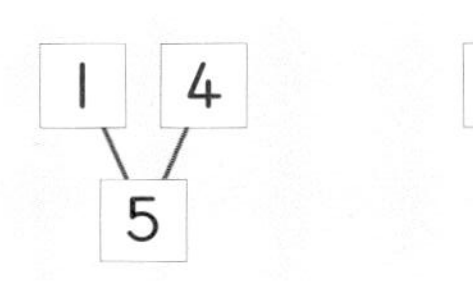

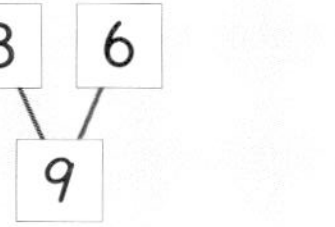

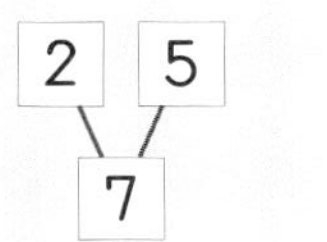

3 모으기를 하여 빈칸에 알맞은 수를 써넣으시오.

❶

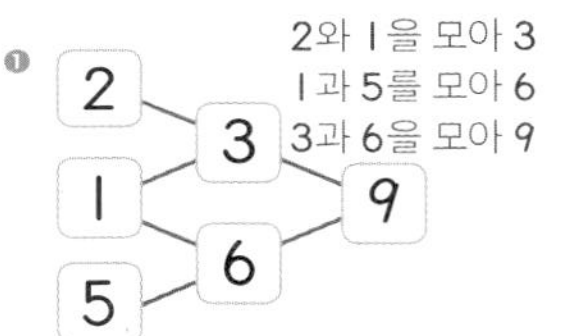

2와 1을 모아 3
1과 5를 모아 6
3과 6을 모아 9

❷ ②1, 2, ③2 → 3, ①4 → 7

① 3과 4를 모아 7
② 1과 2를 모아 3
③ 2와 2를 모아 4

069 가르기

월 일

◐ 가르기에 맞게 선을 그으시오.

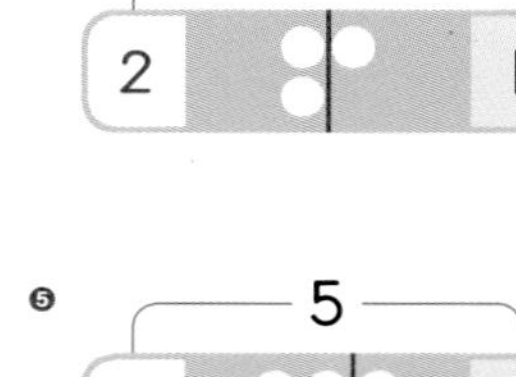

8: 5 | 3

❶ 5: 4 | 1

❷ 4: 2 | 2

❸ 6: 4 | 2

❹ 9: 5 | 4

❺ 7: 3 | 4

❻ 5: 2 | 3

❼ 8: 6 | 2

❽ 6: 1 | 5

❾ 9: 3 | 6

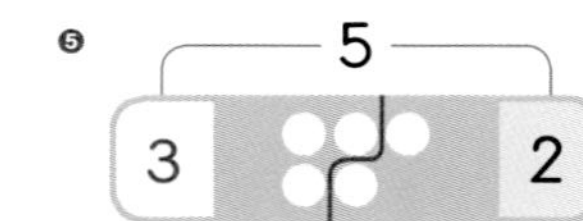

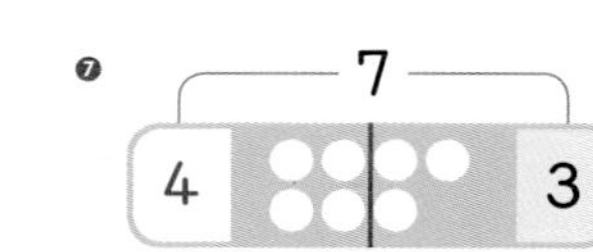

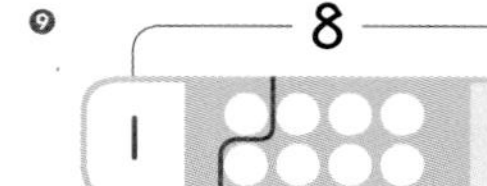

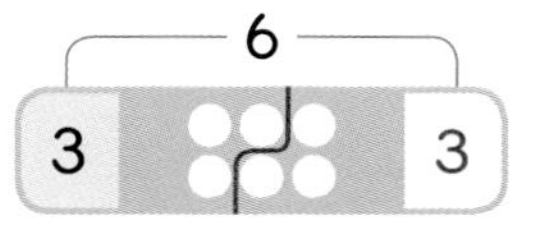

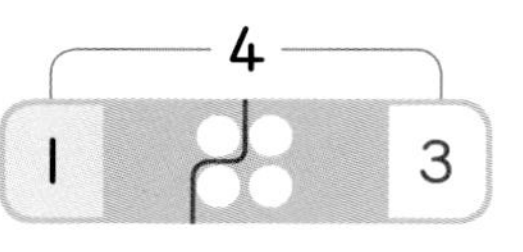

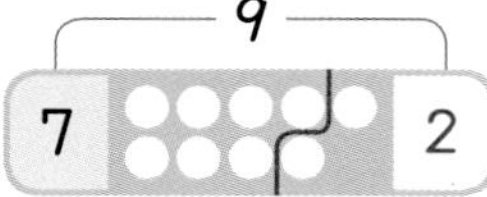

선을 긋는 방법은 여러 가지가 있습니다.

◑ 가르기에 맞게 선을 긋고 빈칸에 알맞은 수를 써넣으시오.

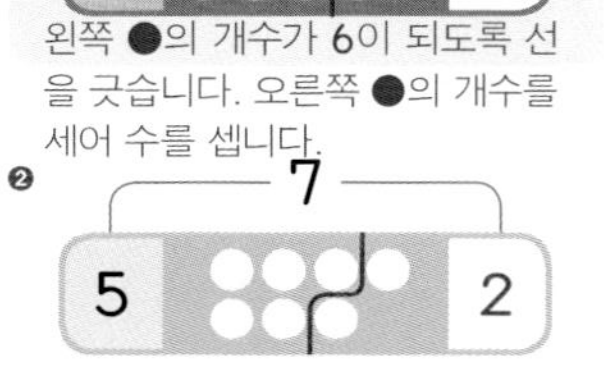

9: 6 | 3

왼쪽 ●의 개수가 6이 되도록 선을 긋습니다. 오른쪽 ●의 개수를 세어 수를 셉니다.

❶ 8: 3 | 5

❷ 7: 5 | 2

❸ 3: 2 | 1

❹ 6: 3 | 3

❺ 5: 3 | 2

❻ 4: 1 | 3

❼ 7: 4 | 3

❽ 9: 7 | 2

❾ 8: 1 | 7

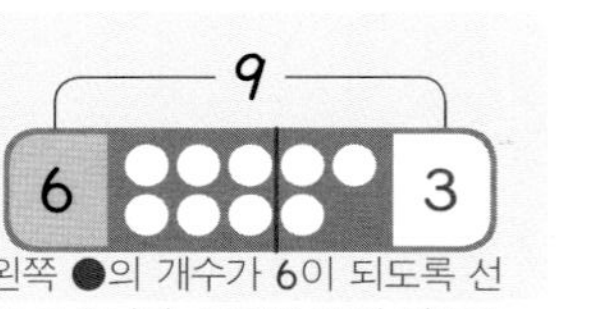

070 두 수 가르기

❶ 가르기 하여 빈칸에 알맞은 수를 써넣으시오.

(예) 9 → 4, 5 / 3 → 1, 2

❶ 6 → 3, 3 / 7 → 3, 4

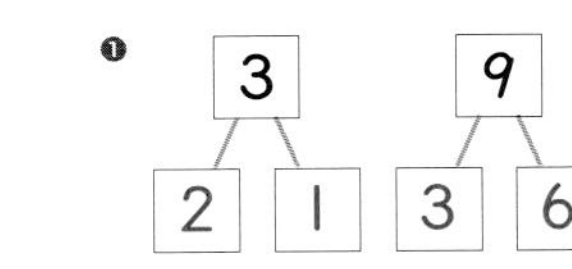

❷ 5 → 4, 1 / 9 → 5, 4

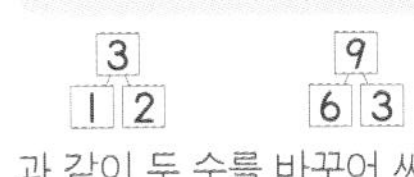

❸ 7 → 5, 2 / 5 → 2, 3

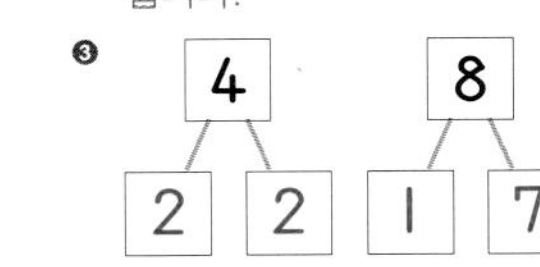

❹ 4 → 3, 1 / 8 → 3, 5

❺ 6 → 4, 2 / 2 → 1, 1

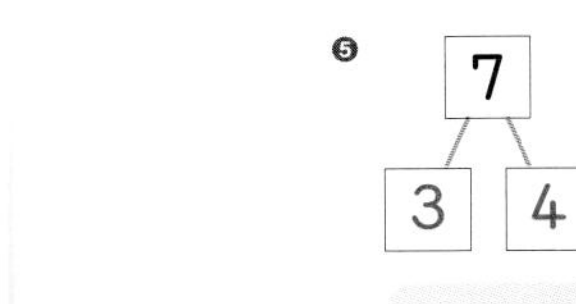

❻ 8 → 4, 4 / 9 → 6, 3

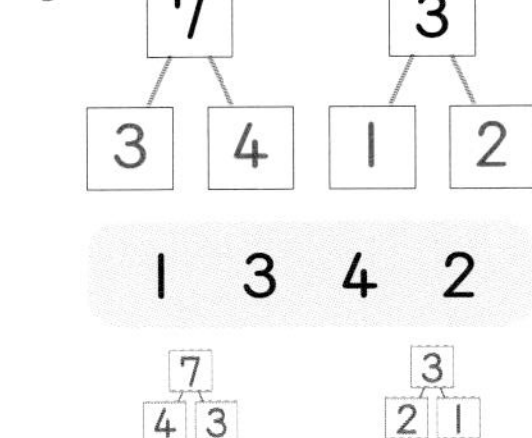

❼ 4 → 2, 2 / 5 → 1, 4

❷ 안의 수를 한 번씩 사용하여 두 수를 가르기 하시오.

두 수를 바꾸어 써도 됩니다.

(예) 8 → 2, 6 / 6 → 3, 3 (2 3 3 6)

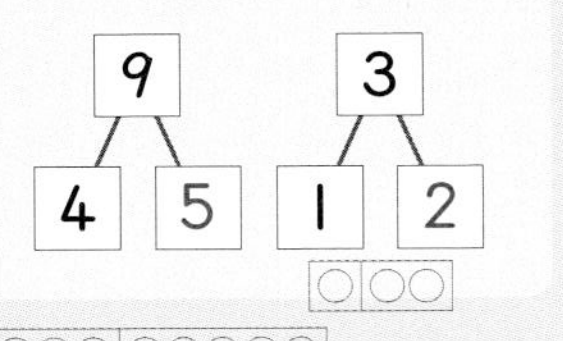

모아서 8이 되는 두 수는 2와 6입니다.
모아서 6이 되는 두 수는 3과 3입니다.
두 수 가르기는 모으기를 이용하여 해결합니다.

❶ 3 → 2, 1 / 9 → 3, 6 (3 1 2 6)

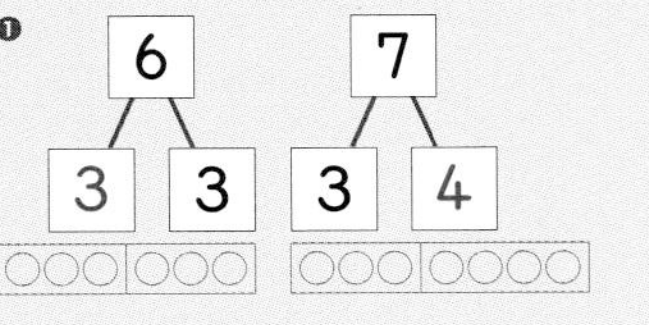

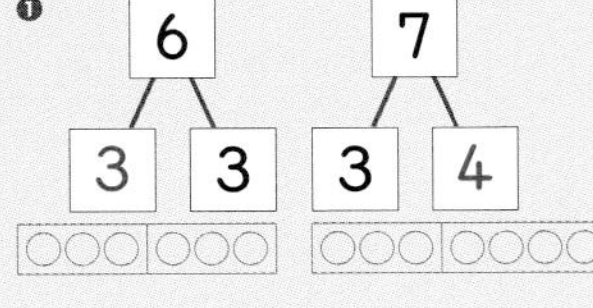

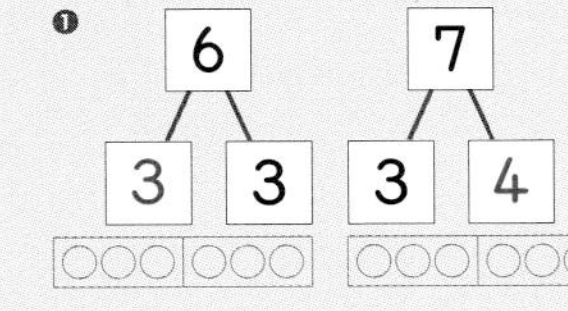

3 → 1, 2 / 9 → 6, 3 과 같이 두 수를 바꾸어 써도 됩니다.

❷ 5 → 2, 3 / 7 → 1, 6 (1 3 6 2)

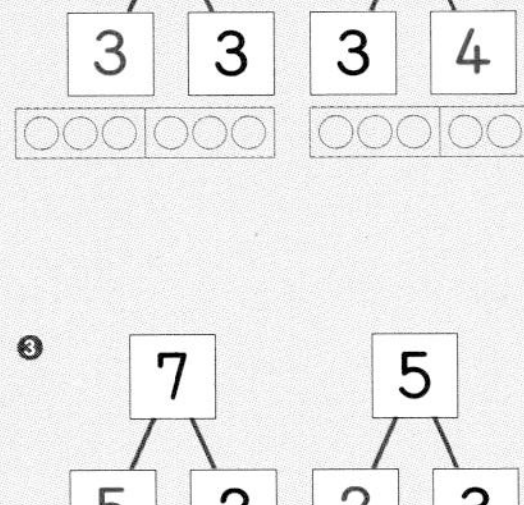

5 → 3, 2 / 7 → 6, 1

❸ 4 → 2, 2 / 8 → 1, 7 (2 1 2 7)

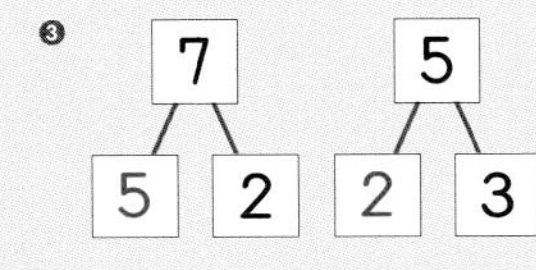

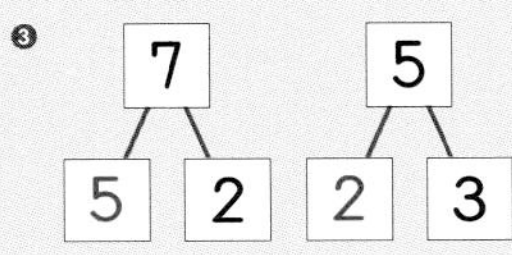

8 → 7, 1

❹ 6 → 2, 4 / 9 → 5, 4 (2 5 4 4)

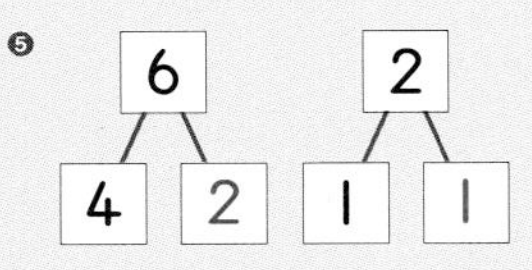

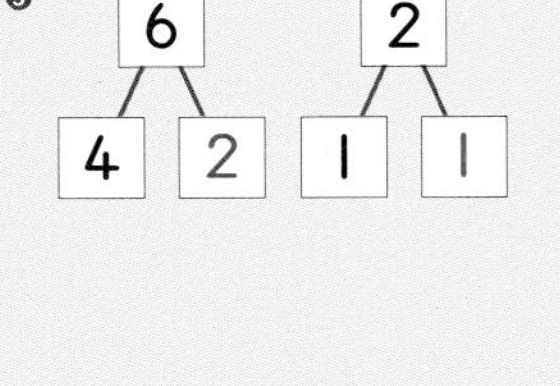

6 → 4, 2 / 9 → 4, 5

❺ 7 → 3, 4 / 3 → 1, 2 (1 3 4 2)

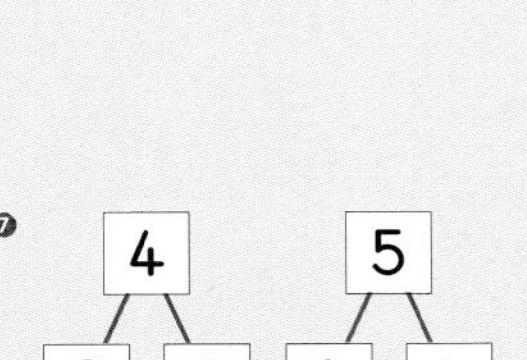

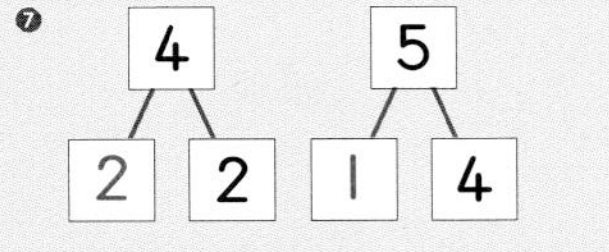

7 → 4, 3 / 3 → 2, 1

월　일

071 선 가르기

◐ 점을 연결하여 ● 안의 수를 가르기 하시오.

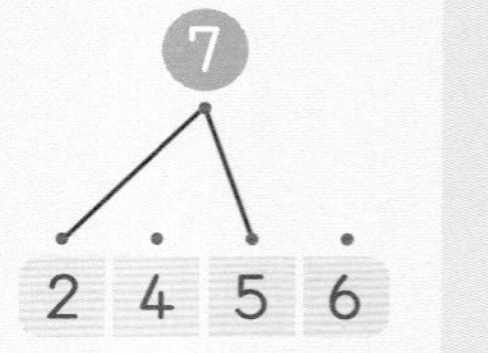
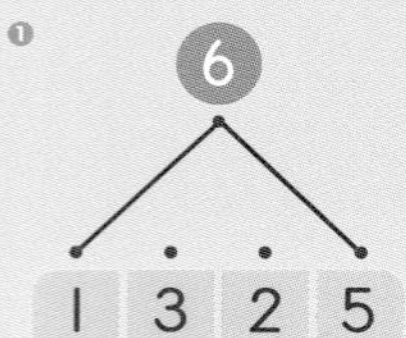
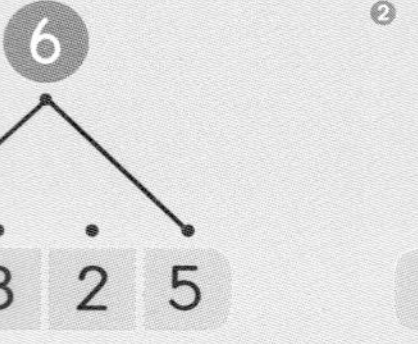
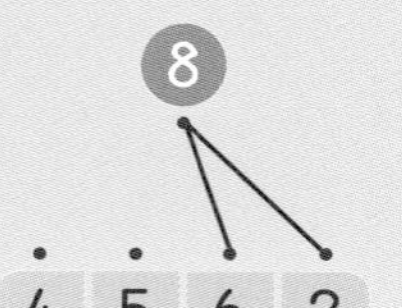

모아서 7이 되는 두 수는 2와 5입니다.
선 가르기는 모으기를 이용하여 해결합니다.

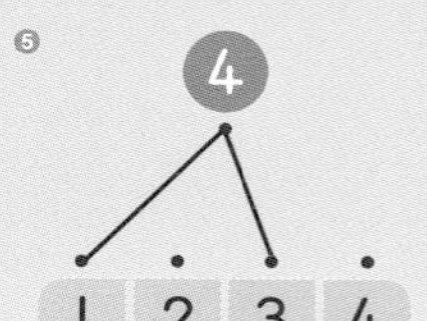
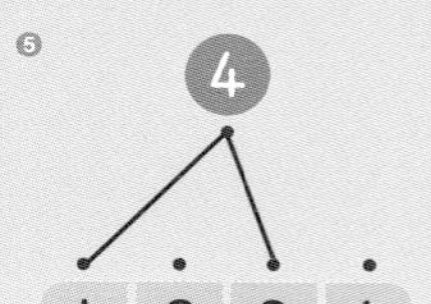
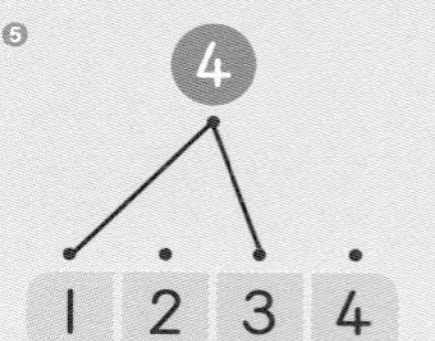

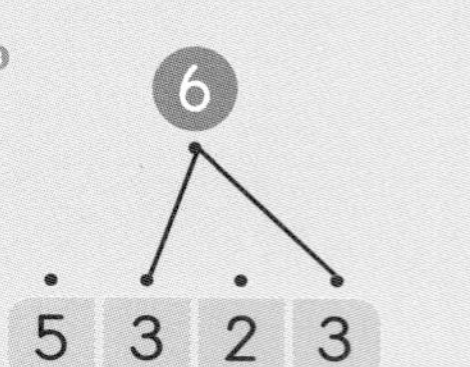

◐ 점을 연결하여 두 수를 가르기 하시오.

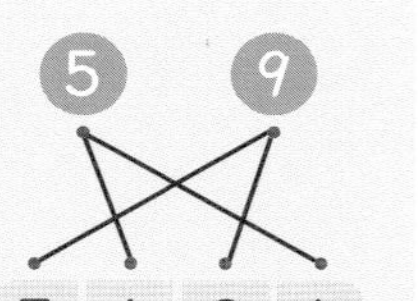
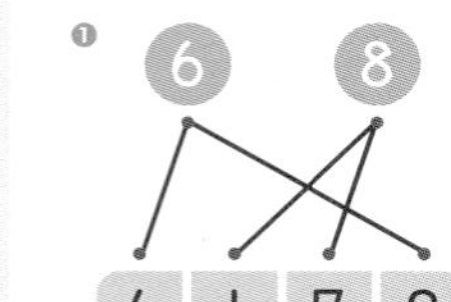
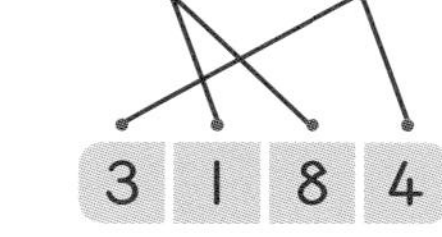

모아서 5가 되는 두 수 1과 4를 연결합니다.
모아서 9가 되는 두 수 7과 2를 연결합니다.
선 가르기는 모으기를 이용하여 해결합니다.

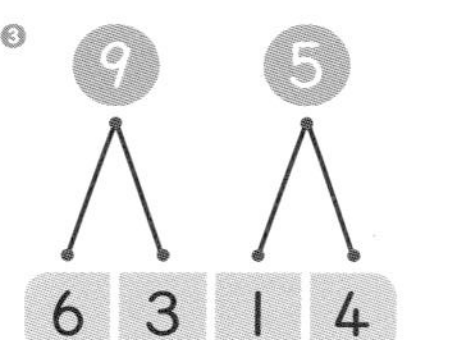
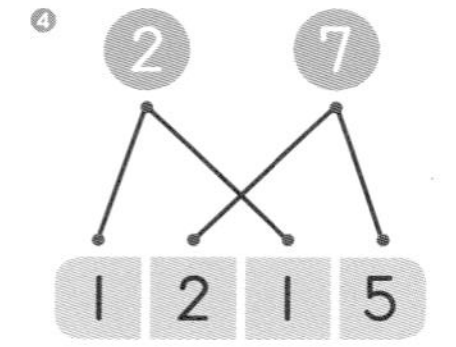
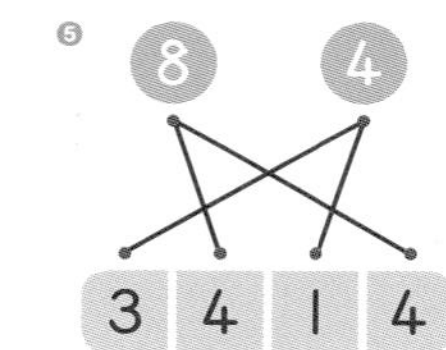

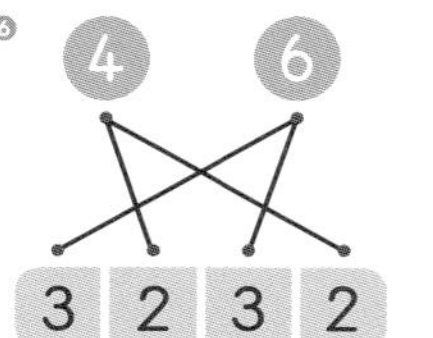
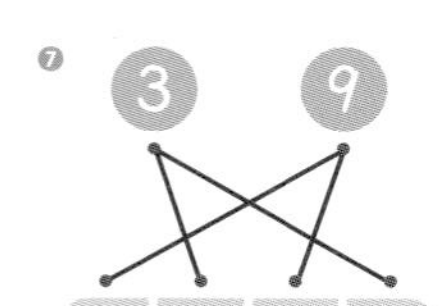
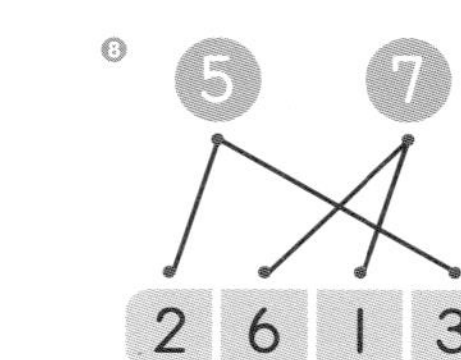

072 이중 가르기

월 일

◑ 수를 두 번 가른 것입니다. 빈칸에 알맞은 수를 써넣으시오.

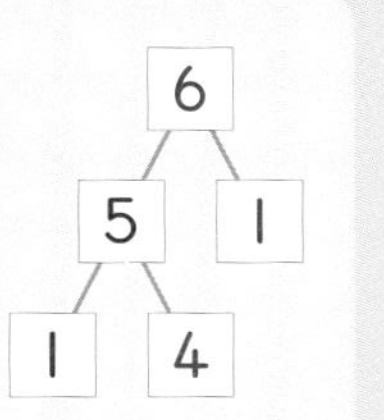

(예) 6 → 5, 1 / 5 → 1, 4

6은 [5]와 1로 가릅니다.
5는 [1]과 4로 가릅니다.

❶ 7 → 4, 3 / 3 → 2, 1

❷ 9 → 3, 6 / 6 → 4, 2

❸ 7 → 5, 2 / 5 → 4, 1

❹ 8 → 4, 4 / 4 → 1, 3

❺ 5 → 2, 3 / 3 → 2, 1

❻ 9 → 8, 1 / 8 → 6, 2

❼ 6 → 3, 3 / 3 → 2, 1

❽ 8 → 3, 5 / 5 → 3, 2

◑ 빈칸에 알맞은 수를 써넣으시오.

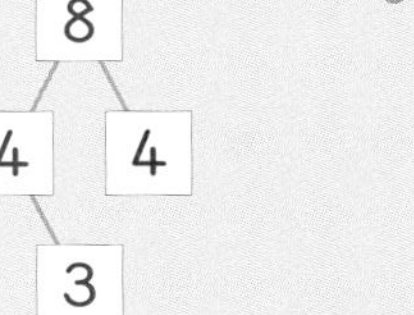

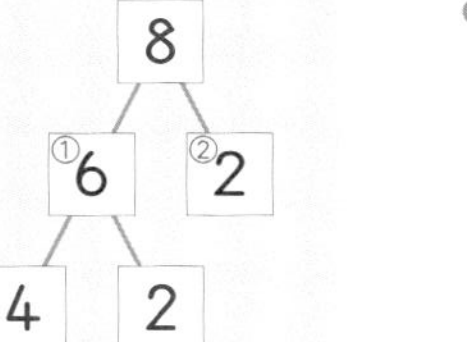

(예) 8 → ①6, ②2 / 6 → 4, 2

① [6]은 4와 2로 갈라집니다.
② 8은 6과 [2]로 갈라집니다.

❶ 6 → ②1, ①5 / 5 → 2, 3

① [5]는 2와 3으로 갈라집니다.
② 6은 [1]과 5로 갈라집니다.

❷ 7 → 3, 4 / 3 → 1, 2

❸ 9 → 6, 3 / 6 → 4, 2

❹ 7 → 5, 2 / 5 → 3, 2

❺ 6 → 3, 3 / 3 → 2, 1

❻ 5 → 1, 4 / 4 → 1, 3

❼ 8 → 1, 7 / 7 → 3, 4

❽ 9 → 4, 5 / 5 → 2, 3

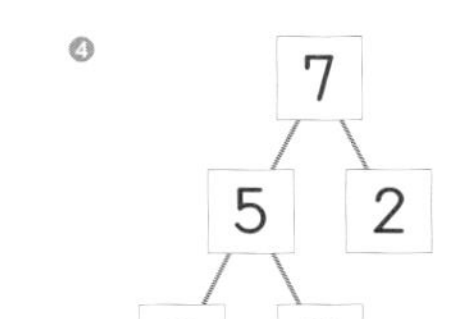

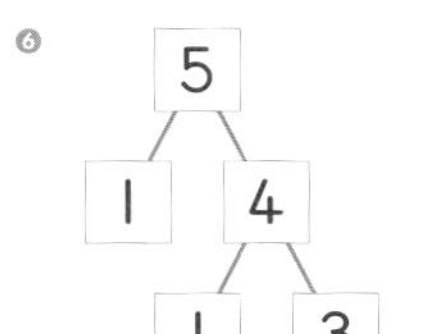

잘 공부했는지 알아봅시다

월 일

1 7을 가른 두 수에 맞게 선을 그으시오.

❶ 

❷ 

2 상자 안에 수를 알맞게 넣어 두 수를 가르기 하시오.

2 3 4 5

8 → 3, 5 (8 → 5, 3)

6 → 2, 4 (6 → 4, 2)

3 6을 세 가지 방법으로 나타내시오. 단, 작은 수부터 씁니다.

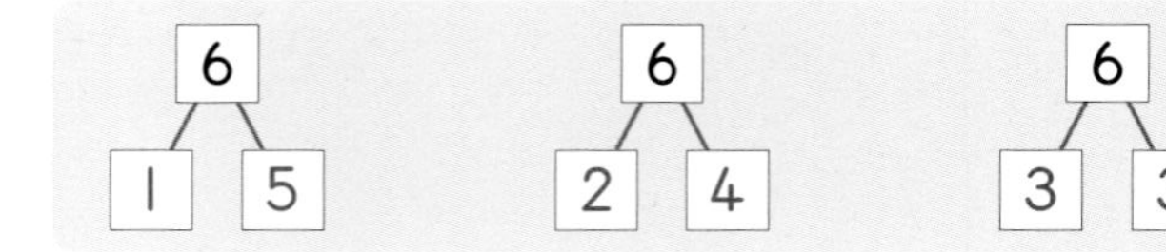

4 점을 연결하여 ● 안의 수를 가르기 하시오.

❶ 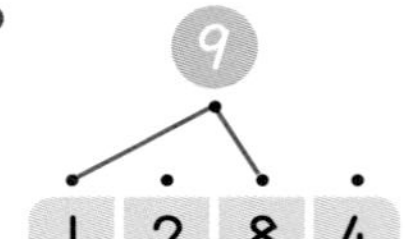

❷ 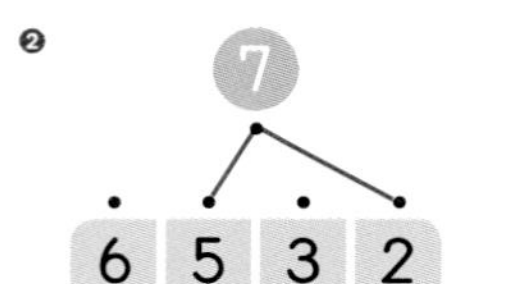

가모 점잇기

월 일

◐ 가르고 모아 ● 안의 수가 되도록 선으로 이으시오.

1 3 2 4 → 7

3과 4를 모으면 7입니다.

❶ 6 4 3 2 → 5

❷ 3 5 4 2 → 8

❸ 2 3 4 5 → 6

❹ 4 7 2 8 → 9

❺ 1 4 5 6 → 7

9 → 4 5 2 1

9를 4와 5로 가릅니다.

❻ 7 → 5 4 6 3

❼ 4 → 2 3 5 2

❽ 8 → 1 2 6 4

❾ 6 → 5 3 1 4

❿ 5 → 3 6 1 4

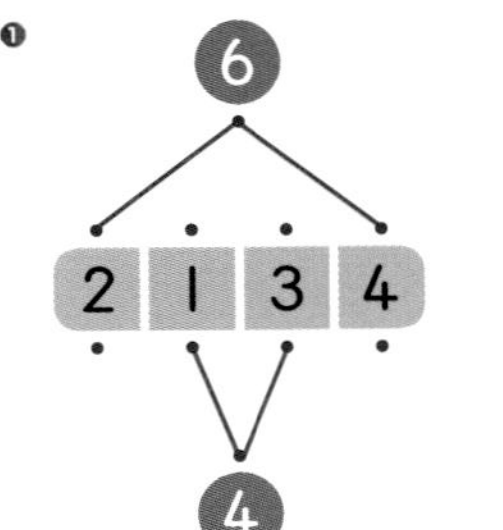
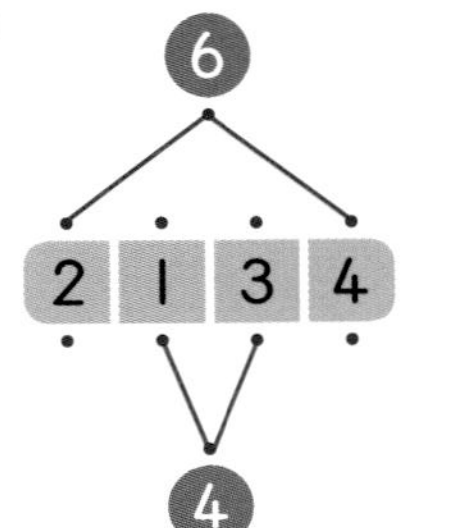
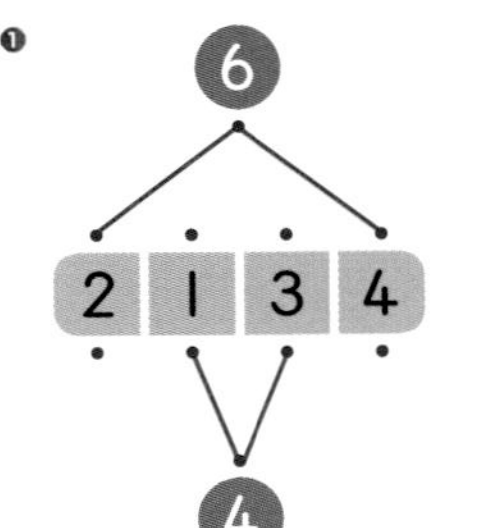
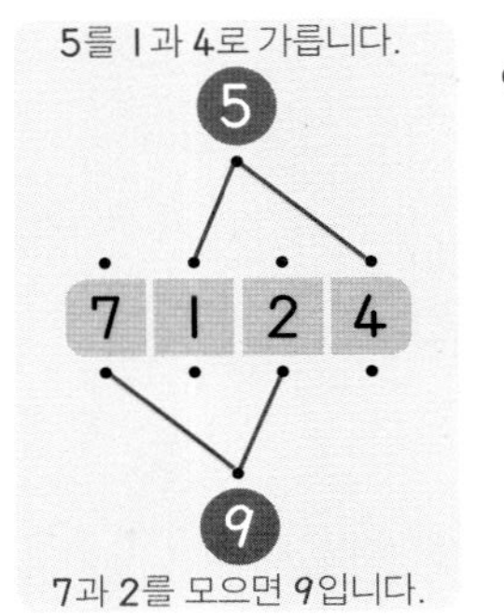
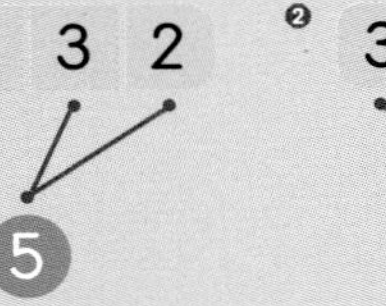
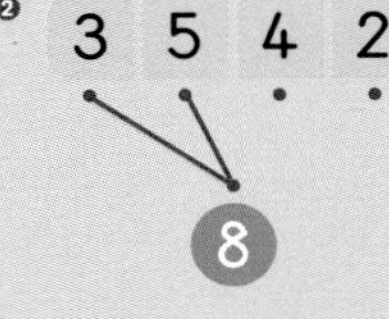
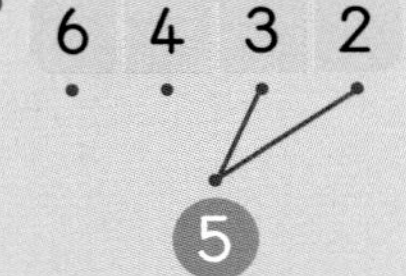
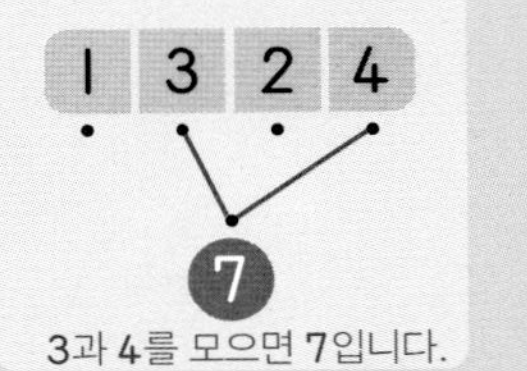
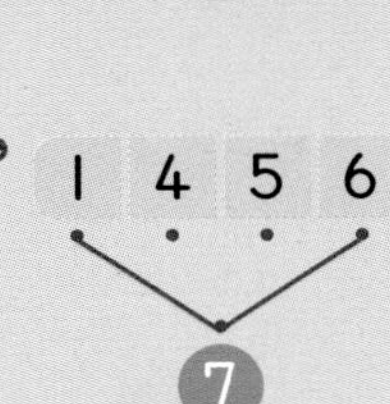
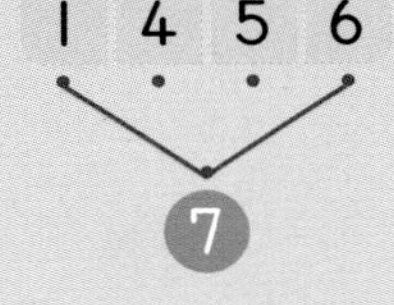

◑ 가르고 모아 ● 안의 수가 되도록 선으로 이으시오.

5를 1과 4로 가릅니다.

5 → 7 1 2 4 → 9

7과 2를 모으면 9입니다.

❶ 6 → 2 1 3 4 → 4

❷ 7 → 5 4 2 4 → 8

❸ 3 → 4 2 1 3 → 7

❹ 5 → 1 3 7 2 → 8

❺ 9 → 4 3 3 5 → 6

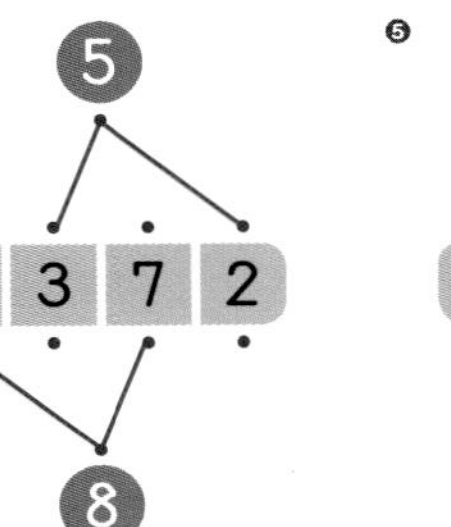
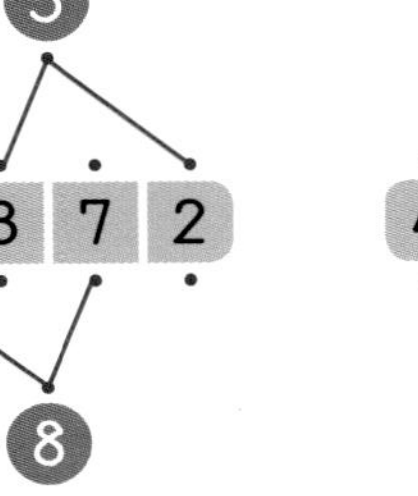
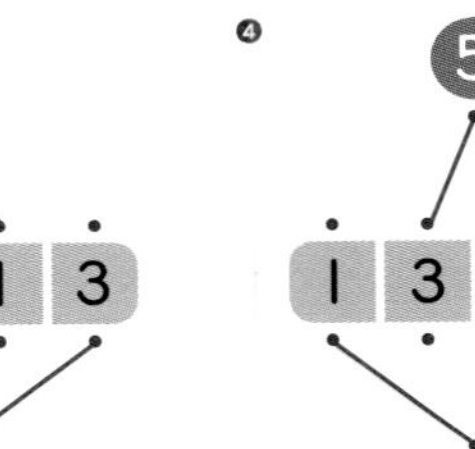
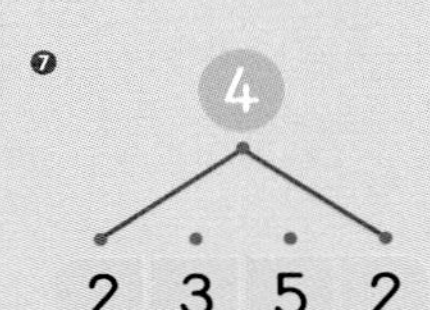
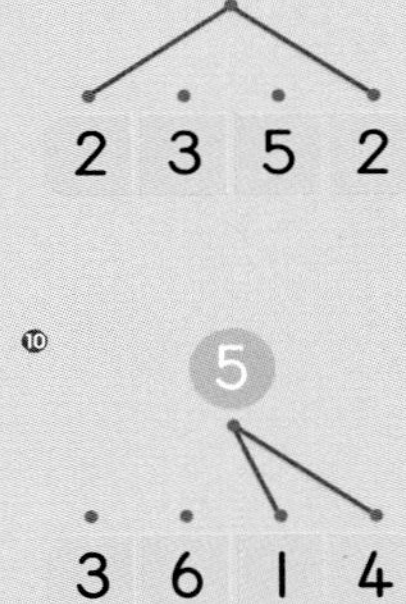

074 가모

◐ 가르고 모아 빈칸에 알맞은 수를 써넣으시오.

(예) 7 → 3, 4; 4와 5 → 9

① 7을 3과 4로 가릅니다.
② 4와 5를 모으면 9입니다.

❶ 8 → 2, 6; 6과 1 → 7

① 8을 2와 6으로 가릅니다.
② 6과 1을 모으면 7입니다.

❷ 6 → 3, 3; 3과 5 → 8

❸ 5 → 4, 1; 1과 4 → 5

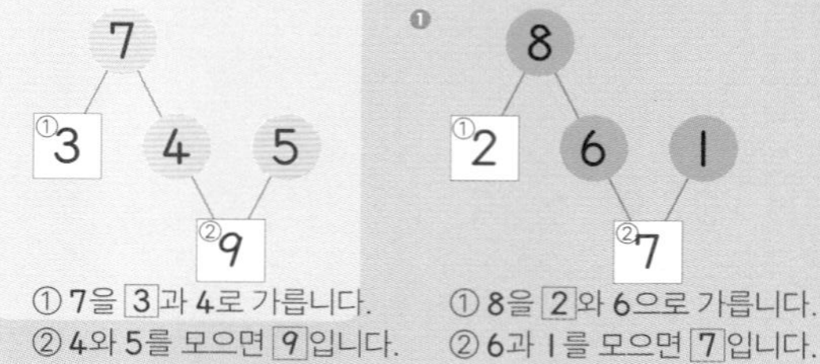

❹ 7 → 2, 5; 5와 4 → 9

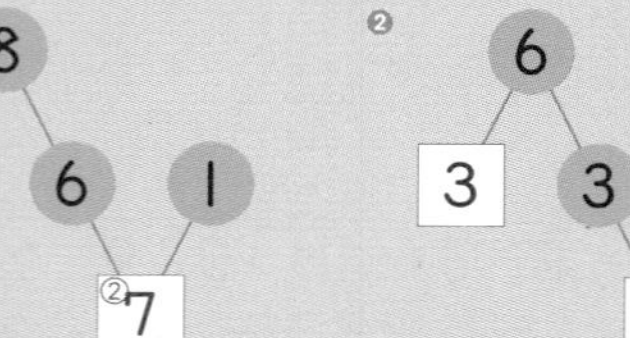

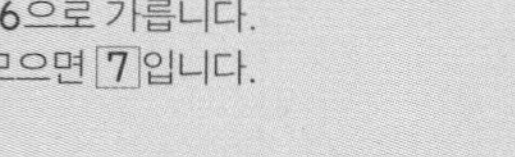

❺ 8 → 6, 2; 2와 1 → 3

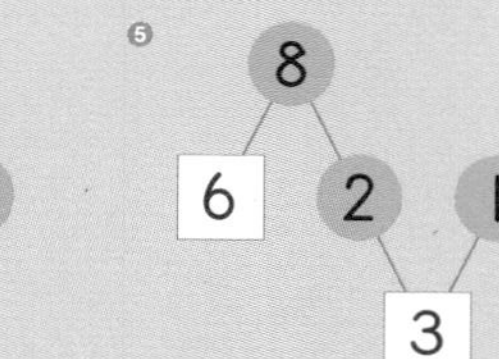

❻ 9 → 3, 6; 6과 2 → 8

❼ 6 → 1, 5; 5와 2 → 7

❽ 4 → 1, 3; 3과 6 → 9

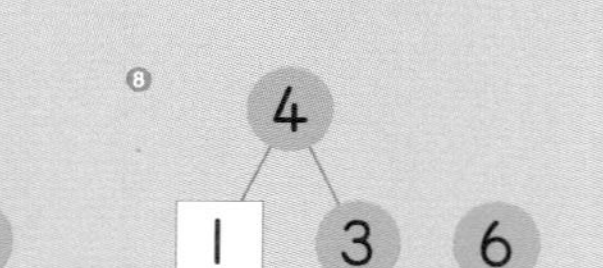

월 일

◐ 가르고 모아 빈칸에 알맞은 수를 써넣으시오.

(예) 7과 2 → 9; 8 → 2, 6

① 7과 2를 모으면 9입니다.
② 8은 2와 6으로 갈라집니다.

❶ 4와 4 → 8; 6 → 2, 4

① 4와 4를 모으면 8입니다.
② 6은 2와 4로 갈라집니다.

❷ 3과 4 → 7; 5 → 4, 1

❸ 2와 2 → 4; 7 → 2, 5

❹ 3과 4 → 7; 9 → 6, 3

❺ 6과 3 → 9; 8 → 3, 5

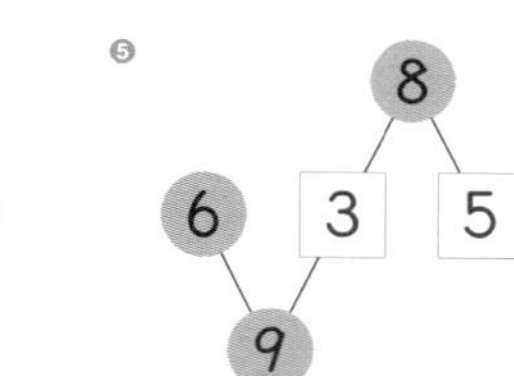

❻ 1과 3 → 4; 6 → 3, 3

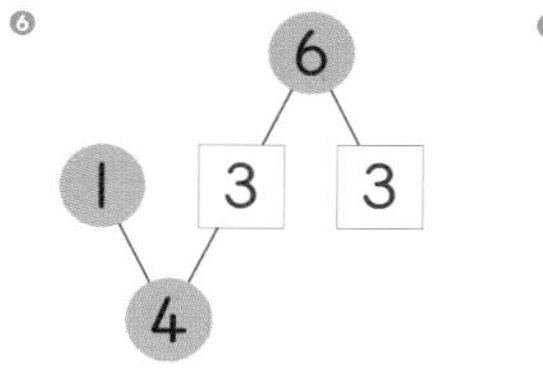

❼ 1과 5 → 6; 8 → 7, 1

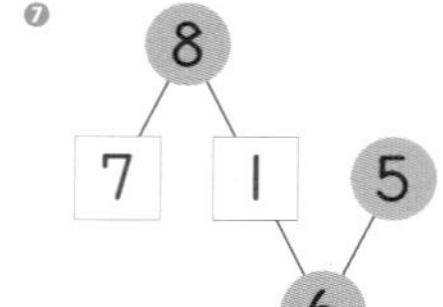

❽ 3과 5 → 8; 7 → 5, 2

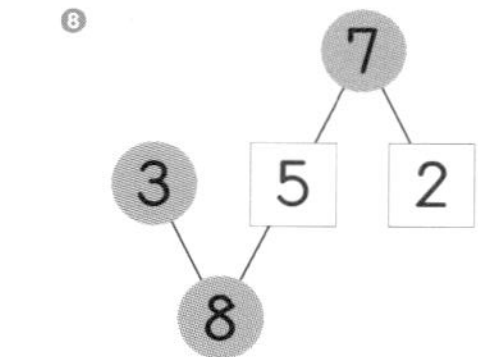

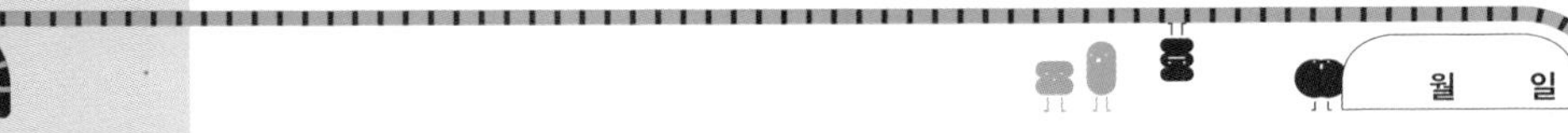

075 다중 가모

● 가르고 모아 빈칸에 알맞은 수를 써넣으시오.

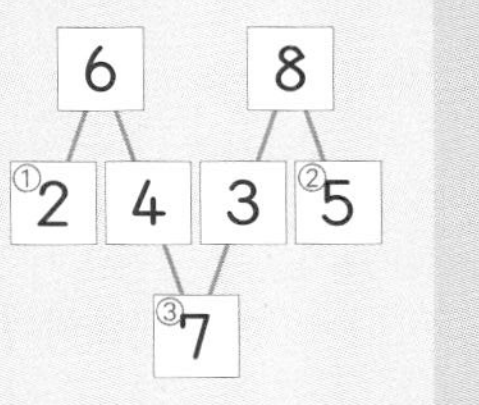

① 6을 2와 4로 가릅니다.
② 8을 3과 5로 가릅니다.
③ 4와 3을 모으면 7입니다.

❶
7
3 5 2 5
8 7

① 7을 5와 2로 가릅니다.
② 3과 5를 모으면 8입니다.
③ 2와 5를 모으면 7입니다.

❷
5 8
1 4 2 6
6

❸
7
3 6 1 2
9 3

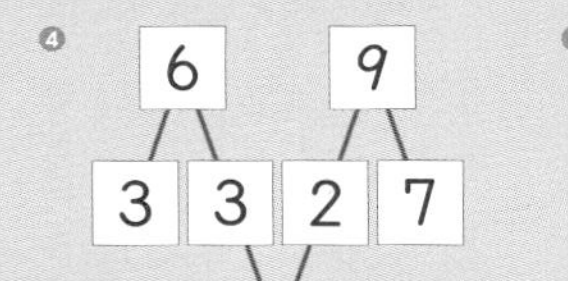
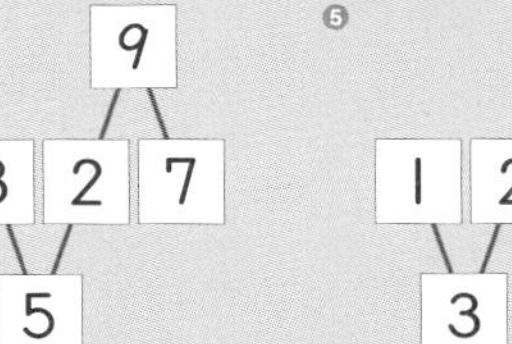

❺
8
1 2 6 1
3 7

❻
5 4
2 3 3 1
6

❼
8
3 4 4 5
7 9

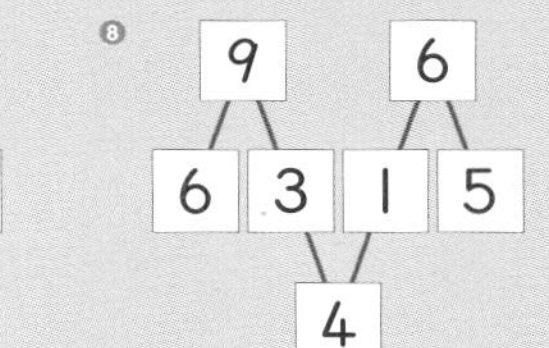

● 가르고 모아 빈칸에 알맞은 수를 써넣으시오.

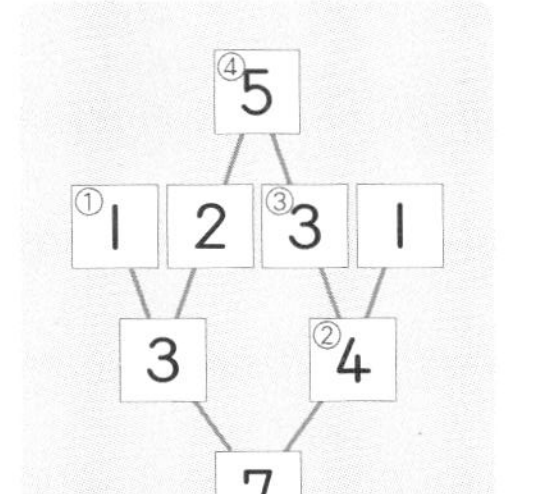

① 1과 2를 모으면 3입니다.
② 3과 4를 모으면 7입니다.
③ 3과 1을 모으면 4입니다.
④ 5는 2와 3으로 갈라집니다.

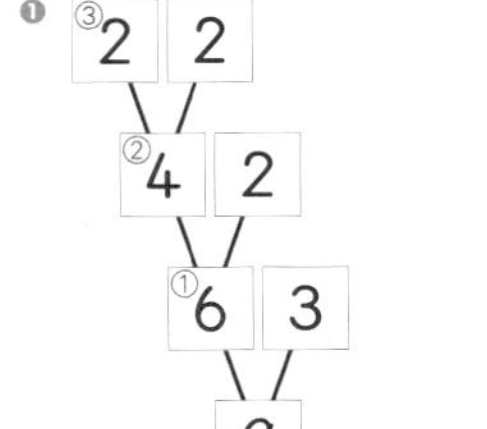
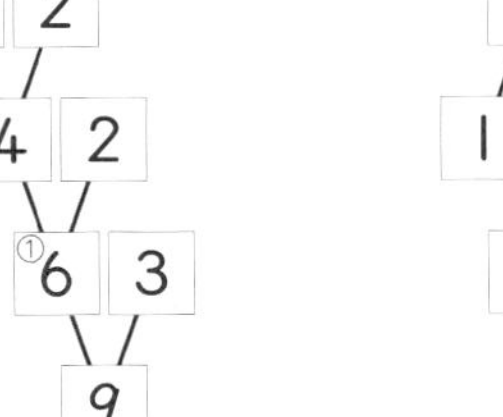

① 6과 3을 모으면 9입니다.
② 4와 2를 모으면 6입니다.
③ 2와 2를 모으면 4입니다.

❷
8
1 7
2 5
3 2

❸
6
2 3 3 1
5 4
9

① 3과 1을 모으면 4입니다.
② 6은 3과 3으로 갈라집니다.
③ 2와 3을 모으면 5입니다.
④ 5와 4를 모으면 9입니다.

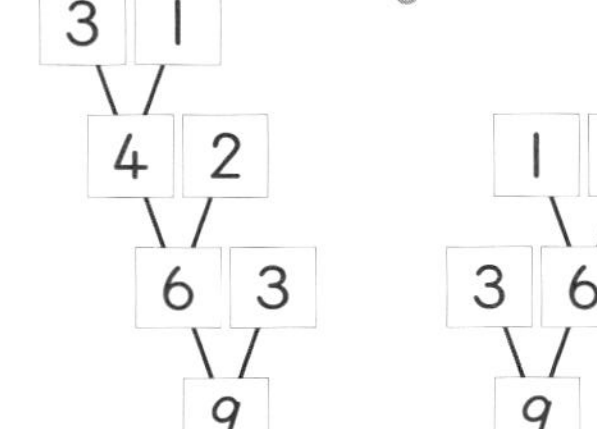

❺
8
1 5 3 1
3 6 4 4
9 8

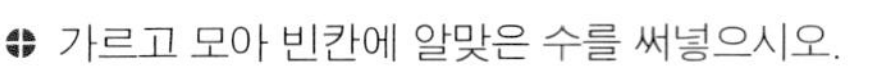

076 사방 가모

월 일

◐ 가르기 하여 빈칸에 알맞은 수를 써넣으시오.

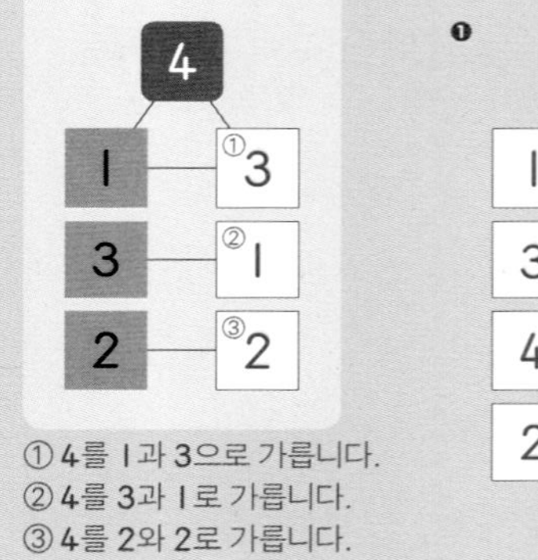

4: 1—3, 3—1, 2—2

① 4를 1과 3으로 가릅니다.
② 4를 3과 1로 가릅니다.
③ 4를 2와 2로 가릅니다.

❶ 5: 1—4, 3—2, 4—1, 2—3

❷ 6: 1—5, 5—1, 3—3, 2—4

❸ 7: 4—3, 3—4, 5—2, 2—5, 6—1, 1—6

❹ 8: 7—1, 4—4, 5—3, 6—2, 2—6, 3—5

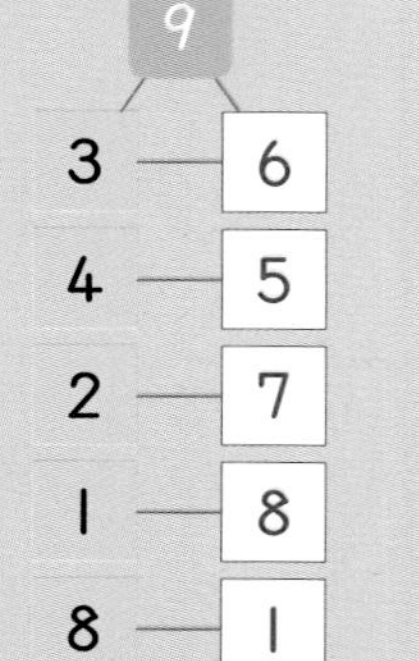

❺ 9: 3—6, 4—5, 2—7, 1—8, 8—1, 6—3

◑ 가르고 모아 빈칸에 알맞은 수를 써넣으시오.

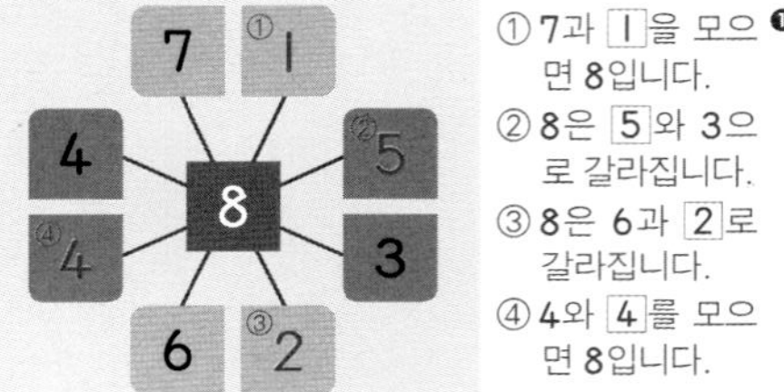

① 7과 1을 모으면 8입니다.
② 8은 5와 3으로 갈라집니다.
③ 8은 6과 2로 갈라집니다.
④ 4와 4를 모으면 8입니다.

❶
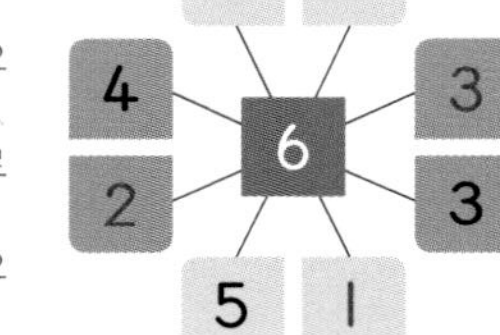

❷
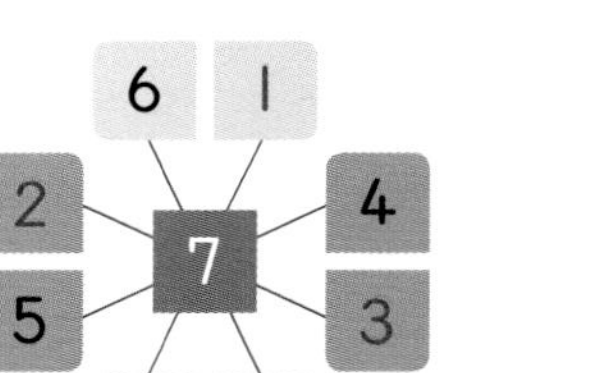

❸
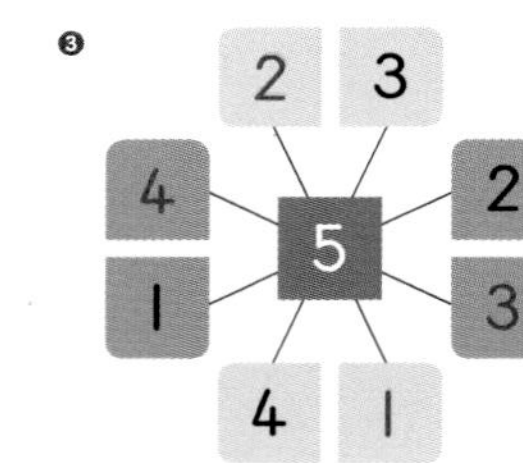

❹
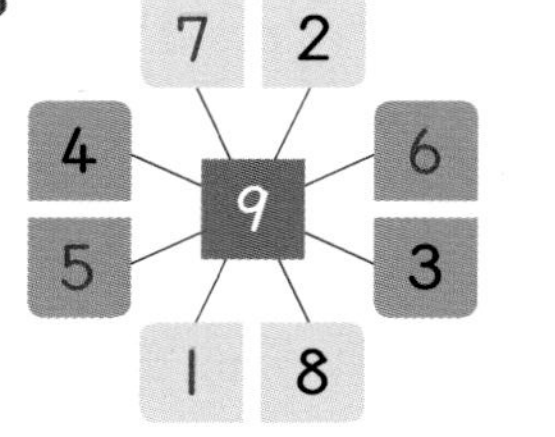

❺
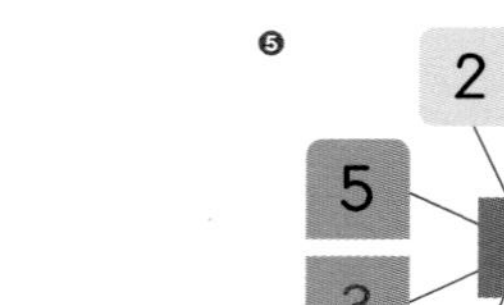
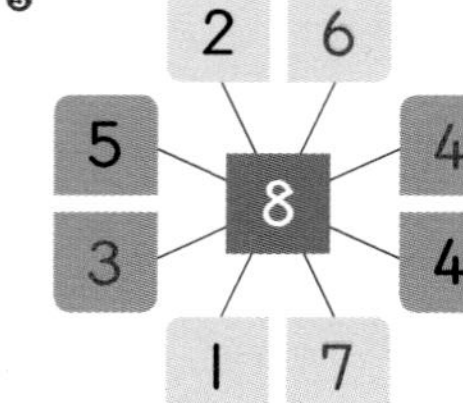

잘 공부했는지 알아봅시다

월 일

1 가르고 모아 ● 안의 수가 되도록 선으로 이은 것입니다. 빈칸에 알맞은 수를 쓰시오.

❶ ① 8을 7과 1로 가르기 합니다.
② 1과 5를 모으면 6입니다.

❷ ① 5를 3과 2로 가르기 합니다.
② 3과 6을 모으면 9입니다.

2 가르고 모아 빈칸에 알맞은 수를 써넣으시오.

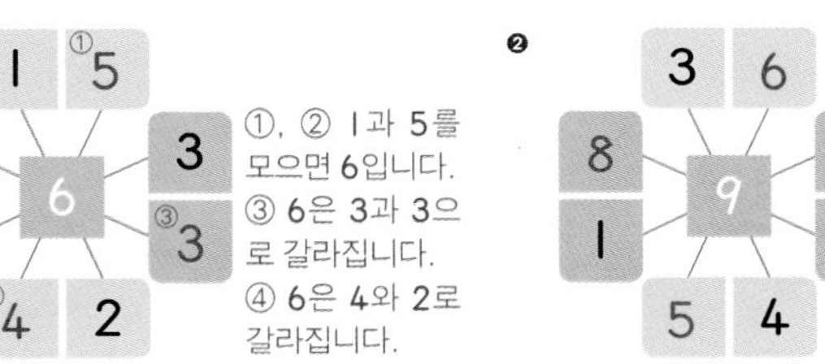

❶ ①, ② 1과 5를 모으면 6입니다.
③ 6은 3과 3으로 갈라집니다.
④ 6은 4와 2로 갈라집니다.

3 가르고 모아 빈칸에 알맞은 수를 써넣으시오.

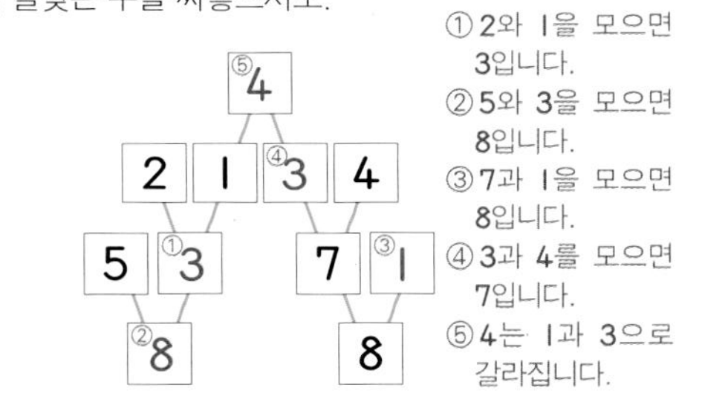

① 2와 1을 모으면 3입니다.
② 5와 3을 모으면 8입니다.
③ 7과 1을 모으면 8입니다.
④ 3과 4를 모으면 7입니다.
⑤ 4는 1과 3으로 갈라집니다.

077 첨가셈

월 일

◐ 그림을 보고 빈칸에 알맞은 수를 써넣으시오.

4+3= 7

4에 3을 더하면 7 입니다.

① 3+2= 5

3 더하기 2는 5 와 같습니다.

② 5+2= 7

③ 3+6= 9

④ 1+3= 4

1에 3을 더하면 4 입니다.

⑤ 2+4= 6

2 더하기 4는 6 과 같습니다.

⑥ 1+5= 6

⑦ 7+1= 8

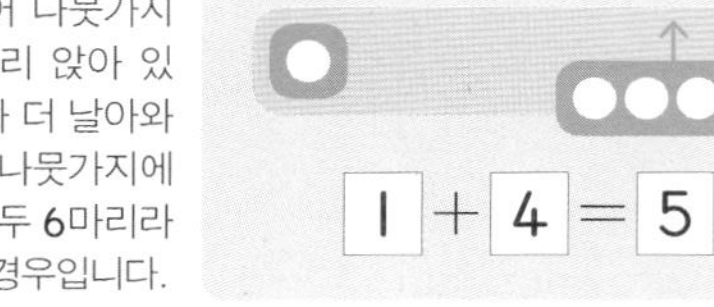

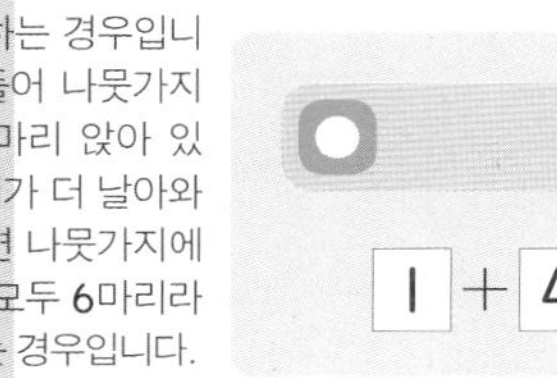
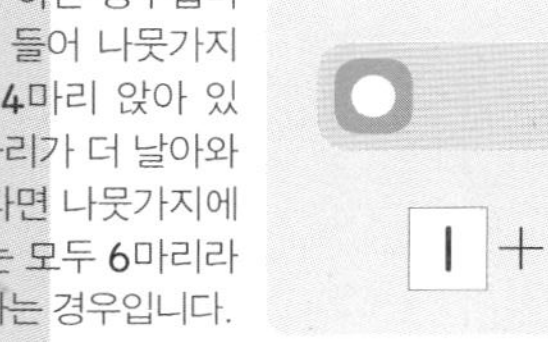
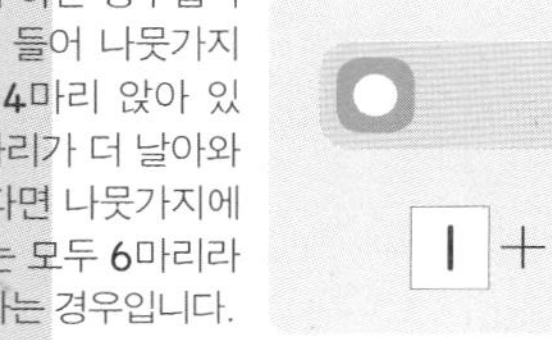

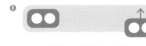

첨가는 하나의 부분에 다른 부분을 추가하여 전체를 구하는 경우입니다. 예를 들어 나뭇가지에 새가 4마리 앉아 있는데 2마리가 더 날아와서 앉았다면 나뭇가지에 앉은 새는 모두 6마리라고 대답하는 경우입니다.

◐ 그림을 보고 알맞은 덧셈식을 쓰시오.

1 + 4 = 5

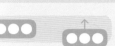

① 2 + 2 = 4

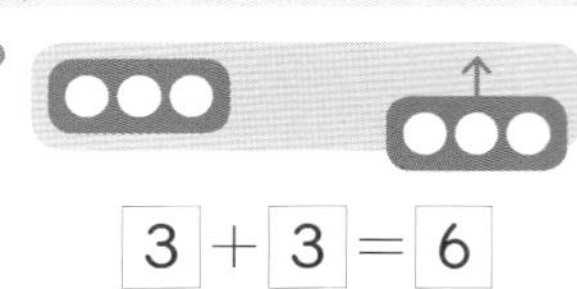

② 3 + 3 = 6

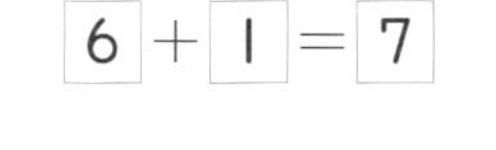

③ 6 + 1 = 7

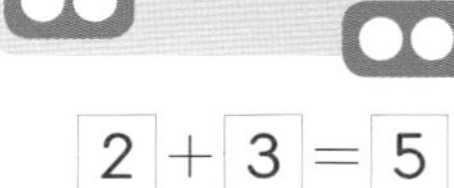

④ 2 + 3 = 5

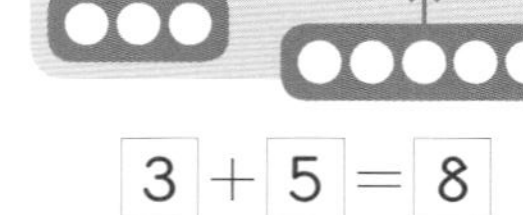

⑤ 3 + 5 = 8

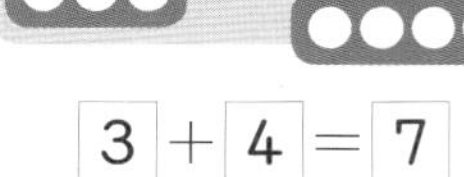

⑥ 3 + 4 = 7

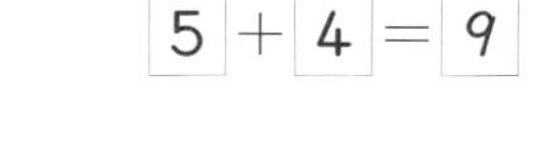

⑦ 5 + 4 = 9

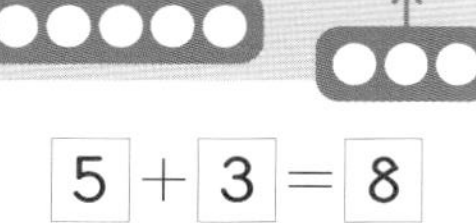

⑧ 5 + 3 = 8

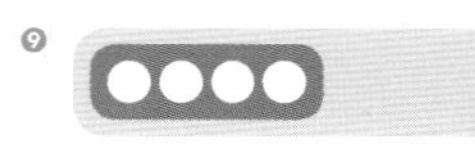

⑨ 4 + 2 = 6

078 병합셈

◐ 그림을 보고 빈칸에 알맞은 수를 써넣으시오.

2+3= 5

2와 3의 합은 5 입니다.

❶ 

1+6= 7

1 더하기 6은 7 과 같습니다.

❷ 

2+5= 7

❸ 4+2= 6

❹ 

4+4= 8

4와 4의 합은 8 입니다.

❺ 3+1= 4

3 더하기 1은 4 와 같습니다.

❻ 6+3= 9

❼ 2+7= 9

합병은 두 양이 있으면 이들을 더하여 전체를 구하는 경우입니다. 예를 들어 흰 바둑돌이 5개 있고 검은 바둑돌이 3개 있으면 모두 8개라고 대답하는 경우입니다.

◑ 그림을 보고 덧셈식을 쓰시오.

4+2=6

❶ 

4+1=5

❷ 1+3=4

❸ 2+5=7

❹ 8+1=9

❺ 1+7=8

❻ 3+4=7

❼ 6+3=9

❽ 4+4=8

❾ 3+3=6

079 바꾸어 더하기

월 일

◐ 두 수를 바꾸어 더한 것입니다. □ 안에 알맞은 수를 써넣으시오.

2 + 6 = 8
6 + 2 = 8

❶ 3 + 4 = 7
4 + 3 = 7

❷ 1 + 2 = 3
2 + 1 = 3

❸ 4 + 2 = 6
2 + 4 = 6

❹ 4 + 1 = 5
1 + 4 = 5

❺ 3 + 6 = 9
6 + 3 = 9

❻ 5 + 3 = 8
3 + 5 = 8

❼ 2 + 5 = 7
5 + 2 = 7

❽ 2 + 3 = 5
3 + 2 = 5

❾ 1 + 3 = 4
3 + 1 = 4

❿ 4 + 5 = 9
5 + 4 = 9

⓫ 7 + 1 = 8
1 + 7 = 8

덧셈에서는 두 수를 바꾸어 더해도 그 값은 같습니다.

◑ 주어진 수를 사용하여 덧셈식을 두 개 만드시오.

6 9 3
3 + 6 = 9
6 + 3 = 9

❶ 4 2 6
2 + 4 = 6
4 + 2 = 6

❷ 4 7 3
3 + 4 = 7
4 + 3 = 7

❸ 4 1 3
1 + 3 = 4
3 + 1 = 4

❹ 6 8 2
2 + 6 = 8
6 + 2 = 8

❺ 1 5 4
1 + 4 = 5
4 + 1 = 5

❻ 8 3 5
3 + 5 = 8
5 + 3 = 8

❼ 9 7 2
2 + 7 = 9
7 + 2 = 9

❽ 7 2 5
2 + 5 = 7
5 + 2 = 7

다리 잇기

월 일

● 계산을 한 다음 알맞게 선으로 이으시오.

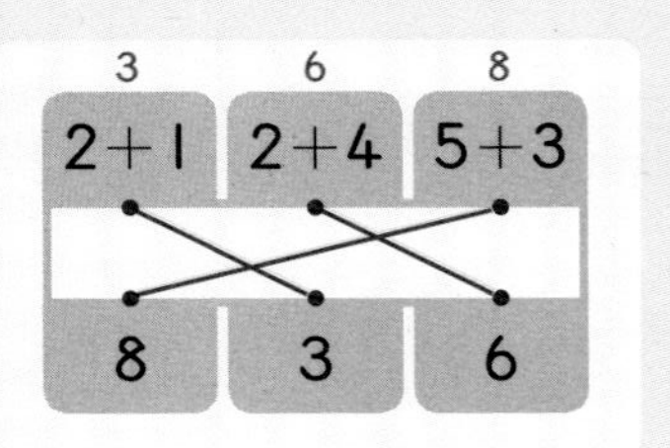

❶
7 6 5
3+4 3+3 2+3
7 5 6

❷
2+6 1+5 1+3
6 4 8

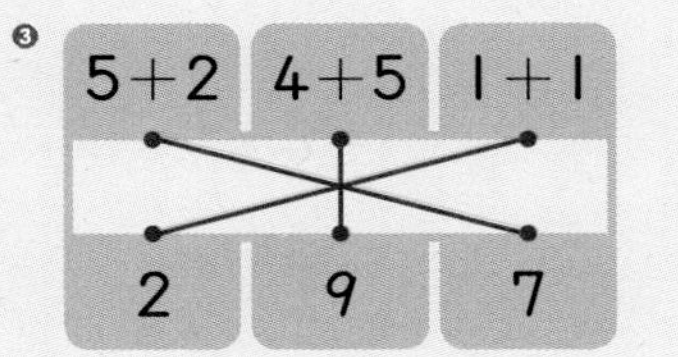

❹
3+1 4+4 3+6
8 4 9

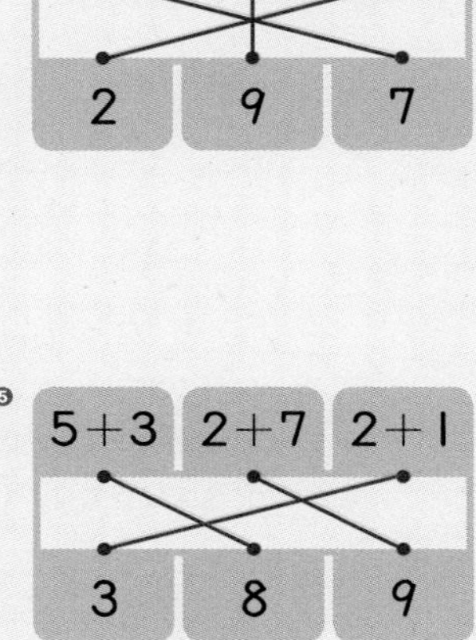

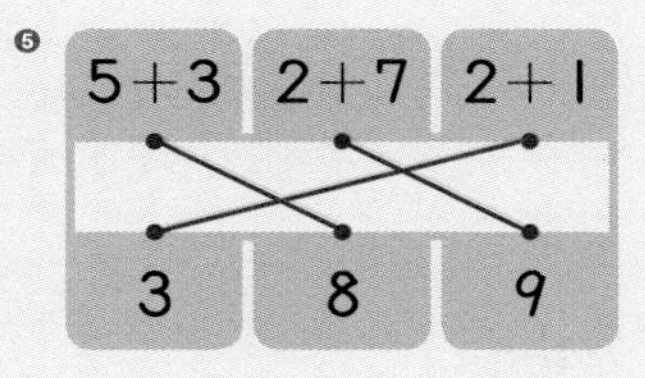

● 계산 결과가 같은 것끼리 선으로 이으시오.

3 5 7
2+1 1+4 4+3
5+2 2+3 1+2
7 5 3

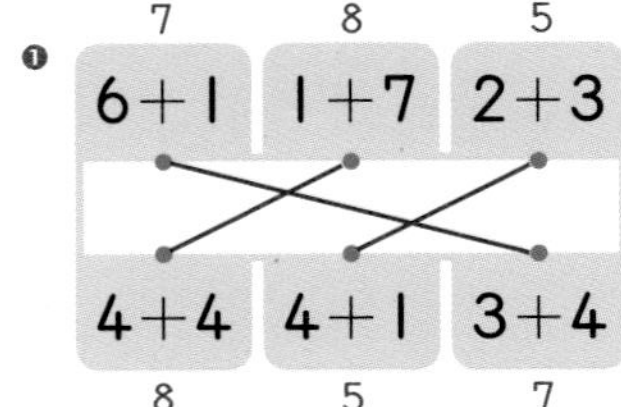

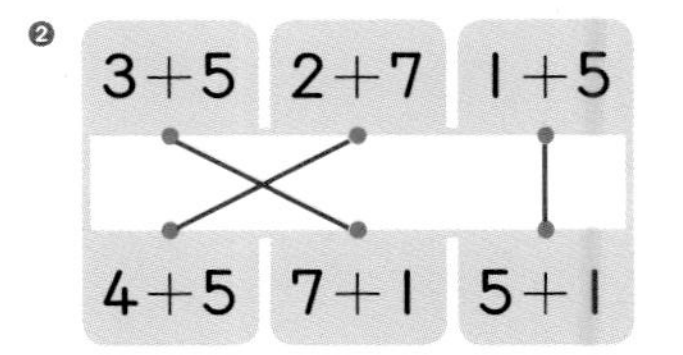

❸
2+4 3+4 8+1
3+6 5+1 1+6

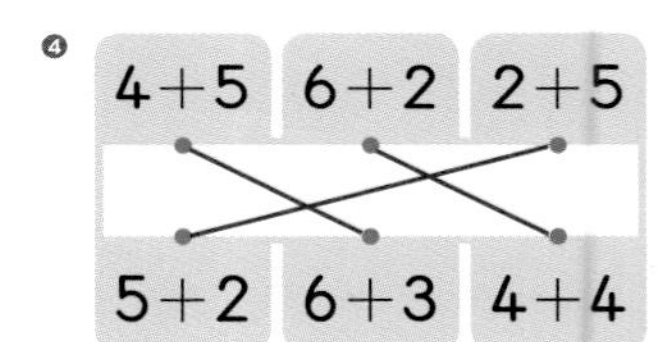

❺
3+3 1+3 4+3
5+2 2+2 5+1

잘 공부했는지 알아봅시다

월　일

1 그림을 보고 덧셈식을 쓰시오.

❶ 

$5+1=\boxed{6}$

❷ $8+\boxed{1}=\boxed{9}$

2 그림을 보고 덧셈을 하시오.

❶ 

$4+1=\boxed{5}$

❷ $4+2=\boxed{6}$

3 그림을 보고 □ 안에 알맞은 수를 써넣으시오.

$4+1=\boxed{5}$

$1+4=\boxed{5}$

두 수를 바꾸어 더해도 그 값은 같습니다.

4 계산 결과가 같은 것끼리 선으로 이으시오.

3+2	1+6	4+5
8+1	2+3	5+2

(3+2 — 2+3, 1+6 — 5+2, 4+5 — 8+1)

081 계산기

월 일

◐ 칠해진 자판을 눌러 덧셈한 것입니다. 계산 결과를 빈칸에 써넣으시오.

8

5+3=8
3+5=8

❶ 5

2+3=5
3+2=5

❷ 7

4+3=7
3+4=7

❸ 4

❹ 6

❺ 8

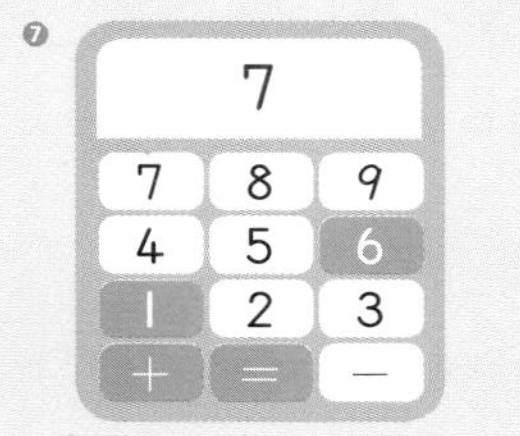

❻ 9

❼ 7

❽ 6

◑ 계산 결과를 보고 숫자 두 개를 □ 안에 써넣으시오. 단 작은 수부터 씁니다.

6 → (1, 5) (2, 4) (3, 3)

합이 6이 되는 두 수를 구합니다.
1+5=6
2+4=6
3+3=6

❶ 5 → (1, 4) (2, 3)

1+4=5
2+3=5

❷ 4 → (1, 3) (2, 2)

1+3=4
2+2=4

❸ 8 → (1, 7) (2, 6) (3, 5) (4, 4)

❹ 9 → (1, 8) (2, 7) (3, 6) (4, 5)

❺ 7 → (1, 6) (2, 5) (3, 4)

082 무게셈

◐ 양팔저울이 평형을 이룹니다. 빈칸에 알맞은 수를 써넣으시오.

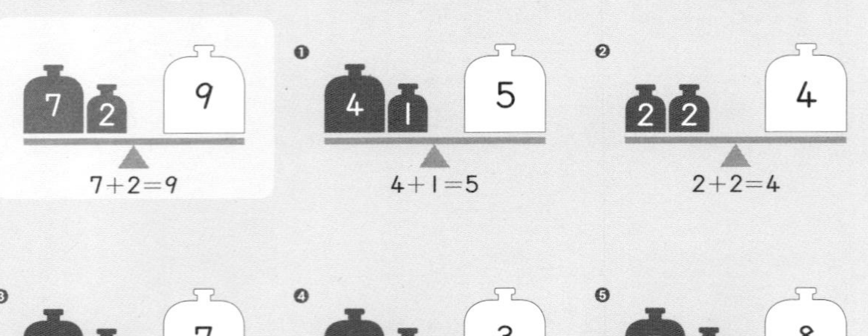

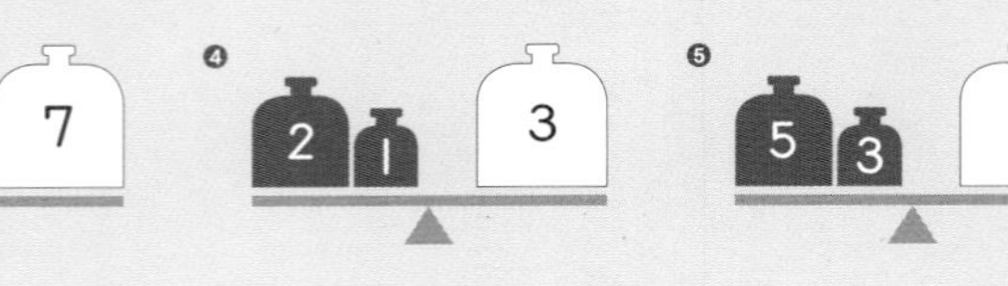

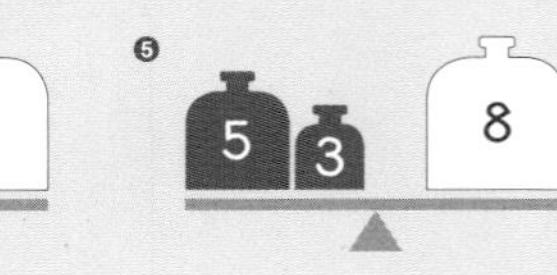

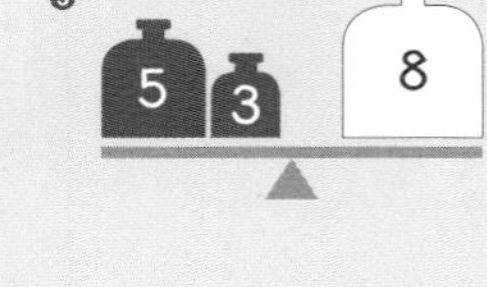

예시: 7, 2 | 9 — 7+2=9

❶ 4, 1 | 5 — 4+1=5

❷ 2, 2 | 4 — 2+2=4

❸ 4, 3 | 7

❹ 2, 1 | 3

❺ 5, 3 | 8

❻ 6 | 2, 4

❼ 9 | 3, 6

❽ 4 | 1, 3

❾ 5 | 2, 3

❿ 8 | 7, 1

⓫ 9 | 4, 5

◐ 안의 세 수를 빈칸에 써넣으시오. 사용하지 않는 수는 ×표 합니다.

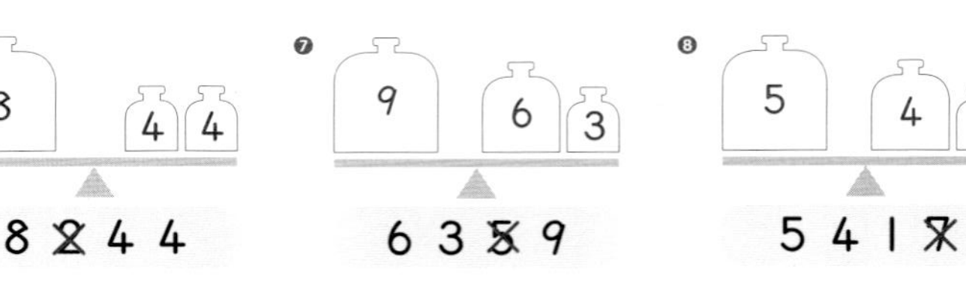

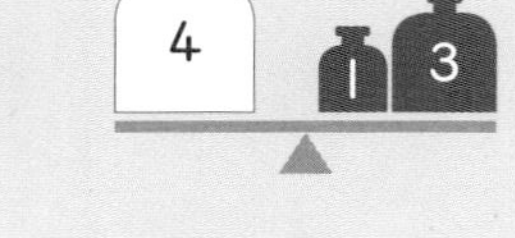

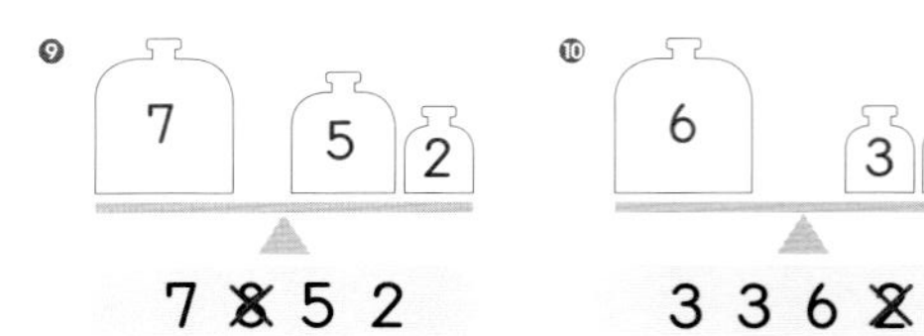

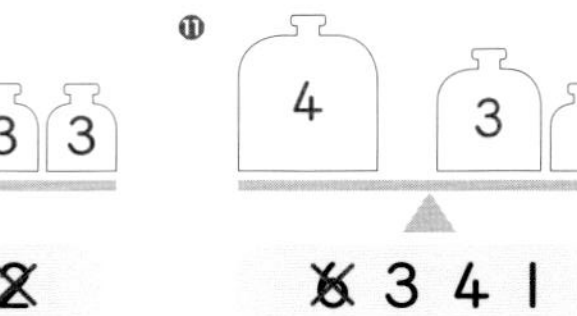

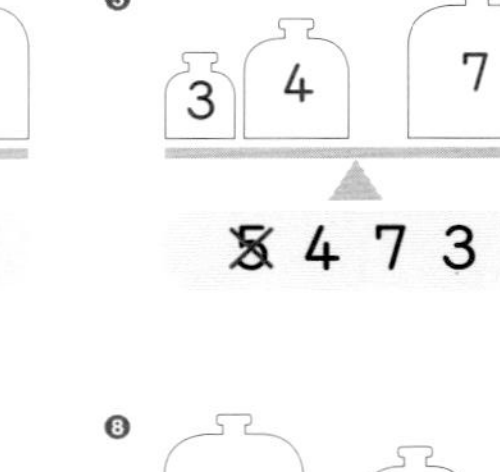

예시: 7, 2 | 9 — 7 ~~8~~ 9 2

세 수로 덧셈식을 만듭니다.
7+2=9
추의 크기에 맞게 수를 써넣습니다.

❶ 5, 1 | 6 — 5 ~~8~~ 6 1 — 5+1=6

❷ 3, 2 | 5 — 2 5 ~~6~~ 3 — 3+2=5

❸ 2, 1 | 3 — 3 1 ~~9~~ 2

❹ 2, 2 | 4 — 2 ~~8~~ 2 4

❺ 3, 4 | 7 — ~~5~~ 4 7 3

❻ 8 | 4, 4 — 8 ~~2~~ 4 4

❼ 9 | 6, 3 — 6 3 ~~5~~ 9

❽ 5 | 4, 1 — 5 4 1 ~~7~~

❾ 7 | 5, 2 — 7 ~~8~~ 5 2

❿ 6 | 3, 3 — 3 3 6 ~~2~~

⓫ 4 | 3, 1 — ~~6~~ 3 4 1

083 막대셈

● 선으로 이어진 두 수의 합을 구하시오.

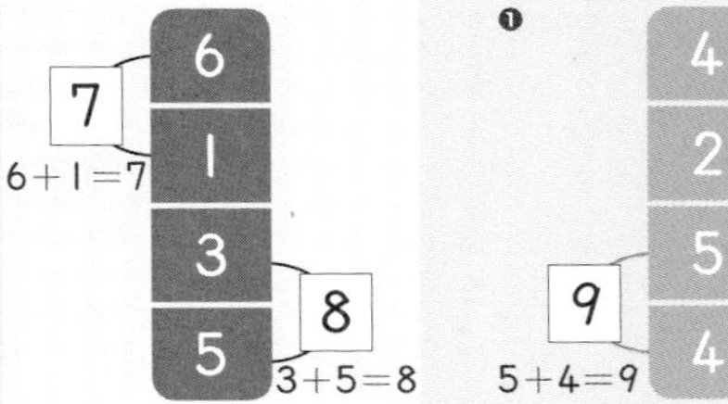

7, 6+1=7 / 8, 3+5=8

❶ 6, 4+2=6 / 9, 5+4=9

❷ 7 / 5

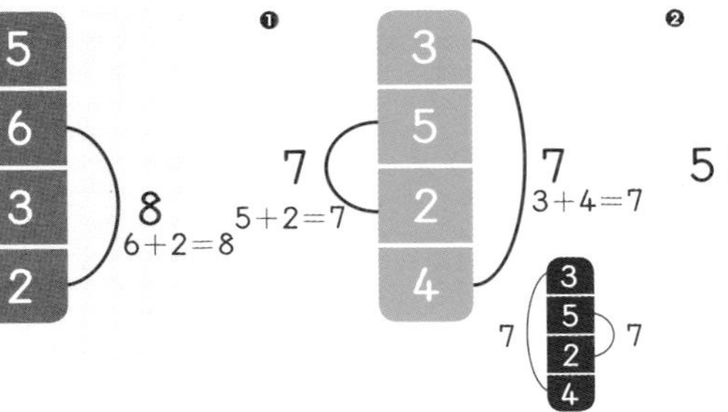

❸ 6 / 9

❹ 4 / 8

❺ 8 / 5

❻ 3 / 9

❼ 4 / 8

❽ 6 / 7

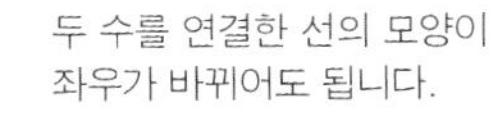

● 합이 같도록 두 수를 선으로 잇고, 합을 쓰시오.

두 수를 연결한 선의 모양이 좌우가 바뀌어도 됩니다.

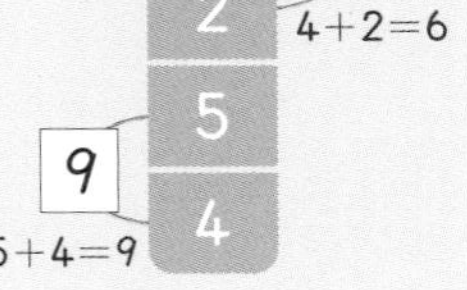
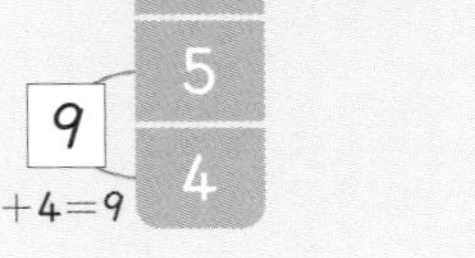

8, 5+3=8 / 8, 6+2=8

❶ 7, 5+2=7 / 7, 3+4=7

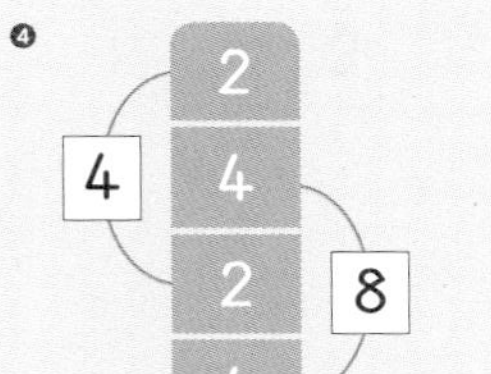
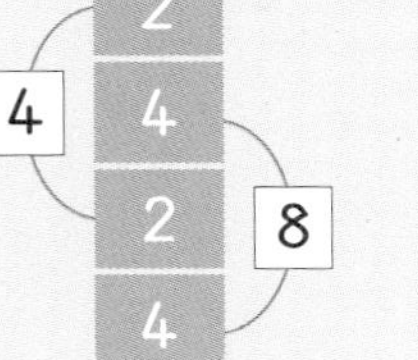
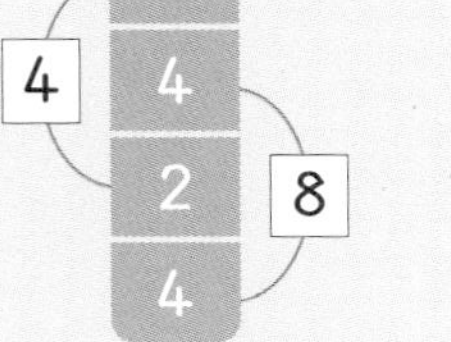

❷ 5 / 5

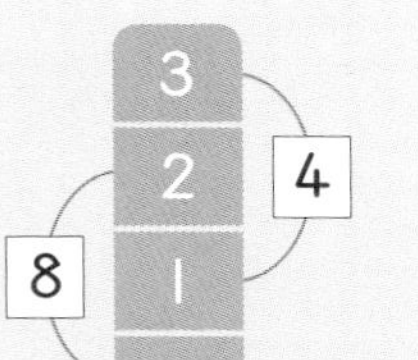
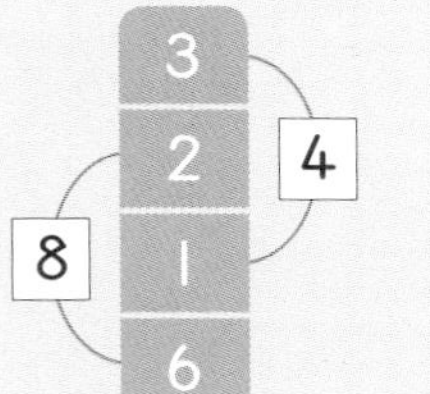

❸ 6 / 6

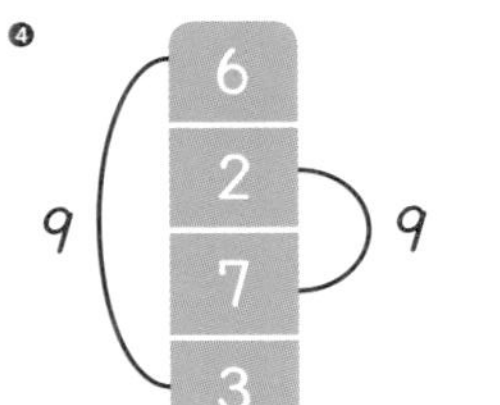

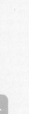

❹ 9 / 9

❺ 4 / 4

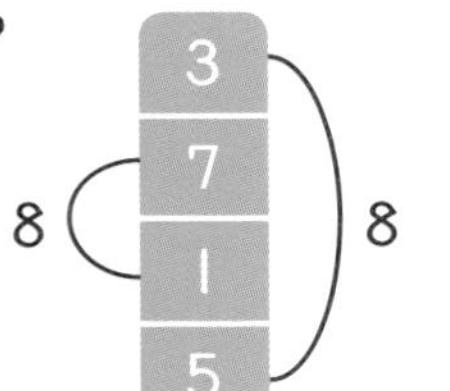
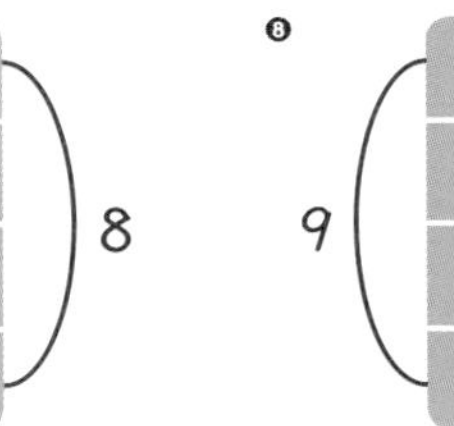

❻ 7 / 7

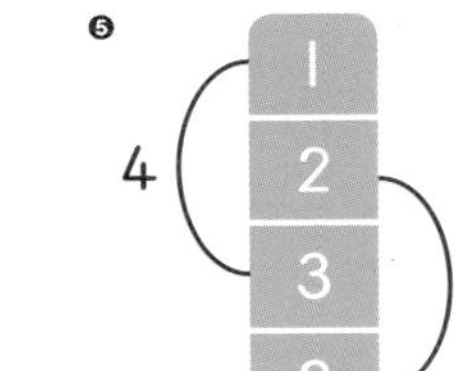

❼ 8 / 8

❽ 9 / 9

084 과녁셈

◐ 화살이 꽂힌 부분의 수의 합을 가운데 ○ 안에 써넣으시오.

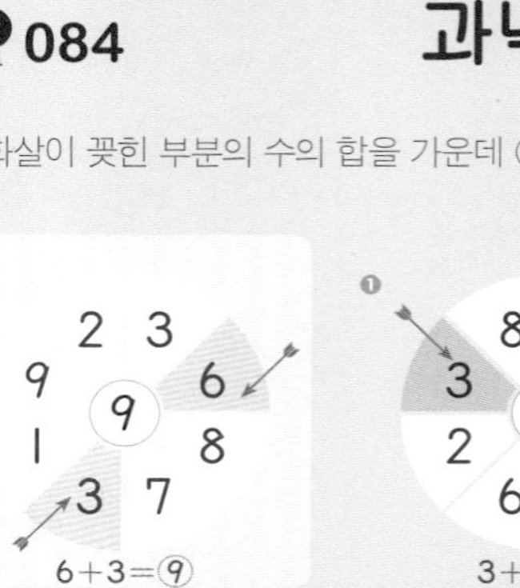

6+3=⑨

❶

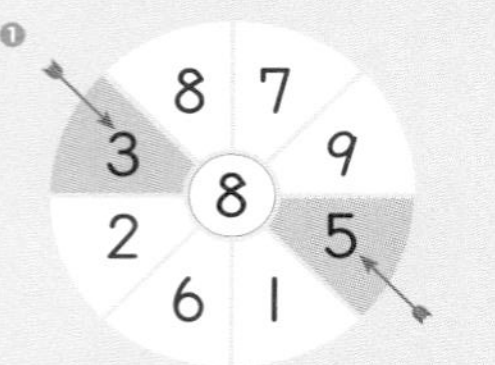

3+5=⑧

❷ 1+2=③

❸

❹

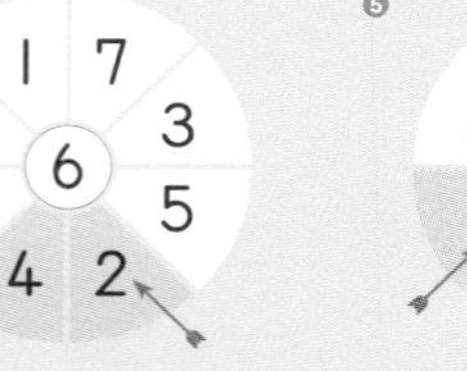

❺

❻

❼

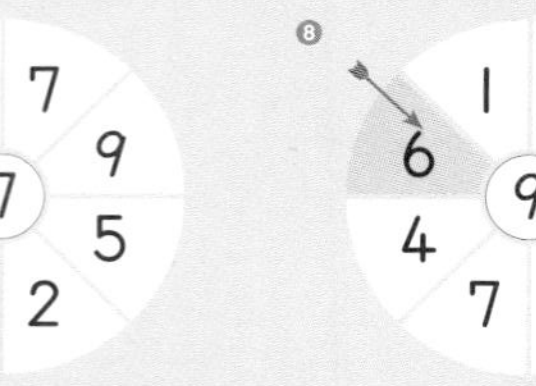

❽

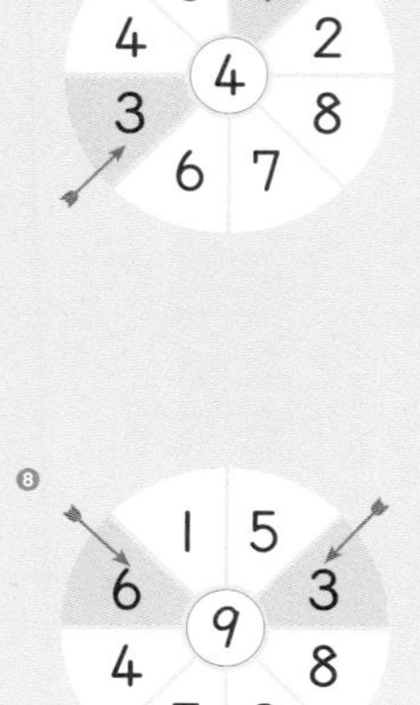

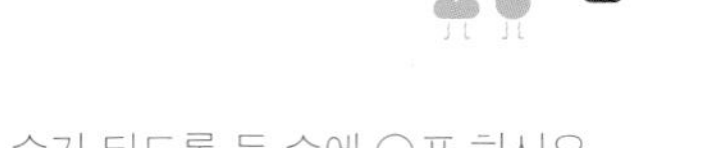

월 일

◐ 수의 합이 가운데 수가 되도록 두 수에 ○표 하시오.

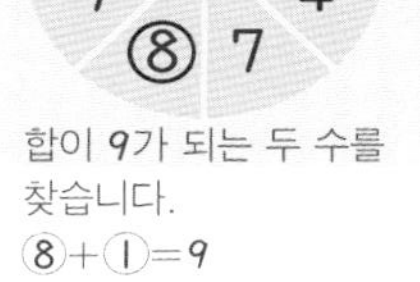

합이 9가 되는 두 수를 찾습니다.
⑧+①=9

❶ ①+④=5

❷ ②+⑤=7

❸

❹

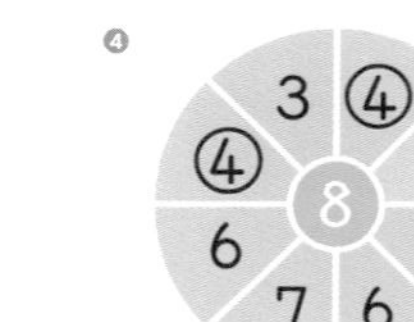

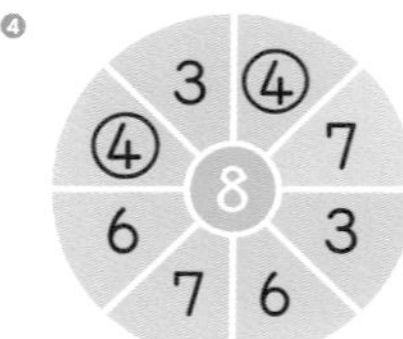

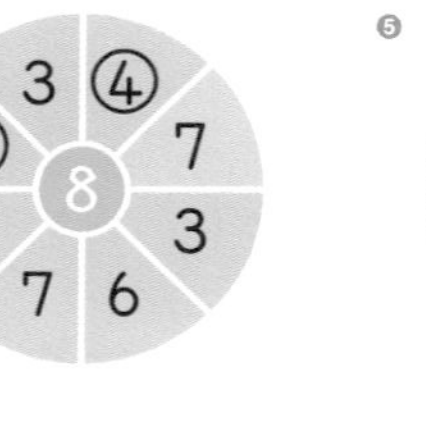

❺

❻

❼

❽

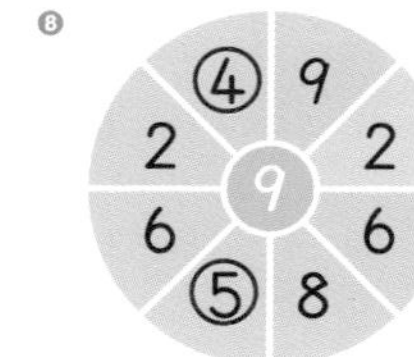

잘 공부했는지 알아봅시다

월 일

1 합이 6인 덧셈식을 4개 만드시오. 단, 큰 수를 앞에 씁니다.

6 + 0 = 6　5 + 1 = 6　4 + 2 = 6　3 + 3 = 6

2 두 수의 합을 구한 것입니다. 계산 결과를 보고 두 수를 찾아 빈칸에 쓰시오.

9		
7	8	9
4	5	6
1	2	3
+	=	−

(1 , 8)
(2 , 7)
(3 , 6)
(4 , 5)

3 합이 같도록 두 수를 선으로 잇고 합을 쓰시오.

❶
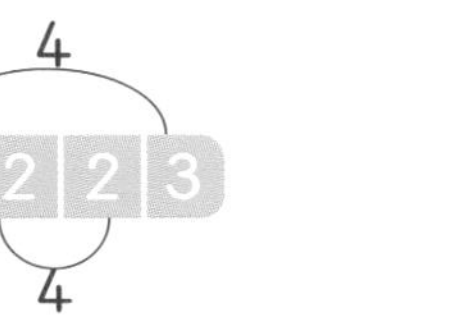

❷
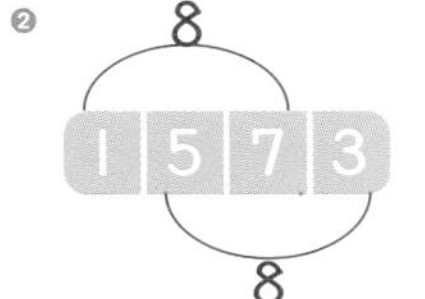

4 수의 합이 가운데 수가 되도록 두 수에 ○표 하시오.

6 + 1 = 7

085 그림 네모셈

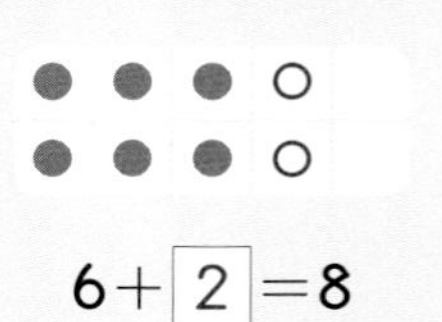

◐ □ 안에 들어갈 수만큼 ○표 하고, 알맞은 수를 써넣으시오.

6+[2]=8

① 4+[3]=7　② 1+[5]=6

③ 3+[1]=4　④ 2+[4]=6　⑤ 7+[1]=8

⑥ 1+[2]=3　⑦ 5+[3]=8　⑧ 2+[3]=5

⑨ 3+[6]=9　⑩ 2+[5]=7　⑪ 8+[1]=9

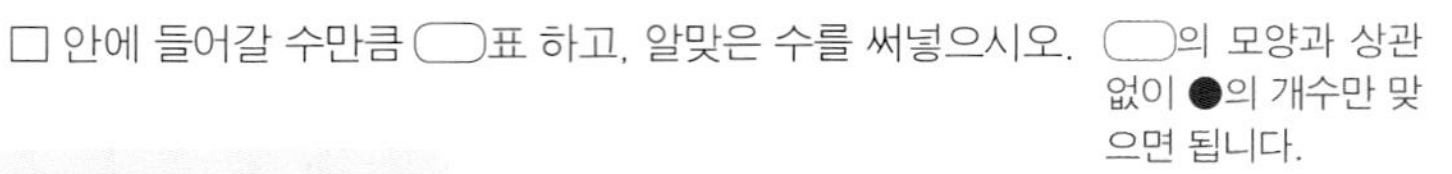

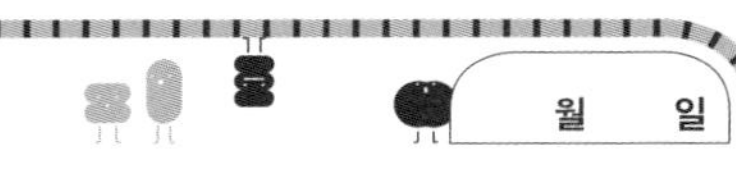

월 일

◑ □ 안에 들어갈 수만큼 ⬭표 하고, 알맞은 수를 써넣으시오. ⬭의 모양과 상관없이 ●의 개수만 맞으면 됩니다.

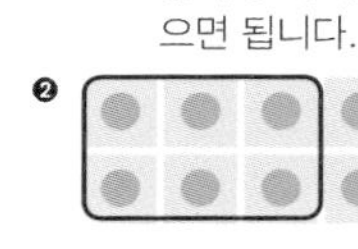

[4]+3=7

① [5]+4=9　② [6]+2=8

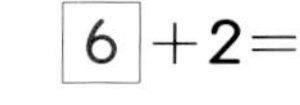

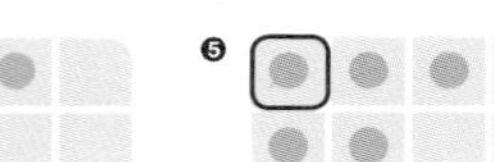

③ [2]+2=4　④ [6]+1=7　⑤ [1]+4=5

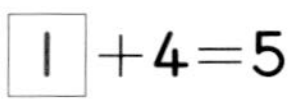

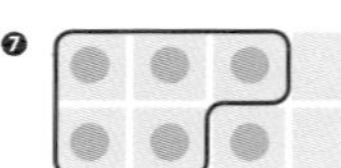

⑥ [1]+7=8　⑦ [5]+1=6　⑧ [2]+5=7

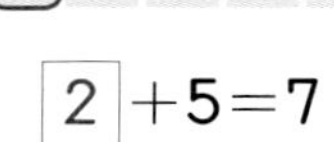

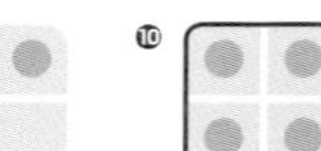

⑨ [7]+2=9　⑩ [5]+3=8　⑪ [4]+5=9

086 네모셈

월 일

◐ □ 안에 들어갈 수에 ○표 하고, 알맞은 수를 써넣으시오.

□ 안에 수를 넣어 계산해 봅니다.

예: $5+\boxed{2}=7$ — 1 3 ②
5+1=6
5+3=8
5+②=7

❶ $6+\boxed{3}=9$ — ③ 4 2 (6+③=9)

❷ $4+\boxed{1}=5$ — 2 ① 3 (4+①=5)

❸ $\boxed{6}+2=8$ — ⑥ 7 5

❹ $\boxed{5}+2=7$ — 6 ⑤ 4

❺ $\boxed{2}+4=6$ — 4 3 ②

예: $\boxed{4}+4=8$ — 6 5 ④

❻ $\boxed{2}+6=8$ — 4 3 ②

❼ $\boxed{5}+2=7$ — ⑤ 7 6

❽ $7+\boxed{1}=8$ — 2 ① 3

❾ $2+\boxed{3}=5$ — ③ 1 2

❿ $2+\boxed{7}=9$ — 6 5 ⑦

◑ □ 안에 알맞은 수를 써넣으시오.

두 수를 바꾸어 더하여도 계산 결과는 같습니다.

예: $6+\boxed{2}=8$, $\boxed{2}+6=8$

❶ $3+\boxed{2}=5$, $\boxed{2}+3=5$

❷ $1+\boxed{6}=7$, $\boxed{6}+1=7$

❸ $4+\boxed{5}=9$, $\boxed{5}+4=9$

❹ $2+\boxed{1}=3$, $\boxed{1}+2=3$

❺ $1+\boxed{3}=4$, $\boxed{3}+1=4$

예: $5+\boxed{2}=7$, $\boxed{2}+5=7$

❻ $2+\boxed{4}=6$, $\boxed{4}+2=6$

❼ $1+\boxed{8}=9$, $\boxed{8}+1=9$

❽ $5+\boxed{4}=9$, $\boxed{4}+5=9$

❾ $3+\boxed{5}=8$, $\boxed{5}+3=8$

❿ $6+\boxed{1}=7$, $\boxed{1}+6=7$

087 도미노 연산

● □ 안에 알맞은 수를 써넣으시오.

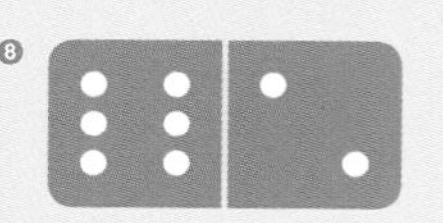

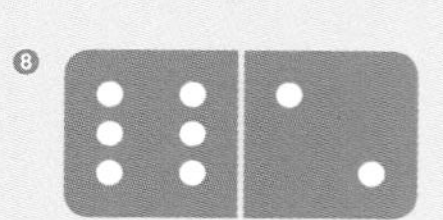

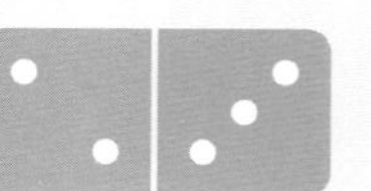

2+3=5

❶ 4+5=9

❷ 5+3=8

❸ 3+4=7

❹ 1+5=6

❺ 8+1=9

❻ 4+4=8

❼ 2+7=9

❽ 6+2=8

❾ 5+2=7

❿ 3+1=4

⓫ 1+6=7

월 일

● 도미노에 ○를 알맞게 그리고, □ 안에 알맞은 수를 써넣으시오.

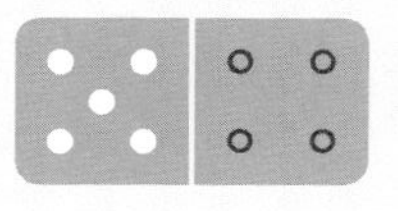

5+4=9

❶ 5+2=7

❷ 3+3=6

❸ 1+7=8

❹ 2+5=7

❺ 2+1=3

❻ 3+2=5

❼ 4+2=6

❽ 3+6=9

❾ 4+4=8

❿ 6+3=9

⓫ 2+5=7

088 비행기

월 일

◐ 덧셈식에 맞게 ○표 하시오.

(보기) 3 + (2, ④, 3) = 7 — 3+4=7

❶ 2 + (③, 2, 4) = 5 — 2+3=5

❷ 3 + (6, 4, ⑤) = 8

❸ 5 + (2, ④, 3) = 9

❹ 2 + (⑦, 8, 6) = 9

❺ 2 + (4, 6, ⑤) = 7

❻ 5 + (2, 3, ①) = 6

❼ 7 + (3, 1, ②) = 9

◑ 빈칸에 알맞은 수를 써넣으시오.

(보기) 5 + (3, 1, 4) = (8, 6, 9) — 5+3=8, 5+1=6, 5+4=9

❶ 3 + (2, 6, 3) = (5, 9, 6) — 3+2=5, 3+6=9, 3+3=6

❷ 4 + (1, 3, 4) = (5, 7, 8)

❸ 2 + (1, 2, 5) = (3, 4, 7)

❹ 1 + (3, 1, 8) = (4, 2, 9)

❺ 4 + (4, 2, 1) = (8, 6, 5)

❻ 3 + (3, 5, 1) = (6, 8, 4)

❼ 6 + (3, 1, 2) = (9, 7, 8)

잘 공부했는지 알아봅시다

월 일

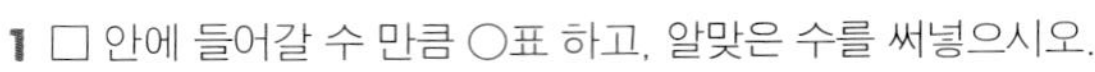

1 □ 안에 들어갈 수 만큼 ○표 하고, 알맞은 수를 써넣으시오.

❶ 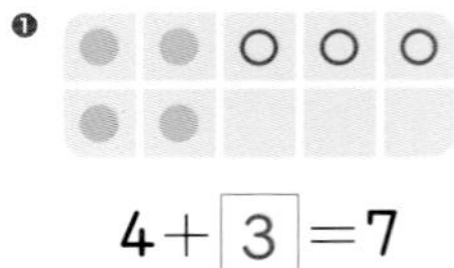

4+[3]=7

❷ 5+[4]=9

2 □ 안에 알맞은 수를 써넣으시오.

❶ 6+[2]=8
[2]+6=8

❷ 1+[2]=3
[2]+1=3

❸ 1+[7]=8
[7]+1=8

3 도미노에 ○를 알맞게 그리고, □ 안에 알맞은 수를 써넣으시오.

❶ 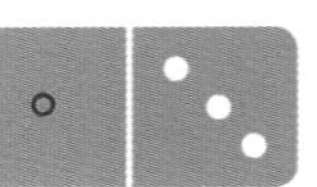

[1]+3=4

❷ 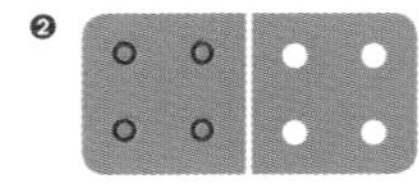

[4]+4=8

도미노의 두 칸의 점의 수가 계산 결과와 같아야 합니다.

4 빈칸에 알맞은 수를 써넣으시오.

5 + 2 = 7 (5+2=7)
5 + 3 = 8 (5+3=8)
5 + 1 = 6 (5+1=6)

089 상자셈

◐ □ 안에 알맞은 수를 써넣으시오.

4 → +4 → 8
4+4=8

❶ 3 → +2 → 5
3+2=5

❷ 2 → +1 → 3

❸ 1 → +5 → 6

❹ 5 → +2 → 7

❺ 2 → +2 → 4

❻ 3 → +5 → 8

❼ 5 → +4 → 9

❽ 2 → +4 → 6

❾ 4 → +3 → 7

월 일

◑ □ 안에 알맞은 수를 써넣으시오.

1 → +3 → 4
1+3=4

❶ 1 → +2 → 3
1+2=3

❷ 6 → +2 → 8

❸ 2 → +3 → 5

❹ 4 → +5 → 9

❺ 3 → +4 → 7

❻ 5 → +1 → 6

❼ 2 → +7 → 9

❽ 1 → +6 → 7

❾ 5 → +3 → 8

090 두 막대

● 빈칸에 알맞은 수를 써넣으시오.

3 | 5 / 8

3+ 5 =8

① 

5 +2=7

② 6 | 3 / 9

6+ 3 =9

③ 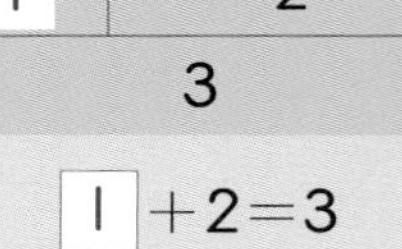

1 +2=3

④ 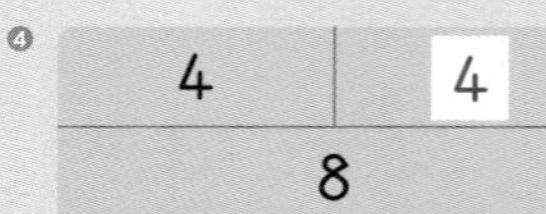

4+ 4 =8

⑤ 

3 +3=6

⑥ 1 | 4 / 5

1+ 4 =5

⑦ 7 | 2 / 9

7 +2=9

● 빈칸에 알맞은 수를 써넣으시오.

5 | 4 / 6 | 3

5+4=9
6+ 3 =9

① 

② 4 | 1 / 3 | 2

③ 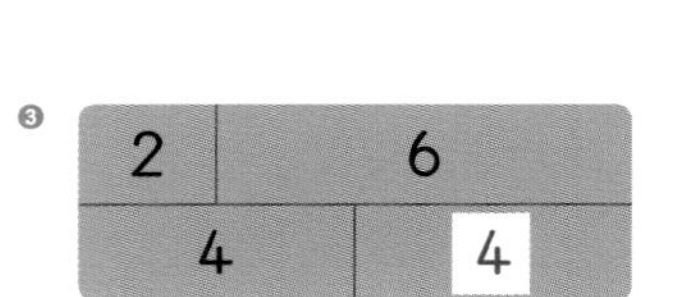

④ 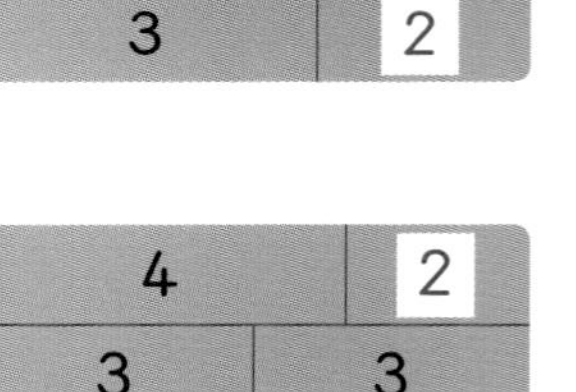

⑤ 2 | 7 / 5 | 4

⑥ 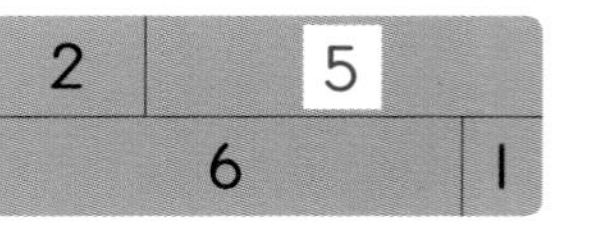

⑦ 

⑧ 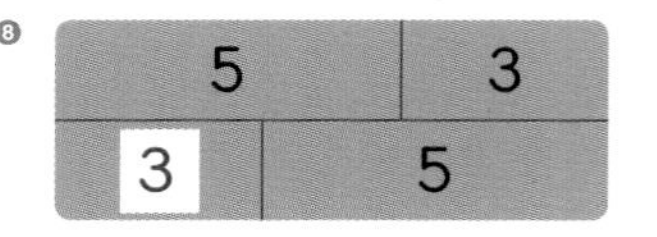

⑨ 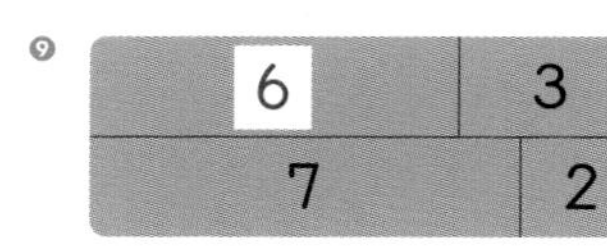

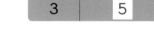

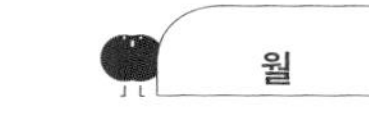

091 계단셈

월 일

◐ 빈칸에 알맞은 수를 써넣으시오.

(예시) $4+1=5$, $5+2=7$

$4 \xrightarrow{+1} 5 \xrightarrow{+2} 7$

❶ $2 \xrightarrow{+2} 4 \xrightarrow{+3} 7$

❷ $6 \xrightarrow{+1} 7 \xrightarrow{+2} 9$

❸ $3 \xrightarrow{+4} 7 \xrightarrow{+2} 9$

❹ $1 \xrightarrow{+3} 4 \xrightarrow{+4} 8$

❺ $5 \xrightarrow{+3} 8 \xrightarrow{+1} 9$

◑ 빈칸에 알맞은 수를 써넣으시오.

(예시) $5+1=6$, $6+2=8$

$5 \xrightarrow{+1} 6 \xrightarrow{+2} 8$

❶ $1+2=3$, $3+6=9$

$1 \xrightarrow{+2} 3 \xrightarrow{+6} 9$

❷ $2 \xrightarrow{+3} 5 \xrightarrow{+2} 7$

❸ $2 \xrightarrow{+1} 3 \xrightarrow{+3} 6$

❹ $1 \xrightarrow{+6} 7 \xrightarrow{+2} 9$

❺ $3 \xrightarrow{+2} 5 \xrightarrow{+3} 8$

092

원형셈

◐ 두 수의 합을 빈칸에 써넣으시오.

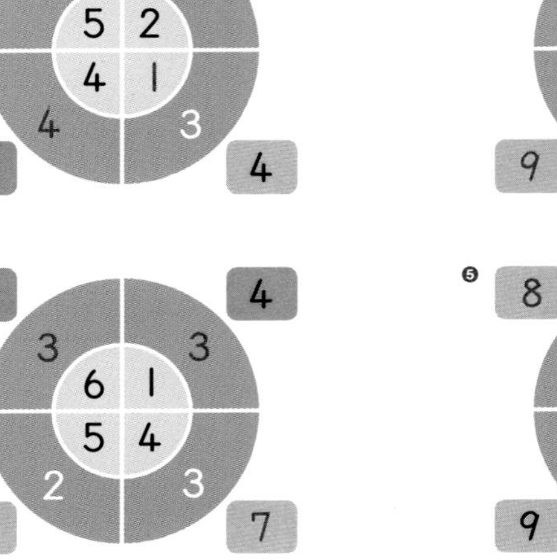

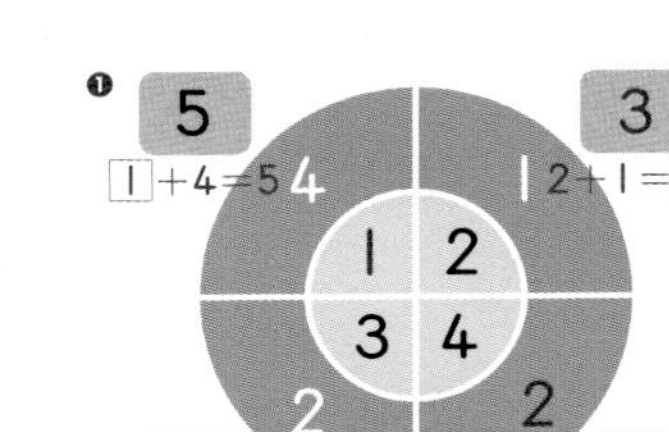

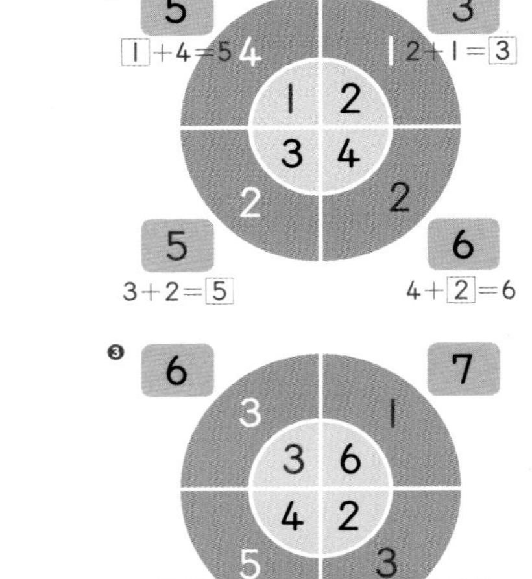

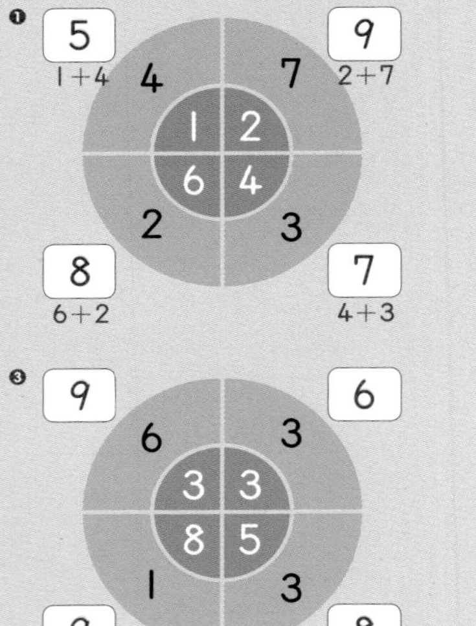

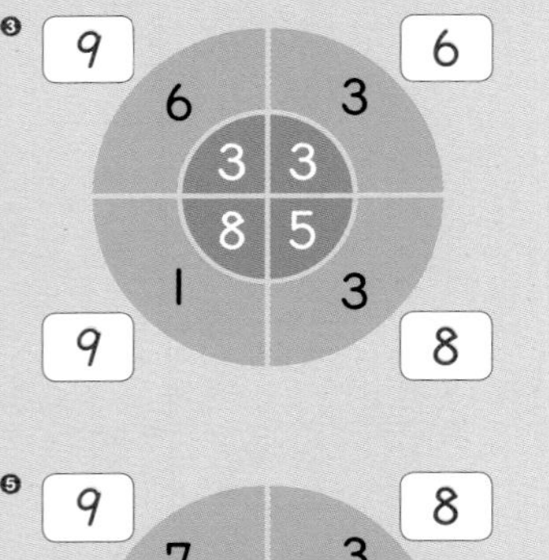

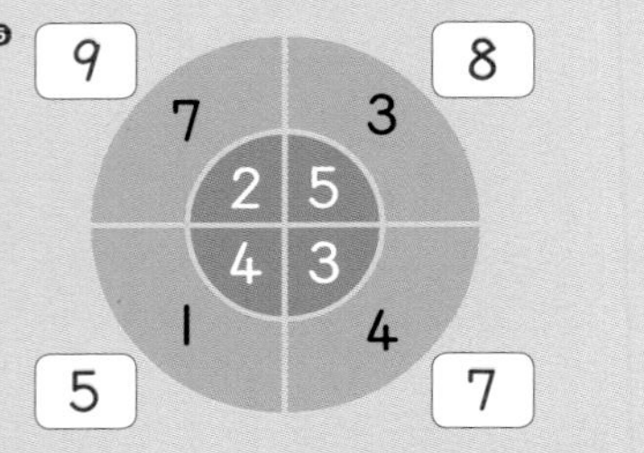

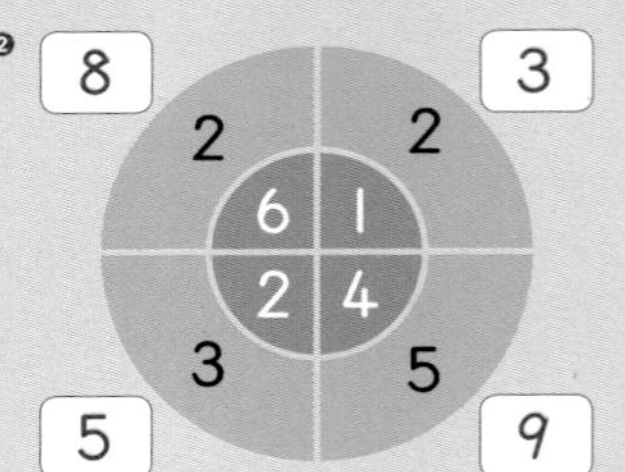

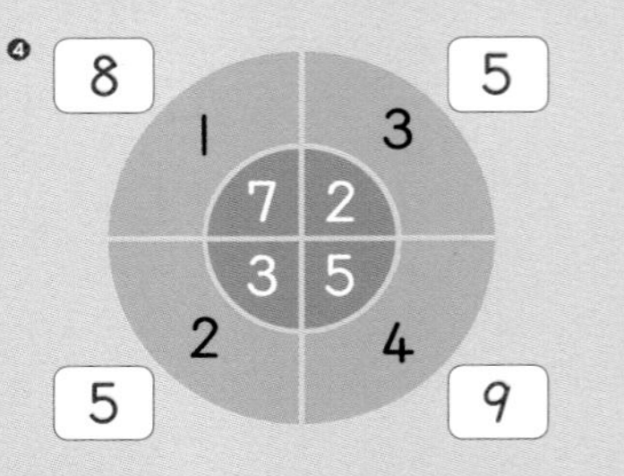

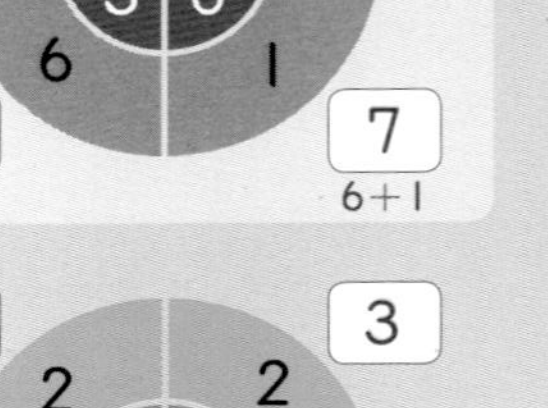

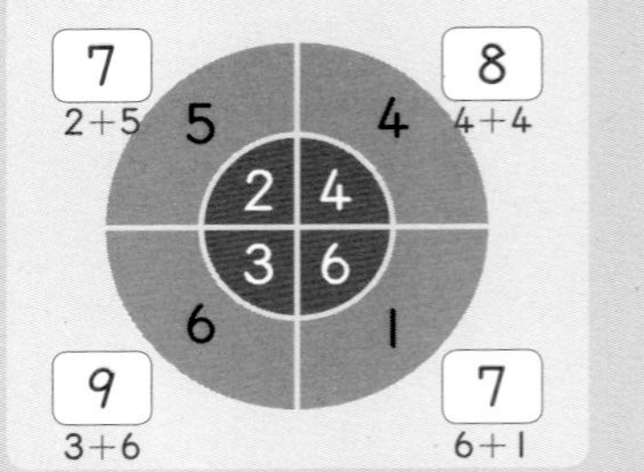

월 일

◐ 빈칸에 알맞은 수를 써넣으시오.

잘 공부했는지 알아봅시다

월 일

1 상자의 빈칸에 알맞은 수를 써넣으시오.

❶ 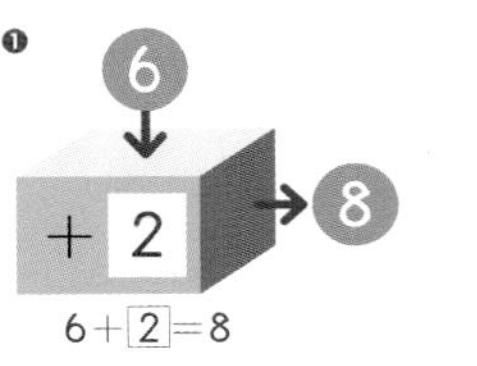

6+2=8

❷ 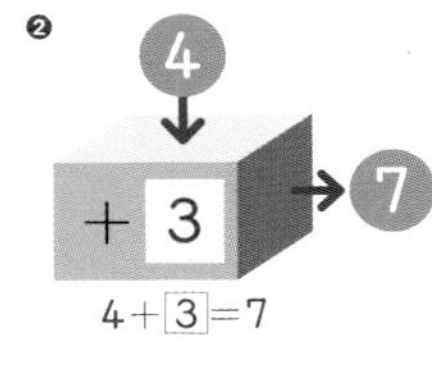

4+3=7

❸ 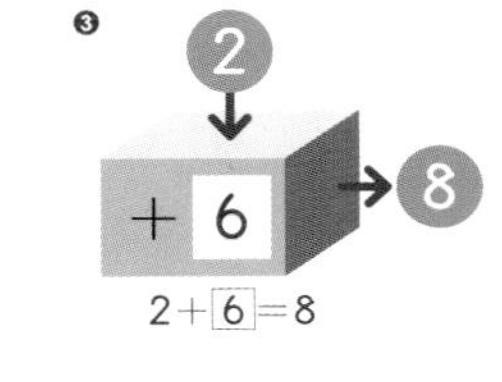

2+6=8

2 빈칸에 알맞은 수를 써넣으시오.

❶ 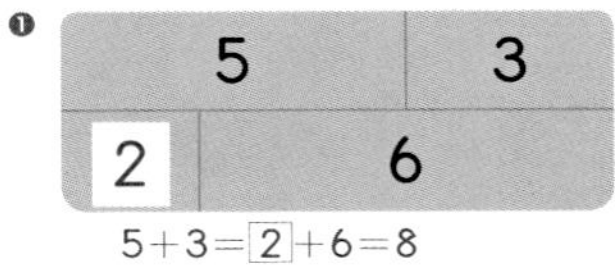

5+3=2+6=8

❷ 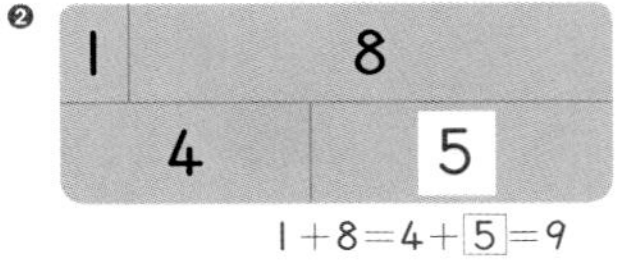

1+8=4+5=9

3 빈칸에 알맞은 수를 써넣으시오.

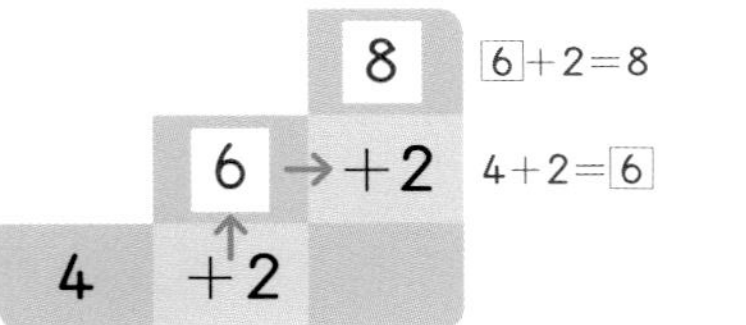

6+2=8

4+2=6

093 다이아몬드

월 일

◐ 선으로 연결된 두 수의 합을 빈칸에 써넣으시오.

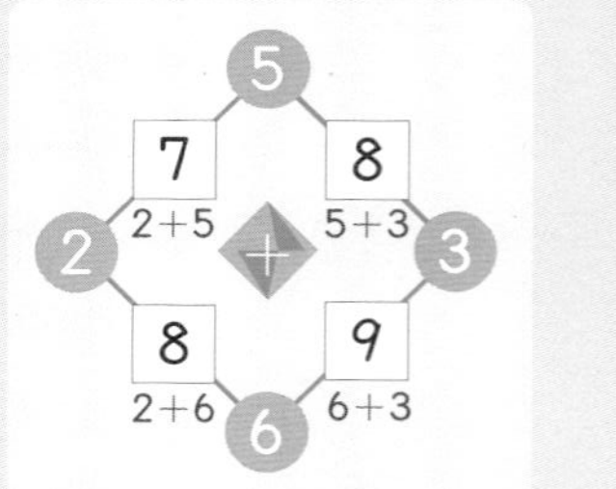

①

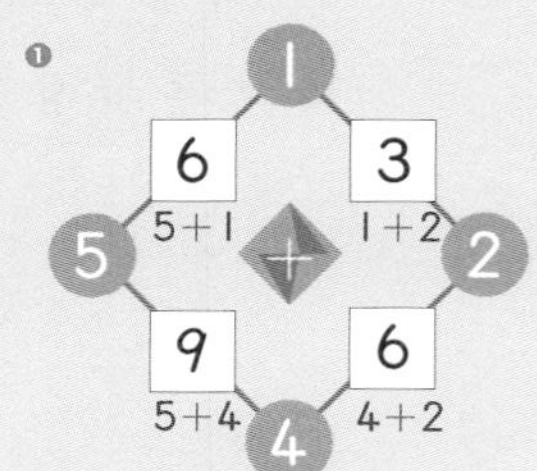

②

3
6 7
3 4
5 6
2

③

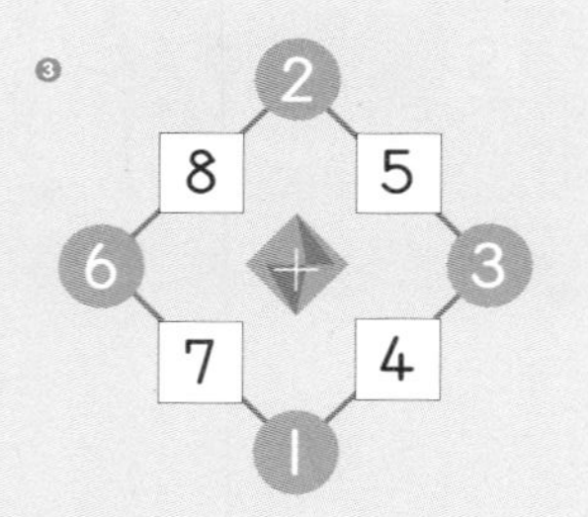

④

7
9 8
2 1
6 5
4

⑤

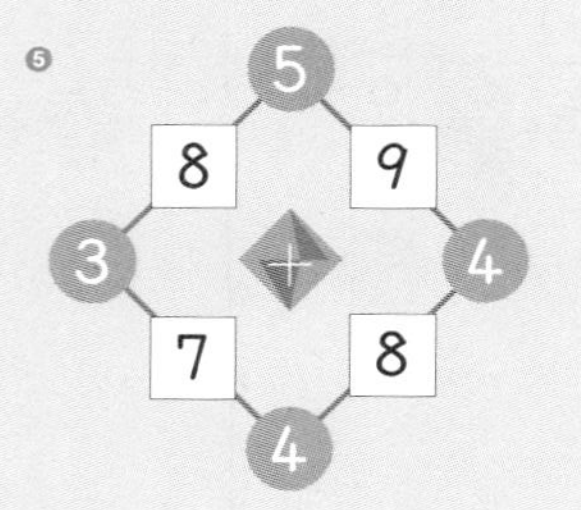

◐ 두 수의 합이 선 위의 수가 되도록 빈칸에 알맞은 수를 써넣으시오.

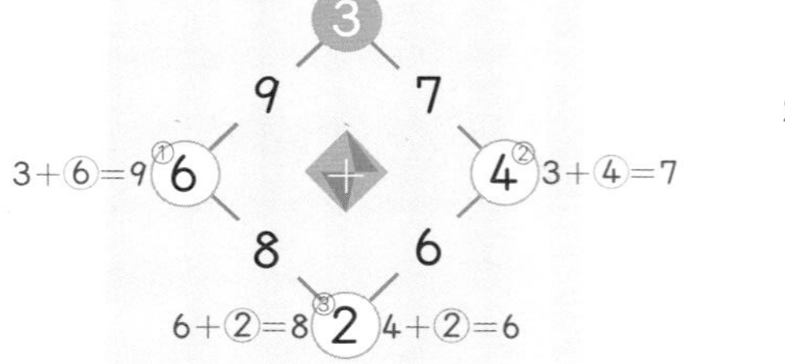

①

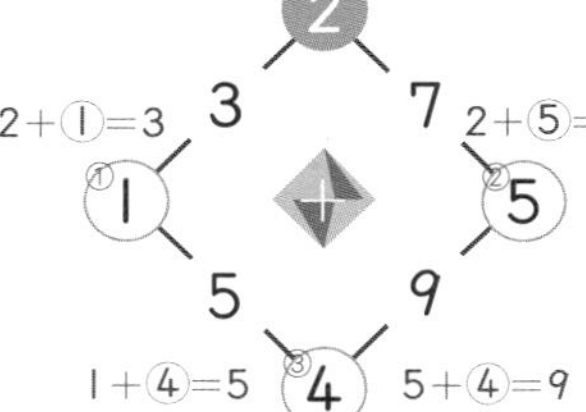

②

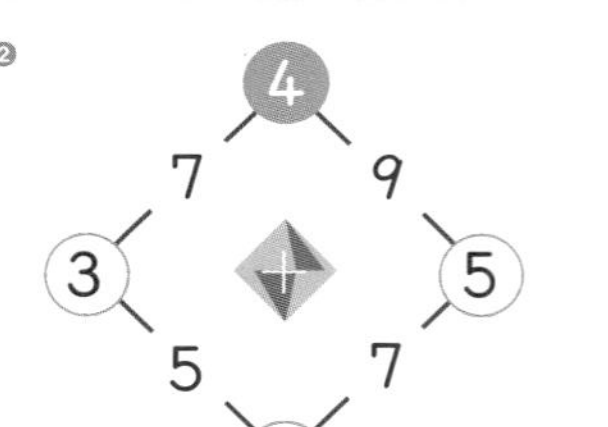

③

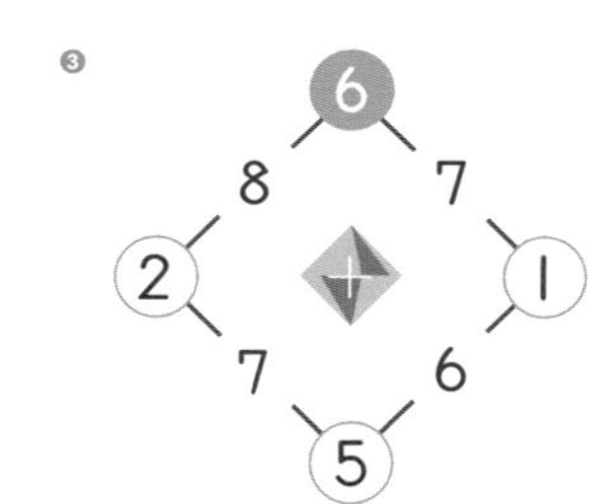

④

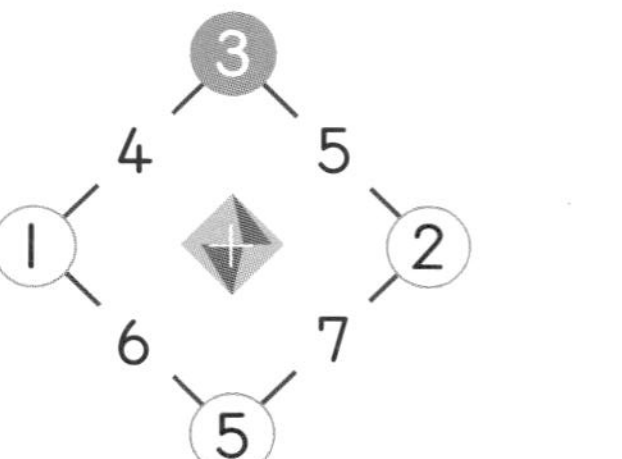

⑤

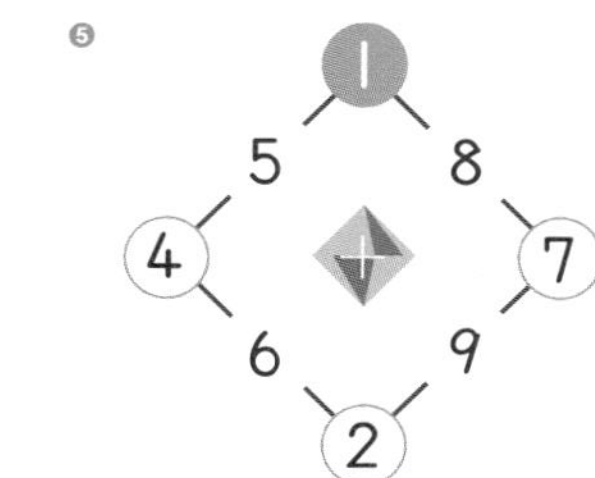

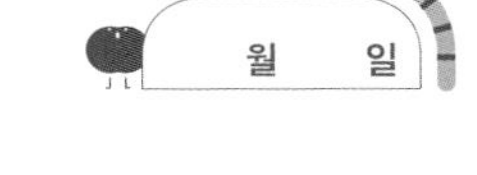

월 일

094 매트릭스

◐ 가로, 세로로 두 수씩 더하여 빈칸을 채우시오.

4	3		7	4+3
5		1	6	5+1
	6	2	8	6+2
9	9	3	+	
4+5	3+6	1+2		

❶

7	1		8
	4	3	7
2		1	3
9	5	4	+

❷

	3	2	5
3	6		9
5		4	9
8	9	6	+

❸

	5	1	6
2		7	9
3	3		6
5	8	8	+

❹

2		6	8
	8	1	9
3	1		4
5	9	7	+

❺

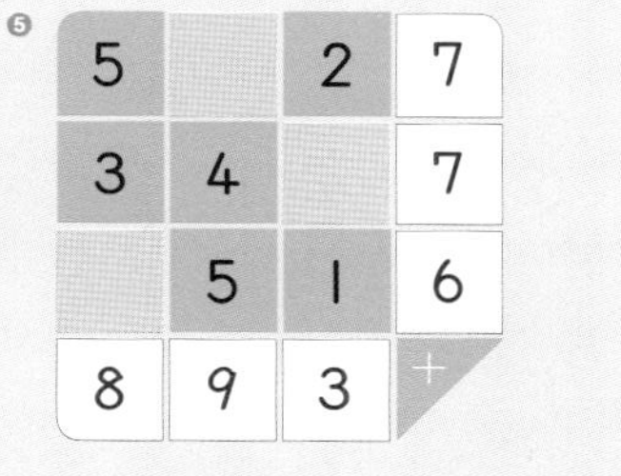

5		2	7
3	4		7
	5	1	6
8	9	3	+

◐ 가로, 세로로 두 수씩 더하여 빈칸을 채우시오.

⑤5		2	⑥7
④4	③1		5
	②3	①6	9
9	4	8	+

① 2+6=8
② 3+6=9
③ 3+1=4
④ 4+1=5
⑤ 5+4=9
⑥ 5+2=7

❶

②6	③2		8
	④1	⑤5	6
①3		4	7
9	3	⑥9	+

① 3+4=7
② 6+3=9
③ 6+2=8
④ 2+1=3
⑤ 1+5=6
⑥ 5+4=9

❷

	1	4	5
2		3	5
5	3		8
7	4	7	+

❸

	7	2	9
6	1		7
3		4	7
9	8	6	+

❹

1		3	4
	2	1	3
5	3		8
6	5	4	+

❺

5	4		9
2		7	9
	2	1	3
7	6	8	+

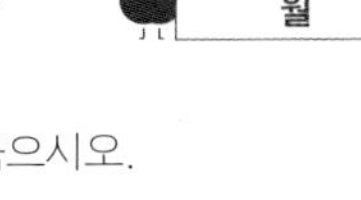

095 수 묶기

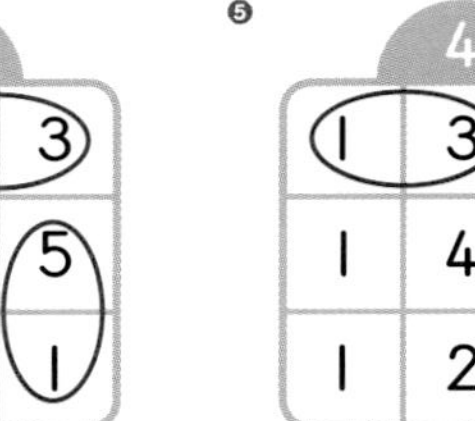
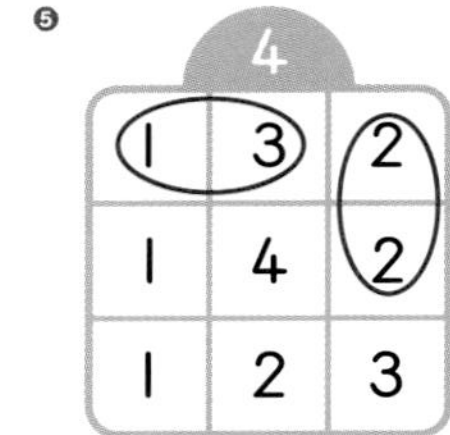
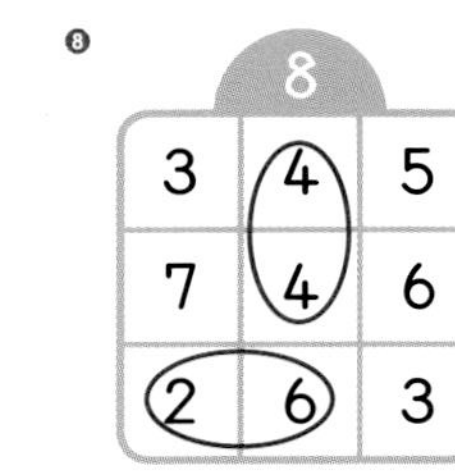

◐ 이웃한 두 수의 합이 ● 안의 수가 되도록 ◯로 묶으시오.

8 : 3 2 6 1 1 (2+6=8)

❶ 6 : 1 2 1 3 3 (3+3=6)

❷ 7 : 5 1 2 4 3

❸ 4 : 1 3 2 1 2

❹ 5 : 4 3 2 2 1

❺ 8 : 5 2 4 5 3

❻ 9 : 2 7 4 1 2

❼ 7 : 2 1 3 3 4

❽ 6 : 5 3 1 2 4

❾ 9 : 1 6 3 5 1

❿ 8 : 4 3 3 2 6

⓫ 7 : 5 2 3 2 4

◐ 이웃한 두 수의 합이 ▲ 안의 수가 되도록 ◯로 묶으시오.

6

4	2	3
3	1	1
6	2	5

❶ 7

1	3	4
8	5	1
7	2	4

❷ 5

2	6	3
1	4	2
3	5	7

❸ 8

4	3	5
7	2	1
1	4	8

❹ 6

4	3	3
1	2	5
6	3	1

❺ 4

1	3	2
1	4	2
1	2	3

❻ 7

1	6	2
3	5	1
6	2	7

❼ 9

4	4	6
6	5	5
6	3	7

❽ 8

3	4	5
7	4	6
2	6	3

미로 통과

◐ 계산에 맞게 선을 그어 미로를 통과하시오.

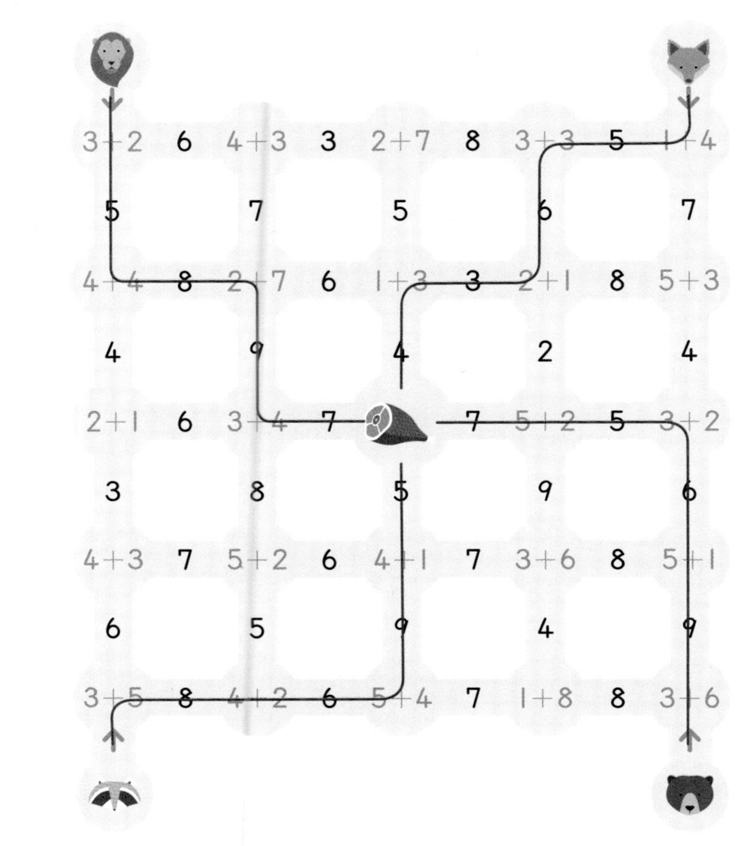

◐ 사자, 여우, 너구리, 곰이 먹이 창고에 도착하도록 계산에 맞게 길을 그리시오.

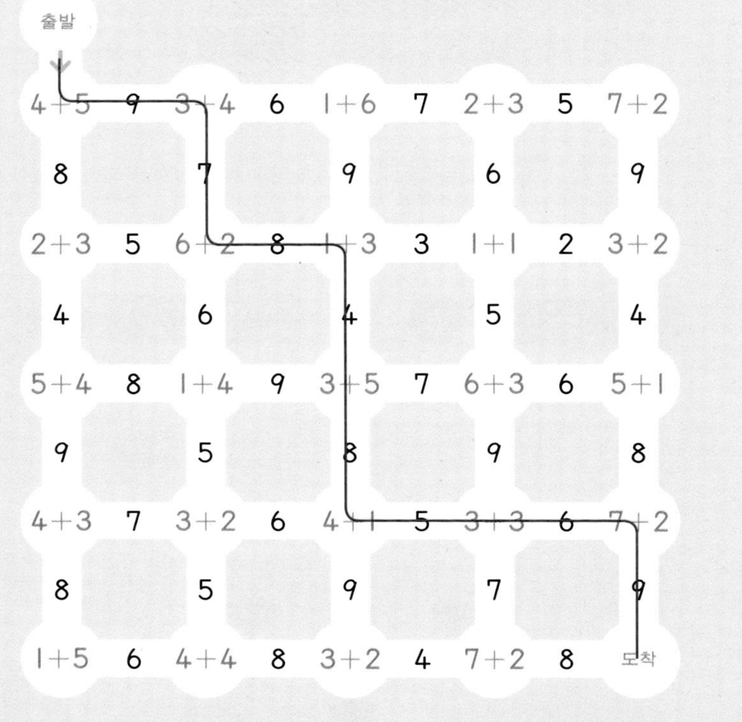

잘 공부했는지 알아봅시다

월 일

1 선으로 연결된 두 수의 합을 빈칸에 써넣으시오.

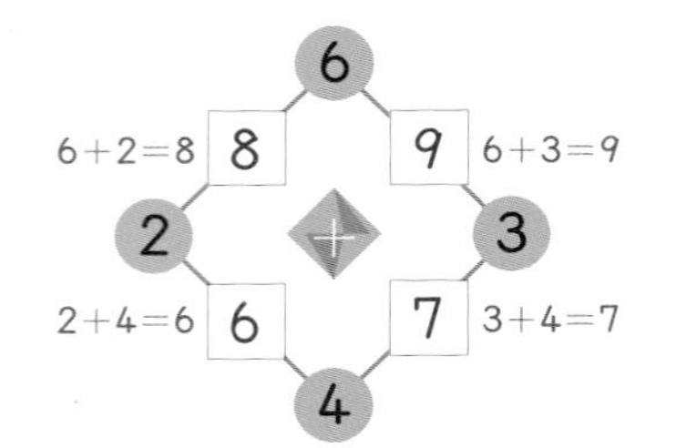

2 이웃한 두 수의 합이 ● 안의 수가 되도록 ⬭로 묶으시오.

❶ 

7 2 (5 3) 4

5+3=8

❷ 

2 (8 1) 7 6

8+1=9

3 합이 8이 되는 칸을 색칠해 보고 어떤 숫자가 보이는지 쓰시오. 4

3+2	7+1	6+5	6+3	1+2
8+1	5+3	4+2	4+4	6+0
2+2	8+0	2+6	1+7	3+5
9+9	1+4	5+4	6+2	4+3